DuMont Schnellkurs

PHILOSOPHIE

Günter Schulte

DUMONT

Impressum

Umschlagvorderseite von links nach rechts und von oben nach unten:
Portraitbüste von Sokrates, römische Kopie eines griechischen Originals / René Descartes, nach einem Gemälde von Frans Hals, um 1640, Louvre, Paris / Edvard Munch, Friedrich Nietzsche, 1900, Thielska Galleriet, Stockholm / William Blake, Der Alte der Tage, 1794, Tate Gallery, London / Salvador Dalí, Die Beständigkeit der Erinnerung, 1931, Museum of Modern Art, New York, given anonymously / Illustration zu Platons Höhlengleichnis / Querschnitt durch das menschliche Gehirn: Die Farben auf diesem Computerbild machen die verschiedenen Hirnregionen- bzw. Hirnaktivitäten sichtbar, Foto Blue Planet, Sochurek / Jean-Auguste Dominique Ingres, Ödipus löst das Rätsel der Sphinx, 1808, Louvre, Paris
Umschlagrückseite von links nach rechts:
Gnothi Sautón, Inschrift am Apollontempel in Delphi, Giraudon, Paris / Jean-Paul Sartre, Foto von Antanas Sutkus, Rowohlt-Archiv

Die Deutsche Bibliothek - CIP-Einheitsaufnahme

Schulte, Günter:
Philosophie / Günter Schulte. - Orig.-Ausg. -
Köln : DuMont, 2001
(DuMont-Taschenbücher ; 524 : DuMont-Schnellkurs)
ISBN 3-7701-5373-1

Originalausgabe

Druck und buchbinderische Verarbeitung: Editoriale Lloyd

Printed in Italy ISBN 3-7701-5373-1

Inhalt

Vorwort 7

Was ist Philosophie?

Definitionen 8
Motive 11
Anfänge, Abgrenzungen 13
Exkurs: Philosophie und Mysterien 16

Philosophie der Antike

Vorsokratische Philosophie 18
Naturwissenschaft und Philosophie 20
Praktisches Denken 27
Sokrates und Platon 29
Platons Ideenlehre 32
Leib und Seele bei Platon 34
Aristoteles 37
Aristoteles und Platon 38
Die Schriften des Aristoteles 41
Hellenismus und Spätantike 49
Exkurs: Philosophie und Gnosis 56

Philosophie des Mittelalters und der Renaissance

Die Philosophie des Mittelalters 59
Patristik 64
Arabische Philosophie 66
Scholastik 68
Die Philosophie der Renaissance 75
Exkurs: Philosophie und Alchemie 80

Inhalt

Philosophie der Neuzeit

René Descartes 84
Rationalismus, Empirismus, Aufklärung 89
Immanuel Kant 96
Kants Schriften 102
Exkurs: Philosophie und Parapsychologie 106

Philosophie im 19. Jahrhundert

Der deutsche Idealismus 109
Positivismus, Hermeneutik und Pragmatismus 116
Marx, Feuerbach und Stirner 121
Schopenhauer, Nietzsche und Kierkegaard 126
Exkurs: Philosophie und Psychoanalyse 136

Philosophie im 20. Jahrhundert

Existenzphilosophie 138
Phänomenologie 148
Analytische Philosophie 153
Strukturalismus und Postmoderne 160

Philosophie jetzt 170

Anhang
Glossar 176
Philosophenverzeichnis 179
Literatur 187
Personenregister 190
Quellennachweis 192

Vorwort

Philosophie ist, was die Philosophen (einschließlich Philosophinnen) machen bzw. gemacht haben. Das bedeutet: Philosophie ist immer auch Philosophiegeschichte. Das Literaturverzeichnis im Anhang führt die Bücher auf, aus denen ich zitiert habe, die ich für meine Darstellung zugrunde gelegt habe und die ich zum weiteren Studium empfehlen kann, und nennt die einschlägigen Werkausgaben der einzelnen Philosophen.
Einen ersten Schnellkurs Philosophie bzw. Philosophiegeschichte (in 10 Büchern und auf heutigen 750 Textseiten) gab Diogenes Laertios in der ersten Hälfte des dritten Jahrhunderts unter dem Titel *Leben und Meinungen berühmter Philosophen*. Damals waren es schon 95 maßgebliche berühmte Philosophen. Alles Griechen, alles Männer. Diogenes Laertios schrieb auf, was von ihnen und ihren Lehren mündlich oder schriftlich überliefert war. Heute nennt das *Große Werklexikon der Philosophie* 800 Autoren verschiedener Kulturen, darunter nun auch 10 Frauen, und referiert 1800 Werke. Ein exklusives *Philosophinnen-Lexikon* von 1994 kennt allerdings über 200 weibliche Philosophen. Dieser DuMont-Schnellkurs muss sich auf weniger Philosophen (ca. 120, vgl. das Philosophenverzeichnis im Anhang) und Werke beschränken – und auf das Wesentliche.
Was ist das? – Damit sind wir schon bei einer der wichtigsten Fragen der Philosophie, die natürlich im folgenden behandelt wird: der Frage nach dem Wesentlichen oder dem Wesen von etwas. Jedenfalls ist hier das Wesentliche weniger als alles, also kürzer, und auch mehr als alles, nämlich abstrakter, allgemeiner. Über das Einzelne hinaus bietet es Einheit und Zusammenhang.
Für die hier vorgenommene Auswahl und Zusammenschau wurden die im Literaturverzeichnis genannten Philosophiekurse und -geschichten zu Rate gezogen. Deren Autoren sei hiermit für die Einsichten und Ideen, die ich von ihnen übernommen habe, gedankt.

Günter Schulte

Definitionen

Philosophie ist, wie im Vorwort gesagt, das, was die Philosophen machen. Was machen sie, außer dass sie es in gewisser Weise schon den anderen, ihren Vorgängern und Kollegen, nachmachen? – Im Wesentlichen wohl das, was die ersten Philosophen machten, die noch nichts nachmachen konnten. Alfred North Whitehead sagt, alle Philosophie sei Fußnote zu Platon. Denn Platon, um 400 v. Chr., war der erste Philosoph, von dem Texte vollständig (allerdings nicht eigenhandschriftlich, das gibt es erstmals bei Thomas von Aquin im 13. Jh.) erhalten sind und dessen Philosophie so zum weiteren Gebrauch, und d. h. auch für Fußnoten, zur Verfügung stand. Dieser Erste war womöglich auch schon der Beste. Was also hat Platon gemacht? Er zeichnete Gespräche auf, erfundene und stattgehabte, über Sprache, Wissen und Wahrnehmung, über die Seele und ihre Struktur, die sich im idealen Staat wiederholt, über den Tod und die Unsterblichkeit, über das Gute, die Liebe und die Erziehung, über die Zahlen, das Schöne, die Tugenden und das Lebensglück. Also eigentlich über alles. Philosophie ist demnach Theorie der Wirklichkeit *en gros*, oder Universalwissenschaft. Das griechische Wort *philosophia* hatte denn auch zunächst (im 6. Jh. v. Chr.) diese theoretische Bedeutung: Wissenschaft. Aber Philosophie ist nicht nur Wissenschaft. Bald bekam das Wort *philosophia* eine praktische Bedeutung: Lebenskunst auf wissenschaftlicher Grundlage. Denn die Entwicklung der Wissenschaft fiel bei den alten Griechen in eine Zeit der Auflösung des religiösen und sittlichen Bewusstseins. Es geht seitdem in der Philosophie immer auch um das Leben des Wissenden, darum, wie man mit dem Wissen leben kann. Philosophie ist somit eine Art Meta-Wissen oder Orientierungswissen.

Die spezifische Aufgabe der Philosophie, sagt Clément Rosset, ein französischer Gegenwartsphilosoph, besteht darin, Fragestellungen

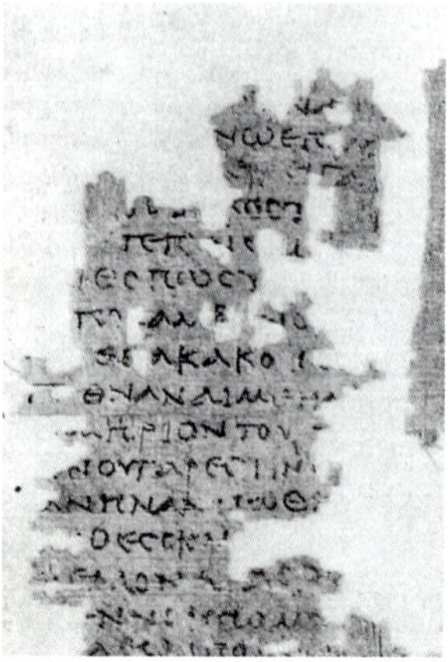

Platon-Papyrus, um 100 n. Chr. aus Ägypten, Staatliches Museum, Papyrussammlung, Berlin.
Der griechische Text gibt die Verteidigungsrede des Sokrates *(Apologia)* von Platon wieder, in der Sokrates sich vor Gericht gegen den Vorwurf verteidigt, er hätte die Jugend verführt. In der 1. Spalte, 8. Zeile KAKO(N EINAI TE)THNANAI, ist die Textstelle zu erkennen, an der Sokrates erklärt, dass nicht anzunehmen sei, der Tod wäre ein Übel.

für die am stärksten mit Angst besetzten Fragen zu entwickeln, wie die nach dem Sinn des Lebens oder die, wie man überhaupt als ein mit Bewusstsein begabtes Tier leben kann. Denn Bewusstsein bedeutet immer auch Todeswissen, d. h. die Vorstellung möglichen eigenen Nichtseins, ja sogar einer Annullierung des Universums, also eines universellen Holocaust. Philosophie berührt demnach die Fragen, auf die auch die Religionen, wenngleich auf andere Weise – nämlich nicht durch Nachdenken, sondern durch Glauben –, Antworten geben. So steht die Philosophie zwischen einer sich auf objektive Erfahrung gründenden Wissenschaft und der sich auf Glauben gründenden Religion oder Theologie. Philosophie ist, so sagt es Bertrand Russell zu Anfang des 20. Jh., das Niemandsland zwischen Wissenschaft und Theologie, das Angriffen von beiden Seiten ausgesetzt ist, weil sie weder das positive Wissen der objektiven Wissenschaften bietet, noch die subjektive Gewissheit des Gläubigen.

Insbesondere ist sie Angriffen aus ihrem eigenen Bereich ausgesetzt, also der Selbstkritik – z. B. dahingehend, ob sie denn auch diese Aufgabe erfüllt, zwischen Wissenschaft und Religion eine Lebensorientierung zu bieten, oder ob sie sich nicht doch lieber ganz auf eine der beiden Seiten stellen sollte. So meint Friedrich Nietzsche Ende des 19. Jh., die einzig mögliche und auch dann etwas beweisende Kritik einer Philosophie sei, wirklich zu versuchen, ob man nach ihr leben könne. Doch eine solche Kritik sei nie auf Universitäten gelehrt worden, klagt er. Vielleicht muss das auch nicht sein, denn die Lehrveranstaltungen der Universitäten, in denen Philosophie gelehrt und manchmal auch produziert wird, sind keine Lebensgemeinschaften. Allerdings sollten wir diesen Lebens-Sinn der Philosophie hier bei einem Überblick über ihre verschiedenen Versuche im Auge behalten. Die Schnellkurs-Orientierung über Philosophie möchte für die Selbstorientierung brauchbar sein.

Tatsächlich bedeutet Philosophie den immer neuen und wiederholten Versuch, mit dem Wissen oder, wie

Platon, römische Kopie eines griechischen Originals. Louvre, Paris. Platon schreibt im *Theaitetos*: »Als Thales die Sterne beobachtete und nach oben blickte und dabei in einen Brunnen fiel, soll eine witzige und geistreiche thrakische Magd ihn verspottet haben: Er wolle wissen, was am Himmel sei, aber es bliebe ihm verborgen, was vor ihm und zu seinen Füßen liege. ... Der gleiche Spott trifft alle, die in der Philosophie leben. Denn in Wahrheit bleibt einem solchen der Nächste und Nachbar verborgen, nicht nur in dem, was er tut, sondern fast auch darin, ob er ein Mensch ist oder irgend ein anderes Lebewesen. ... Was aber der Mensch ist, und was zu tun und zu erleiden einem solchen Wesen im Unterschied zu den anderen zukommt, danach sucht er und das zu erforschen müht er sich.«

Sandro Botticelli, *Die Verleumdung des Apelles* (Ausschnitt), 1495, Uffizien, Florenz.
Das griechische Wort für Wahrheit heißt *aletheia*, wörtlich: Unverdecktheit. Über die nackte Wahrheit sagt Friedrich Nietzsche in *Die fröhliche Wissenschaft*: »Vielleicht ist die Wahrheit ein Weib, das Gründe hat, ihre Gründe nicht sehn zu lassen.«

Clément Rosset schreibt: mit der Erkenntnis dessen, das man eigentlich nicht kennen sollte und wohl auch gar nicht zu kennen braucht, zu leben. Denken wir an die biblische Geschichte vom Sündenfall, wo die Erkenntnis, d. h. das Essen vom Baum der Erkenntnis von gut und böse, einer Verbotsübertretung zu verdanken ist, also eigentlich nicht vorgesehen war und durchaus als ein Übel angesehen wird, mit dem zu leben nicht leicht ist! Leben und Vernunft vertragen sich nicht unbedingt, so lehrt es die Bibel, jedenfalls nicht ohne kompensierenden Gottesglauben. Eine Art Religionsersatz findet sich denn auch in jeder Philosophie, die einen Versuch darstellt, mit dem Wissen zu leben. Das bedeutet dann immer ein persönliches Element, ein pathologisches und zugleich therapeutisches, in den einzelnen Philosophien. Sie zeugen von den Lebensproblemen ihrer Urheber, sind ihre Bekenntnisse und ihre Selbstheilungsversuche. Friedrich Nietzsche meint, man müsse den größten Teil des bewussten Denkens der Philosophen unter die Instinkttätigkeit rechnen: Hinter ihren Lehren stecken unbewusste Wertschätzungen, »physiologische Forderungen zur Erhaltung einer bestimmten Art von Leben.« Philosophie sollte deshalb auch immer ihre eigene Kritik und Selbstprüfung sein, durchaus eingedenk der Bemerkung Sigmund Freuds, Philosophie sei eine der anständigsten Formen der Sublimierung verdrängter Sexualität, nichts weiter.

Wenn jemand sich jetzt fragt und überlegt, ob er denn das Philosophieren überhaupt nötig habe oder ob er es nicht lieber sein lassen sollte, findet er sich von der Philosophie bereits befallen. Er philosophiert! Jedenfalls sieht Aristoteles es so. Er sagt: Ob man philosophieren muss und ob man nicht philosophieren muss, philosophieren muss man in jedem Falle. Jetzt sind wir schon fast dabei, uns über die Philosophie lustig zu machen. Aber auch da liegen wir richtig. Über die Philosophie spotten heißt in Wahrheit philosophieren, sagt Blaise Pascal. Wir entkommen ihr nicht, wenn wir denn wissen wollen, ob und wie ein bewusstes Leben möglich ist, d. h. eigentlich: wie es glücklich sein kann. Wollen wir? Konterkariert die Vernunft nicht das Glück? – Wir werden sehen, dass die Gleichung Wissen = Tugend = Glückseligkeit der von ihr selbst suggerierte und verkündete Erfolg der Philosophie ist.

Seite aus einer illuminierten persischen Handschrift eines Yoga-Textes aus dem 16./17. Jh. Dublin, Chester Beatty Library.
Der altpersische Text ist eine Anweisung zum autogenen Training, speziell zu einer Atemübung. Er stammt von dem arabischen Arzt und Philosophen Avicenna (= Ibn-Sina), der um 980 in Buchara geboren wurde.

Hermann Schmitz definiert in seinem *System der Philosophie* Philosophie folgendermaßen: Philosophie ist Sichbesinnen des Menschen auf sein Sichfinden in seiner Umgebung. »Wer bin ich?«, diese Frage wäre damit die umfassende und zentrale Frage der Philosophie. Wobei das Entscheidende ist, dass ich von meiner Umgebung gar nicht scharf abhebbar bin. Weder komme ich, wie die anderen Menschen, in meiner Umgebung objektiv vor, noch scheine ich ohne diese Umgebung etwas Selbständiges sein zu können, so dass weder die positiven Wissenschaften noch einsame, meditative Selbstgestaltung auf die Frage »Wer bin ich?« eine Antwort geben könnten. Die positiven Wissenschaften verwandeln nämlich alles, was ich für ein Merkmal oder Bestimmung meiner selbst annehme, rücken es von mir ab, machen es zum Umgebungsbestandteil, zu etwas Objektivem. Die einsame Selbstgestaltung, z. B. durch Joga oder Zen-Meditation, löst mich dagegen ganz von meiner Umgebung ab, so dass der Anlass zu philosophischer Besinnung entfällt: die Irritation beim Versuch, sich in seiner Umgebung zu finden. Ich überschreite sie nämlich.

Motive

Motiv der Philosophie, oder Anlass zu ihr, wäre also eine Irritation, womöglich ein Erschrecken: »Wie, wenn der Tod mich meiner Umgebung entreißt?« »Warum überhaupt weiterleben, wenn der Tod alles zunichte macht?« »Wozu ist überhaupt etwas und nicht vielmehr Nichts?« »Warum nicht jenseits von Gut und Böse leben, wozu ein Gewissen haben, wozu moralisch sein?« – Entsprechend haben Philosophen die Philosophie definiert. Arthur Schopenhauer sagt:

Jean-Auguste Dominique Ingres, *Ödipus löst das Rätsel der Sphinx*, 1808, Louvre, Paris. Der nackte Zweibeiner Ödipus (*dipus* heißt Zweifuß, *Ö* bedeutet: ich weiß es) erläutert gerade der Sphinx seine Antwort auf ihre Rätselfrage »Was geht morgens auf vier, mittags auf zwei und abends auf drei Beinen?« Die Antwort, »der Mensch«, enthält die Frage der Philosophie: »Was ist der Mensch?« In Ingres' Bild zeugen Gerippe und Leichenfuß vom grausigen Geschick der nicht-wissenden Vorgänger. Allerdings lässt die angeleuchtete pralle Brust der Rätselstellerin an alles andere denn an den Tod junger Männer denken, schreibt Heinz Demisch in *Die Sphinx*.

Der Tod ist der Musaget der Philosophie. Schon Platon bestimmte die Philosophie als Einüben ins Sterben. Albert Camus kennt nur ein einziges philosophisches Problem: den Selbstmord. Martin Heidegger wiederholt die Frage von Gottfried Wilhelm Leibniz: »Warum ist überhaupt Seiendes und nicht vielmehr Nichts?« und nennt sie die Grundfrage der Metaphysik. Immanuel Kant sieht im Gewissen den Garant ewigen Lebens. Seine Philosophie ist Hauptsächlich Moralphilosophie.

Clément Rosset meint allerdings, an ihrem Todes-Motiv bzw. an jenen Grundfragen sei die Philosophie auch gescheitert, denn bislang sei es keinem Denker gelungen, einen Gedanken hervorzubringen, der die Vorstellung des Todes und die sich aus ihr ergebende allgemeine Abwertung jeglichen Daseins hätte aufwiegen können.

Vielleicht lässt sich der Anspruch an die Philosophie etwas herunterfahren. Dann hält man es mit Aristoteles, der überall Gründe fürs Philosophieren fand und dieses als Problemlösen betreiben konnte. Es sei das Staunen *(thaumazein)*, lehrt Aristoteles in seiner *Metaphysik*, das zum Philosophieren treibe. Anscheinend handelt es sich dabei um ein nur nach außen gerichtetes Interesse. Er spricht von Zweifel und Verwunderung über Sachen wie Mond, Sonne und Gestirne bzw. über die sie betreffenden mythischen Erklärungen. Tatsächlich gibt seine Philosophie nicht-mythische Erklärungen über nahezu alles, wonach man fragen und worüber man sich verwundern konnte. Keineswegs scheint Aristoteles auf sich selbst bzw. das Todesproblem fixiert gewesen zu sein – wie übrigens so viele andere Philosophen ebenfalls nicht. Die meisten Philosophen, insbesondere die an objektiver Erfahrung und gesellschaftlicher Praxis orientierten Empiristen und Pragmatisten, behandeln dieses Thema überhaupt nicht. Aber sieht man bei Aristoteles auf das Ende seiner *Metaphysik* (12. Buch, Nr. 10), wie er da überschwänglich das Göttliche als das Gute feiert, das im All als Ganzem enthalten sei, merkt man, dass auch er durch seine Philosophie einem Abgrund entkommen ist. So dass eher als staunende Verwunderung die Irritation und der Schrecken auch am Anfang seiner Philosophie gestanden haben mögen. Für ihn jedenfalls war es die göttliche, die todesenthobene Vernunft, die ihm ewiges Leben bescherte.

Jacques Louis David, *Sokrates nimmt den Giftbecher im Kreise seiner Freunde* (Ausschnitt), 1787, Metropolitan Museum of Art, New York.

»Den Tod zu fürchten, ist nichts anderes, als sich dünken, man wäre weise, und ist es nicht. Denn es ist ein Dünkel, etwas zu wissen, was man nicht weiß. Denn niemand weiß, was der Tod ist, nicht einmal, ob er für den Menschen das größte ist unter allen Gütern. Sie fürchten ihn aber, als wüssten sie gewiss, dass er das größte Übel ist.« (Sokrates)

Durchweg haben die Philosophen sich vor dem Tod in die Vernunft gerettet, d. h. sie haben ihr eigenes Medium, das Nachdenken, womit sie ihr Leben verbrachten, zum ewigen Leben stilisiert, indem sie ihr Denken als Anschluss ans Ewige verstanden: an die Wahrheit. Platon definiert: Philosophen sind die, welche mit dem, was sich für ewig als dasselbe unwandelbar verhält, in Berührung kommen wollen. – Es gelingt ihnen durchs Denken, d. h. durch die Begriffe.

Der ›Schiefe Turm‹ zu Pisa.

Staunen sei Sehnsucht nach Wissen, meinte Thomas von Aquin.

Anfänge, Abgrenzungen

»Erkenne dich selbst« *(gnothi sautón)* lautete die Inschrift des Apollontempels in Delphi. Vielleicht war ihr Sinn damals, im 7. Jh. v. Chr., nur der einer Mahnung, sich nicht mit den Unsterblichen zu vergleichen, also: »Kenne dich selbst!« Doch galt dieser Spruch bald als göttliche Rechtfertigung der Philosophie und Aufforderung zu ihr, d. h. zur rationalisierenden Selbstbesinnung. Es war denn auch das Orakel

GNOTHI SAUTON (= Erkenne dich selbst). Inschrift am Apollontempel in Delphi.

von Delphi, das Sokrates als den Weisesten bezeichnete, angeblich weil dieser wusste, dass er nichts wusste. Sokrates sagte es selbst so: Weil er nicht vorgäbe, etwas zu wissen, wo er nicht wisse, deshalb sei es weise.

Etwa aus derselben Zeit wie die Tempelinschrift von Delphi stammt der Spruch aus den alt-indischen *Upanischaden* »tat tvam asi« (»Das bist du«). Das »tat tvam asi« kann als Schwelle zur Philosophie gelten, sofern es das Eintreten des Menschen in seine Umgebung betrifft, die ganze Welt. Wer dabei stutzt, schreibt Hermann Schmitz, hat die Schwelle zur Philosophie schon übertreten und beginnt zu philosophieren – auf griechische oder indische Art. Indische Weisheitslehre unterscheidet sich allerdings von der griechischen, für die das Wort Philosophie erfunden wurde und die das westliche Denken geprägt hat. Beide trennen begriffliche Argumentation und Weltdeutung von mythischen und phantastischen Weltanschauungen. Die Trennung erfolgt aber in der ostasiatischen Weisheitslehre innerhalb dieser selbst. Die griechische Philosophie trennt sich als Ganze vom Mythos, ja, bekämpft ihn, was nicht ausschließt, sogar verständlich macht, dass die Begriffe, Ideen an die Stelle der mythischen Mächte und Götter treten. Ihnen entsprechen bei den vorsokratischen Naturphilosophen, mit denen die abendländische Philosophie beginnt, gewisse Naturprinzipien wie Feuer, Wasser, Luft und Erde. Bei Demokrit sind es

Michelangelo, *Sündenfall und Vertreibung aus dem Paradies*, 1508–12, Sixtinische Kapelle, Rom.

bereits Atome, letzte, unteilbare Elemente, aus deren Zusammenspiel sich die Naturphänomene erklären lassen sollen. Solche Naturwissenschaft lässt eine ganz andere Welt hervortreten als die mythische mit ihren göttlichen Mächten, eine entzauberte Welt ohne äußere, jenseitige Ursachen, in der sich der Mensch selbst als ein Lebewesen unter anderen sieht, als etwas, was durch und durch den Naturgesetzen unterworfen ist.

Sollte dieses ›göttliche‹ Denken nicht eher ›teuflisch‹ sein, ein Unglück für die Menschen? – So lehrt es die Bibel mit der Geschichte vom Sündenfall. Dort kommen die Menschen durch die Übertretung eines göttlichen Essverbotes zur Vernunft und geraten in eine nicht von Gott gewollte, vielmehr dem Teufel (der Schlange) zu verdankende Konkurrenz zu Gott. »Seht«, sagt Jahwe (einer der Götter) nach dem Sündenfall, »Adam (der Mensch) ist geworden wie wir!« (Genesis 3, 22) – Die auf die Bibel als ein göttliches Wort sich berufende jüdische und christliche Religion verbreitete sich im Abendland, also in dem Raum, in dem auch die von den Griechen ausgehende Philosophie mit ihrer »göttlichen« Vernunft sich entwickelte. So ergab sich ein bis heute bestehendes Abgrenzungsproblem: Athen und Jerusalem? Vernunft und Glauben! Lässt sich beides überhaupt vereinbaren? Und kann der Mensch überhaupt »vom Brot allein« leben, ohne »das Wort, das aus dem Munde Gottes kommt«? (Mt 4, 4)

Während mehr als 2000 Jahren bis ins 4. Jh. n. Chr. hinein wurde in Eleusis jedes Jahr im September ein geheimes Ritual durchgeführt: Die Eleusinischen Mysterien. Es war ein volkstümliches Initiationsritual. In ihm wurden die Initianden (Neophyten), wie es hieß, von der Furcht vor dem Tod gereinigt und in die Gemeinschaft der Seligen aufgenommen. Nach langen Vorbereitungsriten in Athen zog man zu vielen Tausenden über die heilige Straße ins 22 km entfernte Eleusis, um eine Nacht (die Weihnacht) im Telesterion, der großen 2000 bis 3000 Pilger fassenden Initiationshalle, zu erleben. Die Kenntnis der griechischen Sprache war eine Bedingung für den Eintritt. Außerdem hatte man einige Gebühren für Priester und Führer zu bezahlen und ein Opferschwein mitzubringen. Mit Lärmen, Schreien und großem Gedränge scharte man sich zusammen, berichtet der Mitte des 5. Jh. in Athen lebende Geschichtsschreiber Herodot. Aber dann, wenn die heiligen Riten vollzogen und enthüllt wurden, verfielen die Menschen in ehrfürchtiges Schweigen. Was bei den Mysterien tatsächlich geschah, das durfte bei Androhung der Todesstrafe keiner verraten, der es erlebt hatte. Jedenfalls gab es etwas zu sehen, denn der Pilger wurde zum Sehenden, zum Epoptes.

Mythen werden allererst durch Mysterien beseelt, schreibt Pico della Mirandola, der ein Liebhaber der Lehren aus den Mysterien war, wie Ficino, der andere große Renaissance-Philosoph, auch. Die Eleusinischen Mysterien beseelten den Mythos von der Erdmutter Demeter, Göttin der Fruchtbarkeit und des Getreides. Deren jungfräuliche einzige Tochter Persephone war beim Blumenpflücken von ihrem Bräutigam, dem Herrn des Todes, geraubt worden. Die Amme Baubo brachte Demeter wieder zum Lachen, indem Baubo ihre Vulva zur Schau stellte. Mit Hilfe von Jackchos, dem sog. Vulvakind, kam Persephone dann tatsächlich ins Leben zurück. Bei der Beseelung dieses Mythos, durch die sexuelle Fruchtbarkeit, Tod und Wiedergeburt zu sinnlichen Erfahrungen wurden, spielten Rauschmittel und ekstatische Visionen erzeugende Halluzinogene eine Rolle, insbesondere das Gerstenmutterkorn. Schließlich waren die Blumen, die Persephone pflückte, Narzissen, d. h. wie der Name sagt: narkotisch wirkende Pflanzen. Und die Begleiterin Persephones hieß Pharmakaia, was Verwendung von Drogen bedeutet.

Intellektuelle Belehrung gab es bei diesen populären Initiationen nicht. Auch wurden die heiligen Riten einer großen Menge ohne Rücksicht auf individuelles Verdienst gespendet. Deshalb wohl neigten die Philosophen dazu, die Mysterien gering zu schätzen. Diogenes meinte, es sei absurd anzunehmen, jeder Steuereintreiber könne, nur weil er eingeweiht sei, in der nächsten Welt am

Lohn der Gerechten teilhaben, während Uneingeweihte verdammt seien, dort im Schlamm zu liegen. Heraklit, Anaxagoras und Sokrates äußerten sich ähnlich negativ über die Mysterien. Auch Platon spottete über sie. Aber er hielt auch seine Philosophie für eine andere und bessere Art der mystischen Initiation. Die Philosophie, so meinte er, erreiche durch bewusstes Forschen für wenige Auserwählte dasselbe, was die Mysterien dem gemeinen Volk durch das Schüren von Emotionen vermittele: Läuterung der Seele, die freudige Begrüßung des Todes, die Kraft, mit dem Jenseits in Verbindung zu treten, die Fähigkeit, auf rechte Art zu rasen, d.h. verrückt zu sein. All diese Vorzüge, die Platon als übliche Leistungen mystischer Initiation anerkannte, sollten in seiner Philosophie durch geistige Schulung erlangt werden, durch Übung in der Kunst der Dialektik, deren Ziel es war, die Seele vom Irrtum zu reinigen. Die kultischen Initiationen und Rituale wurden von ihm durch intellektuelle oder geistige Mysterien ersetzt.

Später, im sog. Neuplatonismus bei Plotin und dann in der Renaissance, wurde die Übernahme ritueller Terminologie systematisiert. Mit greifbaren Symbolen sollte die geistige Schulung unterstützt und zu ihr angespornt werden. Die späten Platoniker ließen sich häufig sogar zur Wiederbelebung der Magie verleiten. Spätere Philosophen blieben bei der Verfassung und Verkündung ihrer Lehre eher nüchtern. Allerdings: Hegel soll sich regelmäßig bei seinen philosophischen Vorlesungen des dem Tabak beigegebenen Cannabis (Haschisch) bedient haben.

Ausschnitt aus dem gemalten Fries im Saal der Villa dei Misteri in Pompei (um 60 v. Chr.). Der über die vier Seiten des Raumes laufende Fries stellt eine Opferhandlung zur Einweihung in die dionysischen Mysterien dar, und zwar den Moment kurz vor dem Höhepunkt, der Enthüllung eines riesigen, erigierten Phallus als Zeichen der Fruchtbarkeit. Die Enthüllung erfolgt, wenn der Schlag mit der Gerte des Flügeldämons auf den entblößten Rücken des Mädchens niedersaust. Diese Szene zeigt unser Bildausschnitt.

Zeit der Vorsokratiker
1200 v. Chr. Zerstörung Trojas durch die Griechen
800 v. Chr. Rezeption des phönizischen Konsonanten-Alphabets in Griechenland; Upanischaden
776 v. Chr. Erste Olympische Spiele
753 v. Chr. Mythisches Gründungsdatum Roms
um 750 v. Chr. Beginn der Großen Kolonisation; Homers *Ilias* und *Odyssee*; Zeit der »Älteren Tyrannen« in Griechenland
700 v. Chr. Israelitische Propheten; Hesiods *Theogonie*
650 v. Chr. Sappho dichtet auf Lesbos
um 600 v. Chr. Zarathustra, Lao-tse
594 v. Chr. Solons Gesetzgebung in Athen
538 v. Chr. Rückkehr der Juden aus dem von den Persern eroberten Babylon
514 v. Chr. ›Erleuchtung‹ Siddhartas, Stiftung des Buddhismus
500–479 v. Chr. Perserkriege gegen Griechenland
500 v. Chr. Konfuzius
494 v. Chr. Die Perser zerstören Milet; Herodot
470 v. Chr. Römische Republik
450 v. Chr. Phidias Aischylos' *Orestie*, Sophokles' *Ödipus* und *Antigone*, Kommödien des Aristophanes, Perikles
429 v. Chr. Pest in Athen; Tod des Perikles; im griechischen Mutterland leben ca. 4,5 Mio.

Vorsokratische Philosophie

Die Philosophie, d. h. eine nicht mit Mythos und Religion verschmolzene, sondern mit ihnen sich auseinander setzende ›vernünftige‹ Selbst- und Welterklärung, kam um 600 v. Chr. in Griechenland, genauer: in griechischen Kolonial-Städten des Mittelmeerraumes, auf die Welt. Zu dieser Zeit waren die alten Kulturen der Ägypter, Babylonier, Assyrer und die minoische Kultur Kretas (Mykene) im Niedergang begriffen oder, wie im Falle der mykenischen, durch Katastrophen untergegangen. Handel und Schifffahrt der Griechen erstreckten sich über den gesamten Mittelmeerraum. Überall, vom Schwarzen Meer bis nach Gibraltar, hatten sich griechische Kolonisten niedergelassen und Kolonialstädte gegründet.

Die Griechen selbst waren in drei Einwanderungswellen aus dem Norden in den Raum des heutigen Griechenland gekommen: die Ionier, die die mykenische Kultur beerbten, die Achäer und dann die Dorer. Sie ließen sich z. T. als Bauern in Tälern nieder und bildeten kleine, abgeschlossene Gemeinschaften, meist mit einer küstennahen Stadt als Zentrum. Von dort verlegte man sich aus Gründen der Versorgung bei anwachsender Bevölkerung mehr und mehr auf die Seefahrt oder, was damals, wie Bertrand Russell in seiner *Philosophie des Abendlandes* bemerkt, fast dasselbe war, die Piraterie. Man entdeckte, dass man in anderen Mittelmeerregionen besser leben konnte, insbesondere dadurch, dass man Sklaven arbeiten ließ. Sie wurden durch kriegerische Exkursionen ins Hinterland beschafft. Die Kolonialstädte waren bald reicher als die im Mutterland. In den Kolonialstädten war es denn auch, wo sich erstmals philosophisches und wissenschaftliches Denken entwickelte. Hans Joachim Störig vermutet in seiner *Kleinen Weltgeschichte der Philosophie*, dass Kaufleute und Seefahrer, die mit fremden Religionen und Lebensformen in Kontakt kamen, bereits »die ersten Zweifler an den überlieferten Lebensformen, Denkweisen und religiösen Vorstellungen ihrer Heimat gewesen sein dürften«.

Ursprung des rationalen Denkens war demnach die griechische Stadt, die Polis, mit ihren geistigen und sozialen Strukturen. Ihr Zentrum ist der öffentliche Platz, die Agora. »In einer der Idee nach gleichberechtigten Teilnahme aller Vollbürger werden hier alle gemeinsamen Angelegenheiten zum Gegenstand gemeinsamer Erörterungen und Entscheidung«, sagt Christoph Helferich in seiner *Geschichte der Philosoophie*. Aristoteles definierte den Menschen denn auch geradezu als ein Polis-Lebewesen, ein *zoon politikon*. Und im 20. Jh. sah Jürgen Habermas im sog. »herrschaftsfreien Diskurs« die Grundlage für eine Emanzipation der Gesellschaft, d.h. für ihre Befreiung von pathologischen Verzerrungen und Verhärtungen, insbesondere von Klassenunterschieden. Allerdings, die griechische Polis z. Zt. der Entstehung der Philosophie um 600 v. Chr. war durchaus nicht frei vom Klassenkampf. Im kleinasiatischen Milet, das wegen des dort geborenen angeblich ersten Philosophen Thales als Geburtsort der Philosophie gilt, tobte unter den freien Bürgern, also denen, die nicht wie die allermeisten Einwohner Sklaven waren, ein erbitterter Kampf zwischen arm und reich, d.h. zwischen dem Volk, der Mehrheit, und den wenigen Aristokraten, aus denen sich übrigens die Philosophen rekrutierten.

Die ersten Philosophen nennt man die Vorsokratiker. Sie dachten und lehrten vor dem Jahre 399 v. Chr., in dem Sokrates hingerichtet wurde. Man kann sie in zwei Gruppen einteilen: 1. die Naturphilosophen von Pythagoras und Thales bis Demokrit, und 2. die Sophisten mit Sokrates selbst. Die ersteren blicken vorwiegend auf die Natur; ihnen haben wir erste wissenschaftliche Weltbilder zu verdanken. Die letzteren blicken vorwiegend auf den Menschen; von ihnen stammen die ersten Erkenntnistheorien.

Griechen, ebenso viele außerhalb

404 v. Chr. Ende des Peloponnesischen Krieges: Sieg Spartas, Kapitulation Athens

399 v. Chr. Tod des Thukydides *(Geschichte des Peloponnesischen Krieges)* und Sokrates

Die Vorsokratiker und Sokrates:

1 Thales aus Milet
2 Anaximander aus Milet
3 Pythagoras aus Samos
4 Anaximenes aus Milet
5 Parmenides aus Elea
6 Heraklit aus Ephesos
7 Anaxagoras aus Klazomenai
8 Empedokles aus Agrigent
9 Zenon aus Elea
10 Protagoras aus Abdera
11 Demokrit aus Abdera
12 Sokrates aus Athen

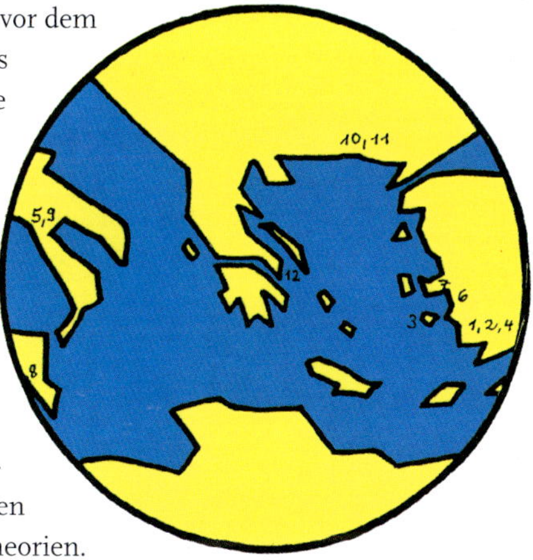

Naturwissenschaft und Philosophie

Die ersten Philosophen sind Naturwissenschaftler. Sie versuchen, die Welt aus einem Prinzip oder auch mehreren Prinzipien und Urstoffen zu verstehen, sei es Zahl (Pythagoras), sei es Wasser (Thales) oder seien es Atome (Demokrit). Sie bieten erstmals nicht-mythische und nicht-religiöse Naturerklärungen. Ihre Lehre ist nur bruchstückhaft überliefert: in Texten, die Aristoteles, Theophrast und noch später dann Apollodor und Diogenes Laertios über sie verfassten und in den sog. *Fragmenten der Vorsokratiker* (von Hermann Diels herausgegeben).

Aristoteles hat die Naturerklärung der Vorsokratiker aus einem oder mehreren Prinzipien in ein System logischer Alternativen gebracht. Er schreibt in seiner *Physikvorlesung*: Entweder gibt es nur ein Prinzip oder es gibt mehrere. Wenn nur eines, so ist es entweder ohne Bewegung (das meinen die Eleaten, also **Parmenides** und **Zenon**) oder mit Bewegung (das meinen die Ionier wie **Thales** mit seinem Prinzip Wasser, **Heraklit** mit dem Prinzip Feuer oder **Anaximenes** mit seinem Prinzip Luft). Gibt es mehrere Prinzipien, so entweder von einer bestimmten Anzahl (z. B. **Empedokles** mit Feuer, Wasser, Luft und Erde sowie Liebe und Hass), oder unbestimmt viele, die dann entweder von einer einheitlichen Art sind, aber unterschiedlicher Gestalt (wie bei **Demokrits** Atomen), oder von unterschiedlicher oder sogar entgegengesetzter Art (wie bei **Anaxagoras** mit dem Prinzip Großheit durch Dunst und Helle und Kleinheit durch die Dinge).

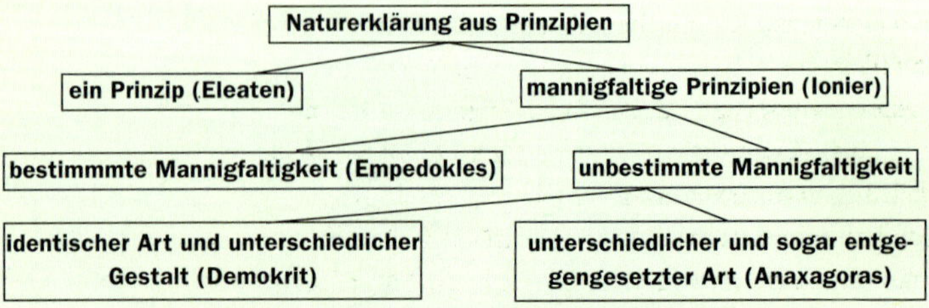

Apeiron, von Günter Schulte, 1959.
»Alles ist Wasser«, »Alles fließt« und »Am Anfang war das Grenzenlose *(apeiron)*« lehrten Thales, Heraklit und Anaximander an den Rändern des Mittelmeeres.

Solche Naturerklärungen muten uns heute recht abenteuerlich an. Ihre Prinzipen scheinen eher übersinnliche, mythische Mächte zu sein als materielle Stoffe und physikalische Kräfte. Aristoteles selbst weist darauf hin, dass das Wasser des **Thales** als Ursprung und Erklärungsgrund der Welt und ihrer Phänomene an den die Welt umfließenden mythischen Urstrom erinnert und an den Totenfluß Styx. So rational ist seine Naturerklärung also auch nicht. Von Thales ist nicht nur der Satz überliefert, dass das Wasser der Ursprung von allem ist, sondern noch der, dass alles voll von Göttern sei. Sie müssten dann, wie alle Wesen, auch aus Wasser bestehen, oder die Natur selbst ist göttlich. Ludwig Feuerbach, Mitte des 19. Jh., hat dann wohl recht mit seiner Bemerkung, dass im Wasser der ionischen Naturphilosophie einst »die Fackel der heidnischen Astrotheologie«, also des Glaubens an die im Kosmos herrschenden Götter, erlosch.

Wir können in den Naturerklärungen der Vorsokratiker einen unvollkommenen Materialismus und Physikalismus sehen, so als begänne man damals erst damit, Natur durchgängig ohne Götter und übersinnliche Kräfte zu erklären. Kausalerklärungen gab es natürlich immer schon, etwa bei Druck und Stoß und bei all den Techniken des Bauens, der Schifffahrt oder der Waffenherstellung. Tatsächlich hat Thales für die Nilüberschwemmungen natürliche (wenn auch nicht ganz die richtigen) Ursachen (die Passatwinde) angegeben und eine Sonnenfinsternis vorausgesagt – auf Grund von ägyptischen astronomischen Tabellen. Für beides hatte man bislang die Götter verantwortlich gemacht. So gesehen mündet das mit den Vorsokratikern begonnene Unternehmen einheitlicher und immanenter Naturerklärung in unsere heutige Physik mit ihrer Suche nach einer einheitlichen, die Relativitätstheorie und die Quantenphysik vereinigenden Naturtheorie. Man hätte dann statt der vier Elemente des Empedokles (Feuer,

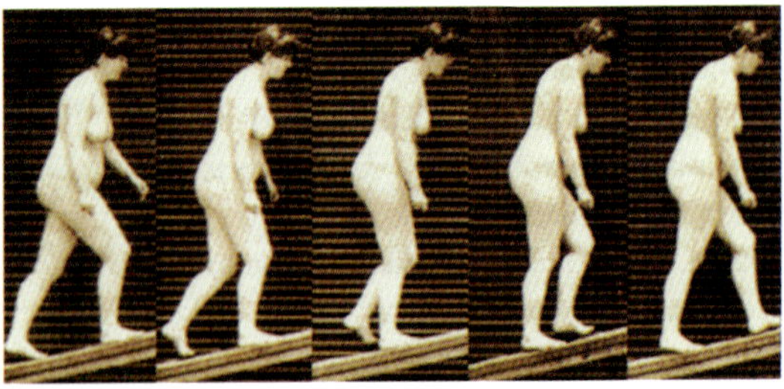

Eadweard Muybridge, *Frau in Bewegung*, ca. 1887.
Zenon aus Elea, ein Schüler des Parmenides, kann in gewisser Weise als Erfinder des Kinofilms gelten, nämlich der Herstellung einer Bewegungsillusion durch eine Abfolge stehender Bilder, obwohl er bewies, dass Bewegung unmöglich ist. Denn wie beweist er es?
a) Ist die Zeit eine Folge getrennter Zeitpunkte, würde ein abgeschossener Pfeil in jedem Zeitpunkt feststehen und sich also insgesamt nicht bewegen.
b) Wäre die Zeit ein Kontinuum, so würde Achill eine Schildkröte, die einen Vorsprung hat, beim Wettlauf nie einholen können. Denn: Kommt Achill an die Stelle, an der sie war, so ist sie schon weiter. Zwar würde der Abstand zwischen beiden immer geringer, aber nie gleich Null.

Wasser, Luft und Erde) vier Grundkräfte, auf die sich alle Vorgänge in der Natur zurückführen lassen (1. die zwischen Massen wirksame Gravitation, 2. die zwischen Ladungen wirksame elektromagnetische Kraft, 3. die zwischen Elementarteilchen wirksame starke Wechselwirkung und 4. die zum Teilchenzerfall führende schwache Wechselwirkung).

Wo bleibt aber dann die Philosophie? Gibt es sie nur so lange, d. h. fortschreitend immer weniger, wie noch nicht alles naturwissenschaftlich erklärt ist? – Der Meinung kann man sein, wenn man von der Philosophie Wissen erwartet und dieses, wie Ludwig Wittgenstein in seinem *Tractatus logico-philosophicus* von 1921, auf das »klar Sagbare«, durch objektive Erfahrung Bestätigte beschränkt. Da aber menschliches Erleben, also das Empfinden und Denken eines jeden, im Objektiven selbst nicht vorkommt, gibt solche Naturerklärung auch keine Antwort auf die existentiellen Fragen – nach dem Sinn und Zweck meiner Existenz und dem Sinn des Ganzen, dessen Teilnehmer und Zuschauer ich eine Zeit lang bin. Diese Fragen, insbesondere das Rätsel der Vergänglichkeit meiner selbst wie aller Dinge, standen aber hinter den Naturkonzepten der vorsokratischen Naturphilosophen. Sie versuchten, die Herkunft und den Sinn des Wandelbaren einzusehen. Sie verstanden es als etwas Abkünftiges, als umschlossen vom Ewigen und Unvergänglichen, an dem man durch das Wissen teil hatte. So wie z. B. das Wasser durch all seine Gestalten und Aggregatzustände hindurch doch dasselbe bleibt, so sollte es auch mit dem Grund der Welt, dem Ewigen und Göttlichen sein, das sich in der Mannigfaltigkeit der Phänomene nur abwandelt, ohne selbst zu vergehen.

So gesehen scheinen sich in der Geschichte des abendländischen Denkens Naturwissenschaft und Philosophie, die bei den Vorsokratikern noch ungetrennt waren, allmählich zu trennen. Die Naturwissenschaft beschränkt sich aufs Objektive, erklärt es aus allgemeinen Naturgesetzen, versucht auch Psychisches als Folge des Physischen zu verstehen. In der Philosophie dagegen bleibt die Ahnung und Suche nach der hintergründigen Tiefe der Wirklichkeit, wie sie Mythos und Religion kennzeichnen, erhalten. So lehren auch die Vorsokratiker eher, sich von der Wirklichkeit abzuwenden, als im Sinne experimenteller Naturforschung sich mit ihr zu befassen. Sie lehren, hinter sie zu schauen, aufs Ewige und Unwandelbare, an das der Mensch sich irgendwie anzuschließen wünscht, um der Vernichtung, dem Nichts, zu entgehen. Am Beispiel des **Parmenides** (um 540–480 v. Chr.) sieht man, wie die Suche nach dem unvergänglichen Sein und die Abwehr des Vergänglichen und des Nichtseins geradezu zu einer Umarmung des Nichts gerät, dem indischen Nirwana vergleichbar. Das Sein, an das sich der wissende Mann halten soll, so steht es in seinem berühmten Lehrgedicht, ist unerschütterlich, ungeboren, unvergänglich, ganz, einheitlich, taumelfrei und vollendet wie eine Kugel. Vielheit und das Nichts sind nur Schein. In der Erfahrung dieses Weltgrundes verschmelzen Subjekt und Objekt: »Dasselbe ist Denken und Sein«, heißt es da. Ich und Welt verschmelzen, wie es später der Physiker und Philosoph Ernst Mach beschrieben hat.

Am deutlichsten scheint die Lehre des Atomisten **Demokrit** (460–371 v. Chr.), der bereits ein Zeitgenosse des Sokrates war, den Anfang eines naturwissenschaftlichen Weltbildes, wie wir es heute haben, zu markieren. Demnach gibt es nur die Atome und sonst nichts, d.h. nur

René Magritte, *Le voyageur* (Ausschnitt), 1937, Privatbesitz.
Hermann Schmitz identifiziert in *Der Ursprung des Gegenstandes* (1988) das Seins-Erlebnis des Parmenides mit der Mach-Erfahrung, also mit dem, was Ernst Mach in seinem Buch *Die Analyse der Empfindungen* (1886) so beschrieben hat: »An einem heiteren Sommertage im Freien erschien mir einmal die Welt samt meinem Ich als eine zusammenhängende Masse von Empfindungen, nur im Ich stärker zusammenhängend. Obgleich die eigentliche Reflexion sich erst später hinzugesellte, so ist doch dieser Moment für meine ganze Anschauung bestimmend geworden.«

Hendrick Terbrugghen, *Demokrit, der lachende Philosoph*, 1628, Rijksmuseum, Amsterdam. Demokrit aus Abdera, der Erfinder der Atomtheorie, pflegte angesichts der menschlichen Torheiten in schallendes Gelächter auszubrechen. So ging er als »der lachende Philosoph« in die (Kunst-)Geschichte ein.

die Leere. Tatsächlich war die Begriffsbildung der Atomisten für die Entwicklung einer präzisen, nachprüfbaren Theorie viel vorteilhafter als etwa die »ganzheitliche« des Empedokles, die vom erlebenden und betroffenen Individuum, seinen Lebensbezügen ausgeht und sich in der Alchemie und Astrologie erhalten hat. Demokrit geht von unanschaulichen, nicht selbst beobachtbaren, isolierten Elementarbausteinen aus, von Atomen, die sich, so beschreibt es Hermann Schmitz, wie Buchstaben in der alphabetischen Schrift durch Kräfte zu Aggregaten zusammenfügen lassen. Demnach sind Sinneswahrnehmungen unechte Erkenntnis, durch die nur sekundäre Dingqualitäten, entstanden durch zuströmende und entgegenwirkende Atome, wahrgenommen werden. Die primären Qualitäten (die Atome und das Leere) erfasst nur die echte Erkenntnis, das Denken.

Demokrits Atomtheorie ist aber keine auf experimentelle Beobachtung gestützte Theorie, vielmehr eine Antwort auf Parmenides, der Vielheit und Bewegung für bloßen Schein hält. Für Demokrit sind Vielheit und Bewegung wirklich. Allerdings warnt er davor, am Vergänglichen seine Freude haben zu wollen. Als Ethiker empfiehlt er das Unsterbliche, womit er sicher nicht die Atome meint.

Indem Demokrit das objektiv Wirkliche abtrennt vom Subjektiven, erklärt er dieses zu einer Sphäre der Innerlichkeit. Der Mensch hat diese Innenwelt als »leidensreiche Vorrats- und Schatzkammer von Übeln« nicht nur im Traum, wie Heraklit erklärte, sondern ständig (sofern er nicht außer sich gerät, wie im Orgasmus). Damit ist Demokrit ein Pionier des dualistischen Selbstverständnisses des Menschen: Der Mensch hält sich für einen Körper mit einer Innenwelt oder Seele (Psyche), in der die Vorstellungen, Wünsche und Gefühle vorkommen.

Womöglich der Wichtigste unter den Vorsokratikern ist **Pythagoras** (6. Jh. v. Chr.) aus Samos, von dem allerdings keine Texte überliefert sind. Wegen seiner Entdeckung des sog. Satzes des Phythagoras (»Die Summe der Kathetenquadrate ist gleich dem Quadrat über der Hypothenuse«) ist er auch heute noch in aller Munde. Pythagoras ist Mathematiker und Philosoph – und Religionsstifter: Im süditalienischen Kroton gründet er eine philosophisch-religiöse Ordens-Gemeinschaft auf der Basis der Orphik, einer der Sage nach auf Orpheus zurückgehenden Mysterienreligion, die besonderen Wert auf rituelle Reinigung und Sühne legt. Eine der vielen Tabu-Vorschriften des Ordens ist das von den Ägyptern übernommene Verbot für Priester, Bohnen zu verzehren. Wegen ihrer schwarzgefleckten Blüten galten Bohnen, genauer: die Pferde-Bohne, als Todessymbol. Der pythagoräische Bund nahm auch Frauen auf. Die erste Philosophiestudentin der abendländischen Geschichte war Theano. Sie wurde Pythagoras' Frau.

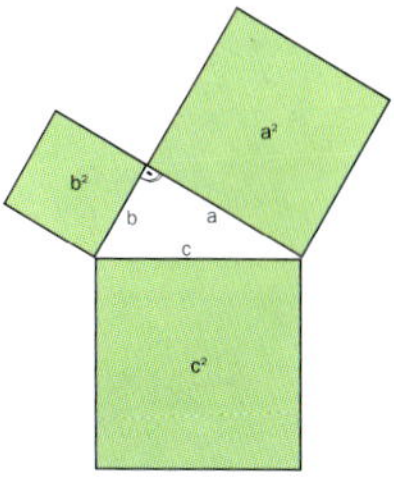

Satz des Pythagoras:
$a^2 + b^2 = c^2$

Die pythagoräische Mysterienreligion lehrt, dass der Mensch eine sich in Trance, Traum oder Tod vom Körper lösende unsterbliche Seele besitzt. Im Sinne der Seelenwanderung oder Reinkarnation wird sie immer wieder in einen Körper eingesperrt, solange bis sie sich völlig gereinigt hat und sich dann mit dem Kosmos vereinigen kann. Der Tod, der das einmalige Leben annulliert, wird hierbei zum Vehikel neuen Lebens. Die Vereinigung mit dem Kosmos durch den endgültigen, letzten Tod in der Kette der Wiedergeburten (entsprechend dem Nirwana oder clear-light im *Tibetanischen Totenbuch*) wird als irreale Erlösung erstrebt und ist am Ende eines individuellen Lebens unwahrscheinlich genug, um diesem Ende den Schrecken des Nichts zu nehmen.

Pythagoras
»Ohne ihn hätten die Christen in Christus nicht das Wort gesehen, ohne ihn hätten die Theologen nicht nach logischen Beweisen für Gott und die Unsterblichkeit gesucht.«
Bertrand Russell in der *Philosophie des Abendlandes*, 1992

Alles ist Zahl, ist die philosophische Devise des Pythagoras. Er sucht das Geheimnis der Welt nicht in einem Urstoff, sondern in einem Urgesetz, dem Urgesetz der zahlenmäßigen Beziehungen der Weltbestandteile. Welt ist für ihn ein harmonisches Ganzes, ein ewiges, lebendiges göttliches Wesen: der Kosmos. Und

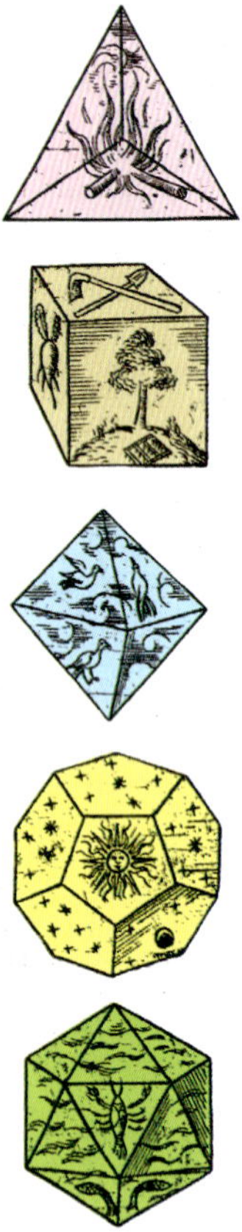

Die fünf pythagoräisch-platonischen Urkörper (aus Keplers *Harmonices Mundi*, libri V, 1619) sind regelmäßige Vielflächler, deren Ecken auf einer Kugel liegen. Sie entsprechen den vier Elementen des Empedokles und dem Weltganzen: Tetraeder (4-Flächler) = Feuer; Hexaeder (6-Flächler) = Erde; Oktaeder (8-Flächler) = Luft; Dodekaeder (12-Flächler) = Äther oder Weltganzes; Ikosaeder (20-Flächler) = Wasser.

die Weltharmonie ist musikalisch. Pythagoras hatte erkannt, dass Zahlenverhältnisse für den harmonischen Zusammenhang der Töne sorgen. Bei dem Monochord, einem altgriechischen Instrument mit einer Saite über einem Resonanzkörper mit beweglichem Steg, ergibt sich bei Halbierung der Saitenlänge ein um eine Oktave höherer Ton. Für die Oktave ist also das Verhältnis der Saitenlängen 1:2. Für die Quinte 3:2 und die Quarte 4:3.

Aber wieso ist nun alles Zahl und alles in einer gesetzlichen Harmonie? Pythagoras ging so weit, auch die soziale Harmonie auf Zahlenverhältnisse zu gründen und Tugenden mit bestimmten Zahlen zu identifizieren. Er stellte sich die Zahlen als geometrische Figuren vor, aus denen alles zusammen gesetzt ist. So erforschte er die Geometrie der vollkommenen festen Körper, der fünf sog. platonischen Urkörper. Pythagoras und nach ihm Platon meinten, die mathematisch-geometrischen Körperformen entsprächen der Form der Seele, so dass Wahrnehmung und Erkenntnis durch Passung zustande kommt. Die Mathematik erfasst dann zugleich die Prinzipien im Aufbau der Seele und der Objektwelt. Erkennen heißt, wie der für seinen Versuch einer Weltformel berühmte Physiker Werner Heisenberg Mitte des 20. Jh. erklärte: das sinnlich Wahrnehmbare außen mit den Urbildern innen vergleichen und es damit als übereinstimmend zu beurteilen. Pythagoras steht auch bei der heute, Anfang des 21. Jh., angesagten String-Theorie Pate. Sie behauptet, die Bauelemente des Kosmos seien winzige Fädchen aus Energie, die wie Saiten (= strings) unaufhörlich vibrieren. Aus ihren Schwingungen bestehen dann alle Elementarteilchen und physikalischen Kräfte. Die Strings bringen das Universum wie eine riesige Äolsharfe zum Klingen. Diese Welterklärung ist ebenso spekulativ, mysteriös oder, so kann man auch sagen, ironisch wie die des Pythagoras mit seinen Zahl-Atomen. Die Strings sind nicht experimentell nachzuweisen. Sie sind so winzig, dass zu ihrem Nachweis ein Teilchenbeschleuniger von der Größe der Milchstraße nötig wäre.

Praktisches Denken

Auguste Rodin, *Der Denker*, Bronze, 1880 (im Garten des Rodin-Museums in Paris). Rodins Denker ist eine abstoßende Gegenfigur zu jenen vorsokratischen Denkern, wie sie sich Friedrich Nietzsche vorstellte. Er schreibt in *Wissenschaft und Weisheit im Kampfe*: »Die Denker haben sogar schöne Möglichkeiten des Lebens entdeckt; und es scheint mir, dass die späteren Griechen das Beste davon vergessen haben. ... Man vergleiche die Denker anderer Zeiten und anderer Völker mit jener Reihe von Gestalten, die mit Thales beginnt und mit Demokrit endet ...: Wie schön sind sie! Ich sehe keine verzerrten und wüsten Gestalten darunter ... Ich sehe auch jene nicht darunter, die es mit dem ›Heil ihrer Seele‹ oder mit der Frage ›Was ist das Glück?‹ so wichtig nehmen, dass sie Welt und Menschen darüber vergessen.«

Die Sophisten, namentlich Protagoras und Gorgias im 4. Jh. v. Chr., haben erstmals den Menschen und das Denken selbst zum Gegenstand des Nachdenkens gemacht und mit der Vernunftkritik begonnen, die dann nach mehr als 2000 Jahren in Kants *Kritik der theoretischen und praktischen Vernunft* mündet. Sie haben auch erstmals über den Zusammenhang von Sprache und Denken nachgedacht. Sie waren Praktiker des Denkens. Wenn man die distanzierte Schau *(theoria)* für das eigentlich Philosophische hält, waren sie gar keine echten Philosophen. Zwar heißt Sophist ›Lehrer der Weisheit‹ und Philosophie ›Liebe zur Weisheit‹. Aber die Sophisten liebten die Weisheit oder das Wissen nicht aus freien Stücken, vielmehr wegen des Geldes, das sie damit verdienten. Für Anweisungen, wie man in der Volksversammlung oder den Gerichtshöfen erfolgreich redet, gab es ja großen Bedarf in der Bürgerschaft (aus der Frauen, Kinder und Sklaven ausgeschlossen waren). Die Sophisten trieben mit dem Denken ein Gewerbe. So hat Xenophon sie auch mit den Huren verglichen.

Das Wort Sophist und Sophisterei hat auch heute noch einen negativen Beigeschmack, den des Unseriösen, der Unsachlichkeit und Wortklauberei, aber auch des ärgerlich Siegreichen. Mit der Formel »Du Sophist« quittiert man eine Diskussion, entweder weil es einem zu dumm wird, oder weil man sich geschlagen gibt.

Der Sophist **Protagoras** (485–410 v. Chr.) gab politische Tauglichkeit und Wohlberatenheit als seine Lehrgegenstände an. Bekannt ist er vor allem durch zwei von ihm überlieferte Sätze: »Über die Götter vermag ich nichts zu wissen, weder dass sie sind, noch dass sie nicht sind« und »Der (einzelne) Mensch ist das Maß aller Dinge, der seienden, dass sie sind, der nichtseien-

Reflektierender Kreter: Was ich denke, ist nicht wahr.
Die negative Selbstbezüglichkeit ist tödlich fürs Denken. Sie steckt im Gedanken des Todes, im Gedanken, nicht zu sein. Gleich am Anfang des abendländischen Denkens drohte dessen Blockade im sog. Rätselkoma des Kreters Epimenides durch den ausgesprochenen Gedanken: »Ich lüge jetzt« (griech. = *pseudomai)*. Denn dann ist das, was ich sage (p) wahr, wenn das, was ich sage, nicht wahr ist (non-p). Aus non-p folgt p. Und umgekehrt: Wenn es wahr ist, was ich sage, dass nämlich nicht wahr ist, was ich sage, dann ist eben nicht wahr, was ich sage. Aus p folgt non-p. Insgesamt ergibt sich die paradoxe Äquivalenz von p und non-p. Sie bildet durch die stets erneut erzwungene Vertauschung von Sagen und Gesagtem einen unendlichen Zick-Zack-Syllogismus zwischen kontradiktorischen Sätzen. Bertrand Russell entdeckte 1901 den ›lügenden Kreter‹ in der Paradoxie der Menge aller sich nicht selbst enthaltender Mengen. Niklas Luhmann erklärte die Paradoxie zum Problem des 20. Jahrhunderts.

den, dass sie nicht sind.« Aus beiden spricht seine Grundauffassung: die Bindung aller Bedeutung von Realität an die menschliche Situation. So reicht z. B. die Wahrnehmung nicht an die Götter heran. Und sie liefert je nach dem, wer wahrnimmt, Verschiedenes: Dem einen ist der Wind kalt, dem anderen warm. Wegen seiner Skepsis bzgl. der Götter wurde er der Ketzerei bezichtigt. Und wegen seines Relativismus für die Realitätserfahrung und für die Gültigkeit von Normen wurde er von Platon kritisiert und philosophisch bekämpft. Platon dachte sich nämlich hinter den Erscheinungen noch die Sache selbst – im obigen Beispiel vom Wind, der dem einen kalt, dem anderen warm erscheint, den Wind selbst. Und er berief sich auf Normen, die nicht situationsbedingt, d. h. je nach den Umständen gültig oder nicht gültig sind. Platons Philosophie gilt den unwandelbaren Wesenheiten (Ideen), die dem Menschen einen externen Halt bieten, während Protagoras von unüberschreitbarer Situiertheit ausgeht, in das menschliches Denken involviert bleibt. Es gibt keinen unbeteiligten Zuschauer, denn Denken ist in dem, was es denkt, geprägt von der Person, zu dessen Lebenstätigkeit es gehört, und von der Situation, die es zu bewältigen versucht.

Der Sophist **Gorgias** (485–375 v. Chr.) trieb die Skepsis zum Äußersten. Seiner Meinung nach lässt sich die Frage nach der Wahrheit überhaupt nicht sinnvoll stellen. Was ins Gewicht fällt und zählt, sind Meinungen, Meinungen, die sich ändern und ändern lassen und die man erzeugen kann. In diesem Sinn lehrt Gorgias die Kunst der überzeugenden Rede: die Rhetorik. Natürlich ist der etwas spätere Platon mit seiner Lehre vom vollkommen Wahren, Schönen und Guten sein Gegner.

In seiner Schrift *Über das Nichtseiende und die Natur* beweist Gorgias, dass es nichts gibt, dass man, wenn es etwas gäbe, es nicht erkennen könne, und dass, falls es doch erkennbar wäre, man die Erkenntnis nicht mitteilen könne. Diese Behauptung und ihr Beweis beziehen sich auf die eleatische Lehre des Parmenides und Zenon, wonach Seiendes ist, Nichtseiendes nicht ist. Wenn das stimmt, so Gorgias, dann ist der Unterschied von Sein und Nichtsein auch nichts, und natürlich kann Nichtseiendes nicht erkannt werden, und wenn es erkannt würde, ist diese Erkenntnis mein privates Erlebnis, das als solches nicht mitteilbar ist. Eine Menge bis heute virulenter philosophischer Probleme kommt hier ins Spiel: Einmal das Problem der vielfachen Bedeutung des ›ist‹, z. B. als Existenzquantor (= etwas existiert) und als Kopula (= etwas ist so und so beschaffen). Dann das Problem der vom Bewusstsein unabhängigen Existenz des zu Erkennenden bzw. das Problem des Zusammenhangs von Erkennen und Sprache, schließlich das der Mitteilbarkeit privater Erlebnisse.

Sokrates und Platon

Sokrates (470–399 v. Chr.) hat nichts Schriftliches hinterlassen. Aber über ihn ist viel geschrieben worden – schon von Zeitgenossen. In der Komödie des Aristophanes *Die Wolken* erscheint Sokrates als Sophist, als ein Denker von der Art, wie Platon sie bekämpft. Anders ist es in den Schriften Platons. Sie sind sämtlich Gespräche, die Sokrates führt (bis auf den Dialog *Nomoi* und die *Apologie*, die Verteidigungsrede des Sokrates). Da ist Sokrates eher wie Platon selbst. Allerdings: In Platons frühen Dialogen ist Sokrates manchmal auch einem Sophisten recht ähnlich. Weniger

Sokrates rettet in der Schlacht von Potidäa seinen Lieblingsschüler Alkibiades.
Zupackend und versonnen war Sokrates, Krieger und Denker. Alkibiades erzählt in Platons *Symposion* eine Begebenheit aus der Zeit ihres gemeinsamen Feldzuges nach Potidäa: Eines morgens im Winter dachte Sokrates über ein Problem nach. Er stand im Freien in Gedanken versunken da, von morgens bis abends und noch die ganze Nacht bis zum Morgengrauen. Dann verrichtete er noch ein Gebet an die Sonne und ging fort.

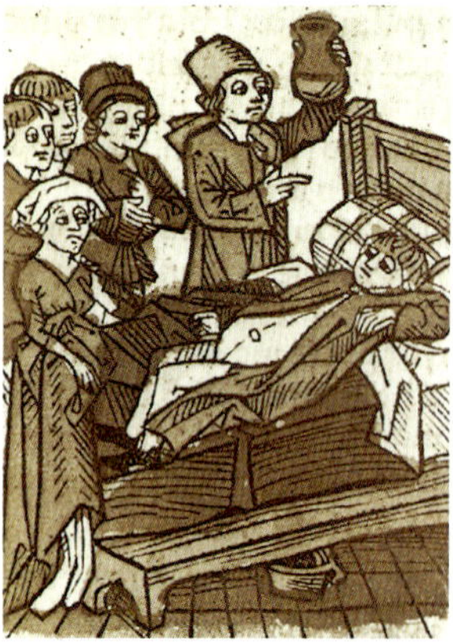

Der Arzt kündigt Calandrino seine Schwangerschaft an, Holzschnitt aus der Augsburger Ausgabe 1492 von Giovanni Boccaccios *Dekameron.* In Platons *Symposion* berichtet der philosophische Geburtshelfer Sokrates, was ihm eine in Liebesdingen erfahrene Frau, die Priesterin und Hetäre Diotima, über den Sinn der Philosophie gesagt hat. Ihr Sinn sei die Glückseligkeit beim Zeugen im Schönen und Unsterblichen. Die hierbei erzeugten unsterblichen Kinder (z. B. die Werke Homers, Hesiods und natürlich Platons eigene Werke) seien den sterblichen, von Frauen geborenen, vorzuziehen. Adriana Cavarero schreibt in *Platon zum Trotz*: »Der schwangere und gebärende Mann sowie der Mann, der die Hebamme spielt, sind die emblematischen Gestalten der wahren Philosophie.«

geht es ihm darum, Wissensansprüche zu stellen, als darum, solche Ansprüche von anderen Leuten zu erschüttern. Das Delphische Orakel, so lässt Platon ihn in seiner *Apologie* zu Worte kommen, habe ihn dafür als den Weisesten bezeichnet, dass er nicht wie andere vorgibt zu wissen, was er nicht wisse. (Daraus wurde der angebliche Sokrates-Satz: Ich weiß, dass ich nichts weiß.)

Sokrates' Lehrtätigkeit bestand im Gespräch, wofür er anscheinend kein Geld nahm. Sein Brotberuf war Steinmetz, wie der seines Vaters. Seine Mutter war Hebamme. Sokrates übertrug dieses Gewerbe auf seinen brotlosen Hauptberuf der Philosophie: geistige Hebammenkunst (Mäeutik) oder Geburtshilfe. Es geht um geistige und d. h. auch männliche Schwangerschaften und Geburten. Das Geborensein durch die Mutter reicht nicht. Der Mensch bedarf einer zweiten Geburt, der geistigen, väterlichen bzw. patriarchalischen. Dadurch erst gewinnt der Mensch ein Leben, das den Tod des Leibes überdauert. Sokrates Grund zum Philosophieren ist Sorge um die Seele, Seelsorge.

Was Sokrates selbst unsterblich machte, so dass man an ihn als den Philosophen schlechthin denkt, ist sein Märtyrertod für die Philosophie. Er war nämlich auch Wortführer der aristokratischen Partei gewesen. Als die Demokraten an die Macht kamen, wurde er wegen Gottlosigkeit und Verführung der Jugend angeklagt und für schuldig befunden. Sokrates wäre mit einer Geldstrafe davon gekommen, hätte er nicht dafür einen so lächerlich geringen Betrag vorgeschlagen, dass das Gericht verärgert war und die Todesstrafe verhängte. Sokrates hätte sich der Exekution durch eine von seinen Freunden arrangierte Flucht entziehen können. Aber das wäre einem Schuldeingeständnis gleichgekommen und auch eine Illoyalität dem Staat gegenüber, die er ablehnte. Außerdem war er schon siebzig und glaubte an die Unsterblichkeit der Seele mit einem glücklicheren Leben nach dem Tode als vorher.

Der Tod des Sokrates war es, der ihn mit dem gekreuzigten Jesus und den frühchristlichen Märtyrern vergleichbar machte und sein Andenken lebendig erhalten hat – auch außerhalb der philosophischen Diskurse. Jesus starb für die Wahrheit, von der er (vor Pilatus) sagte, dass sie nicht von dieser Welt sei. Wer an sie glaube, werde ewig leben. Sokrates starb für die Wahrheit seiner inneren, göttlichen Stimme (des sog. inneren Dämons oder des Gewissens), die ihm sagte, was er nicht tun dürfe. Und das sei vor allem, so erklärt Sokrates in seiner *Apologie*, aufzuhören, die Bürger einzeln anzuregen, zu überreden und zu unterweisen. Denn der Gott habe ihn als Stechmücke dem zur Trägheit neigendem Riesenroß des Staates beigegeben, um es anzustacheln.

Aphrodite und Pan mit Eros, Marmorgruppe aus Delos, Nationalmuseum, Athen.
Die gewollte, nicht unbedingt gelebte Lustfeindlichkeit ist typisch für die Philosophen, nicht nur für Antisthenes, einen der Freunde, die bei Sokrates' Tod zugegen waren. Er sagte: »Ich möchte lieber wahnsinnig sein als Lust empfinden.« »Ich möchte Aphrodite erschießen, wenn ich sie erwischen könnte, weil sie so viele schöne und edle Frauen zugrunde gerichtet hat.« »Der Weise wird um der Zeugung von Nachkommen willen heiraten, wobei seine Wahl auf die schönsten Frauen fallen wird, und er wird sich sogar verlieben, denn allein der Weise weiß, wen man lieben darf.«

Der Tod des Sokrates bedeutet einen Wendepunkt in der Geschichte der Philosophie. In seiner Nachfolge bildeten sich allenthalben Philosophenschulen: die Stoiker, Kyniker, Megariker, Kyrenaiker, allen voran aber die Schulen der beiden – bis zu Kant – größten Philosophen: Platons Akademie (die fast 1000 Jahre, bis 529 n. Chr., überdauerte) und Aristoteles' Peripatos.

Das platonische Denken entwickelt sich vor dem Horizont einer doppelten Krisensituation: zunehmender Zerfall des Gemeinwesens und Verlust der Verbindlichkeit mythischer Weltbilder. Der Mythos bietet keine lebendige Orientierung mehr. Er ist zum formelhaften Ritual erstarrt und zum Spielball inhaltsloser und nur auf Überredung angelegter Rhetorik (der Sophisten) geworden. Das Schlimmste daran ist für Platon, dass kein Bewusstsein darüber vorhanden ist. Hier, bei der Bewusstseinsbildung, will Platon eingreifen. Die Methode seines Helden Sokrates besteht darin, zunächst einmal ein Bewusstsein für das Gute bzw. für das Schlechte bei seinen Gesprächsteilnehmern zu wecken, indem er ihnen z. B. zeigt, dass sie nicht wissen, wovon sie reden, wenn sie Gerechtigkeit, Tapferkeit, Besonnenheit u.s.w. im Munde führen. Die

Platons Schriften
Protagoras: Kritik der Sophistik bzgl. der Einheit und Lehrbarkeit der Tugend
Apologie: Verteidigungsrede des Sokrates vor Gericht
Euthyphron: Über die Frömmigkeit
Gorgias: Gegen die Sophistik, für das absolute sittliche Gute, über die Seele im Jenseits
Kratylos: Über die Sprache
Menon: Erkenntnis als Wiedererinnerung
Phaidon: Über die Unsterblichkeit der Seele und die Philosophie als Einüben ins Sterben
Symposion: Über den homoerotischen Eros und seine Sublimierung in der Philosophie
Politeia: Über den Idealstaat und die Seele
Phaidros: Über die Seele und die Ideen
Theaitetos: Über das Wissen
Parmenides: Über Einheit und Vielheit, Sein und Nichtsein
Sophistes: Über das Wesen des Sophisten
Nomoi: Über den Staat und die Erziehung der Bürger
Timaios: Naturphilosophie

Verbindlichkeit ihrer Rede zerfällt in dem Maße, in dem Sokrates als ihren Grund private Interessen und Willkür erweist. Ihrer schützenden ideologischen Haut entledigt, muss die Gewalt letztlich ihr wahres Gesicht zeigen: Sie muss den Sokrates vernichten. Insofern gehört der Tod des Sokrates mit zu seiner Beweisführung, dass auf dem Grund der Polis die Gewalt regiert. Sein Tod ist geradezu der letzte Beweis dafür, dass er Recht hat.

Platons Ideenlehre

Platons (428–334 v. Chr.) eigene Philosophie, mit der er sich von seinem Lehrer Sokrates absetzt, ist die Ideenlehre, wiewohl er sie in den mittleren und späteren Dialogen seinem Dialoghelden Sokrates in den Mund legt. Die unveränderlichen Ideen sind die Urbilder der veränderlichen Dinge, ihr Programm, ihr Ziel und Zweck. Platon nimmt bei seiner Ideenlehre die Mathematik (Geometrie) zum Vorbild aller anderen Wirklichkeit, wie es schon die Pythagoräer machten. Ein nicht sinnlich erfahrbares geometrisches Gebilde, z. B. ein gleichseitiges Dreieck, wird hinter dem sinnlich erfahrbaren Dreieck, dessen Darstellung es ist, ›gedacht‹ oder in nicht sinnlicher, formaler Anschauung vorgestellt. Die gerade Linie, der Punkt, eine Fläche: das sind alles mathematische Gegenstände. Es gibt sie nicht in Wirklichkeit. Aber die Wirklichkeit ist durch sie erkennbar, rekonstruierbar. Über dem Eingang der Akademie Platons soll deshalb der Satz gestanden haben: »Kein der Geometrie Unkundiger soll diesen Ort betreten.«

Aber auch Mythos und Religion standen Pate bei Platons Ideenlehre. Die Idee, so Platon im *Timaios*, ist gewissermaßen der Vater oder das Original eines Dings, das, wie das Kind, mit dem Namen des Vaters benannt wird. Die Mutter ist der abstrakte Raum, in dem die Zeugung der Dinge, d. h. der Kinder des Vaters, stattfindet und in dem sich die Dinge dann auch bewegen. Karl R. Popper vergleicht in seinem Buch *Die offene Gesellschaft und ihre Feinde I* Platons Ideenlehre mit den

Speiender Zecher mit einem Sklaven, attische Rundschale, um 480 v. Chr., Antikenmuseum Berlin.
Seinen Herrn zum Gastmahl zu begleiten, war eine der Aufgaben unfreier Diener. Auch Platon war für kurze Zeit Sklave. 390 v. Chr. reiste er nach Unteritalien. Er lernte den pythagoräischen Bund kennen, den er später für seine Akademiegründung zum Vorbild nahm, und fand am Hof des Tyrannen Dionysios in Syrakus in dessen Schwager Dion einen jungen Freund. Platon hoffte, Dion könnte einmal seine gesellschaftspolitischen Gedanken verwirklichen. Mit Dionysios überwarf er sich. Dionysios übergab ihn einem spartanischen Gesandten, der ihn als Sklave verkaufte. Bald wurde er aber von einem Freund wieder freigekauft und konnte nach Athen zurückkehren.

religiösen Ansichten der Griechen von damals. Deren Götter waren z. T. idealisierte Stammesväter und Helden, Personifikationen der Tugend und Vollkommenheit des Stammes. Sie waren unsterblich und vollkommen wie die Ideen. Aber während in der griechischen Religion viele Götter als die Vorfahren der verschiedenen Stämme oder Familien verehrt wurden, gibt es in der Ideenlehre Platons nur eine Form, oder eine Idee des Menschen. Jede Art oder Rasse besitzt nur eine Form oder Idee. Im *Staat (Politeia)* heißt es: »Gott hat also nur jenes eine wesentliche Bett hergestellt. Zwei dieser Art oder noch mehr wurden weder von Gott erschaffen, noch werden sie je von ihm erzeugt werden; auch wenn er zwei einzelne schüfe und nicht mehr, dann würde doch ein weiteres zutage treten, nämlich die *eine* gemeinsame Form, die sich in beiden darstellt. Sie, und nicht jene beiden, wäre dann das wesentliche Bett.« Die Ähnlichkeit der Dinge ist ihrer Idee verdankt, ihrem Ursprung, wie die Ähnlichkeit der Kinder ihrem Vater. Harte Dinge haben an der Idee der Härte teil, weiße an der Idee des Weißen. Sie haben an jenen Ideen teil im gleichen Sinne, in dem die Kinder an den Besitztümern und Gaben der Väter Anteil haben.

Popper stellt auch die drei Funktionen heraus, welche die Ideenlehre bei Platon hat. 1. Sie ermöglicht Wissen, das sich auf die veränderlichen Dinge anwenden lässt, von denen sich, weil sie sich ständig verändern, eigentlich nichts Bestimmtes aussagen lässt. Platon nimmt an, dass es innere Kräfte, unwandelbare Wesenheiten der wahrnehmbaren Dinge gibt. Und von denen ist wahres Wissen möglich. 2. Die Ideenlehre ermöglicht eine Theorie der Veränderung und des Verfalls. Die Ideen sind Urbilder, die selbst durch

Phallos-Vogel auf einem antiken Becher (Kyathos), Antikenmuseum Berlin.
In Platons *Timaios* hat man sich die vom Eros Auftrieb bekommenden befiederten Seelen als geflügelte Phalloi vorzustellen.

Verfall (Degeneration) der höchsten Idee entstehen. Entsprechend ist die historische Tendenz der Gesellschaft die des Zerfalls und der Degeneration 3. Sie bietet den Weg zu einer Sozialtechnik, zur Herstellung des besten, idealen Staates, der sich nicht verändert und zugrunde gehen kann, und zwar durch Anhalten der politischen Veränderung und Rückkehr zum idealeren Anfang, der alten Stammesformen des sozialen Lebens (Stammesaristokratien).

Leib und Seele bei Platon

Der Mensch gehört beiden Welten an: der Welt der Ideen und der Welt der wandelbaren Dinge, deren Vorbilder die Ideen sind. Er gehört der Ideenwelt an durch seine Seele mit ihrer Vernunft. Der Körperwelt gehört er an durch den Leib. Mit dem Tode trennt sich die Seele vom Leib. Entscheidend ist, in welchem Zustand sie dann ist. Philosophie hat ihr Motiv in der Sorge um die Seele oder im Tod. Die Sorge um den Staat ist darin eingeschlossen. Der ideale Staat ist nämlich beschaffen wie die Seele, dreiteilig. Lehrstand, Wehrstand und Nährstand im Staate entsprechen den drei Seelenteilen: dem vernünftigen, dem mutigen und dem begehrenden Teil (so steht es im *Timaios*). Hier wie da kommt es auf die Harmonie der drei Teile an – durch Hierarchie. Die Vernunft soll herrschen in der Seele, so wie im idealen Staate die Philosophen die Könige sein sollten. Sinn des Staates ist, die Seelen der Bürger zu retten, ihre Heimführung bzw. Rückführung ins Ideenreich zwecks Reinkarnation zu ermöglichen. Die Philosophen haben es übrigens im Jenseits besser als andere Berufsvertreter. Je nach Lebensweise bzw. Tugendhaftigkeit hat natürlich jeder es dort besser oder schlechter. Aber die Philosophen, so sagt Platon im *Phaidros*, brauchen nicht so lange wie die anderen auf Wiedergeburt zu warten: »Denn dorthin, woher jede

Platons drei Gleichnisse im Dialog *Der Staat (Politeia)*
Im idealen Staat sind die Philosophen die Könige, sie herrschen mit ihrem philosophischen Wissen über den Wehrstand der Krieger und den Nährstand der Arbeitenden, so wie bei ihnen selbst der vernünftige Seelenteil über den mutigen und den begehrlichen Seelenteil herrscht. Die drei Gleichnisse zeigen, welcher Art das Philosophische Wissen im Verhältnis zu den anderen Wissensarten ist und wie man es erlangt.

1. Das Liniengleichnis
Platon unterscheidet den Bereich des Sichtbaren von dem des Unsichtbaren. Er veranschaulicht das durch die Teilung einer Strecke im Verhältnis a : b. Er wiederholt diese Teilung in den beiden Bereichen a und b und veranschaulicht damit die vier Wissensbereiche bzw. Wissensarten Gerücht *(eikasia)*, Meinung *(doxa)*, Wissenschaft und Philosophie.

2. Das Sonnengleichnis
Platon sagt: So wie die Sonne durch ihr Licht dem Auge ermöglicht, etwas zu sehen und den Gegenständen ihre Sichtbarkeit verleiht, so ermöglicht die Idee des Guten durch das Licht der Ideen der Seele die Erkenntnis und den Dingen ihre Erkennbarkeit und Wahrheit. Dabei ist die Sonne selbst »Sprössling des Guten«.

3. Das Höhlengleichnis
Platon lehrt die Notwendigkeit einer zweiten Geburt. Durch die natürliche, die physische Geburt gelangen wir aus einer Höhle (der Uterus-Höhle der Mutter) ans Licht der (sichtbaren) Welt. Aber diese Welt ist nach Platons Meinung nur Schein, nur virtuell. Wir bedürfen einer zweiten metaphysischen Geburt, um aus der Scheinwelt in die wirkliche (unsichtbare) Welt der Ideen zu gelangen. Für diese zweite Geburt ist der Philosoph der Geburtshelfer.

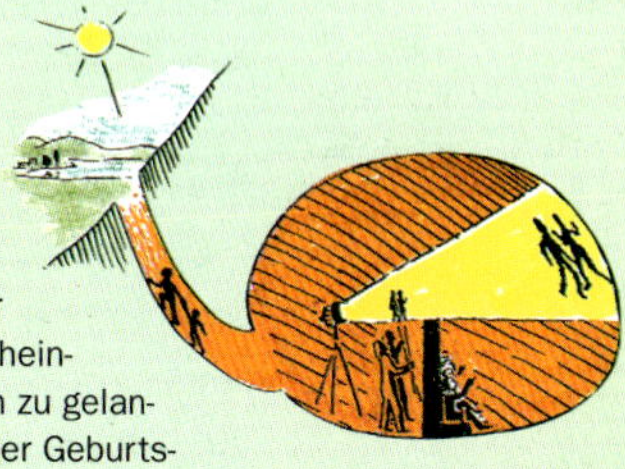

In Platons Höhlengleichnis steht die Höhle für die sichtbare Welt, an die wir durch unseren Körper gefesselt sind. Die Welt außerhalb der Höhle steht für die unsichtbare Welt des Geistes. Dort scheint die ewige Vatersonne mit ihrem Licht der Ideen. In der Höhle amüsieren sich die Menschen, gefesselt an Hals und Schenkeln, beim Kino, d.h. mit der virtuellen Realität. Sie verübeln es dem Philosophen, sie befreien zu wollen, um ans echte Licht des Geistes, d.h. in die eigentliche Realität hinein, geführt zu werden. Denn die Loslösung von den bereits in den Körper eingewachsenen Fesseln ist schmerzhaft und der Weg hinaus beschwerlich.

Seele kommt, kehrt sie nicht zurück in zehntausend Jahren, denn sie wird nicht eher befiedert als in solcher Zeit, ausgenommen die Seele dessen, der ohne Falsch philosophiert oder nicht unphilosophisch die Knaben geliebt hat.«

Befiederung, Knabenliebe? – Ja, entscheidend ist der Zusammenhang von Körper und Seele hinsichtlich der Ablösbarkeit der Seele und ihres Zustandes dabei. Was die Seelenbefreiung ermöglicht und betreibt ist der Eros, genauer: der päderastische Eros. Der Kern der

»Geh mir aus der Sonne!« soll Diogenes von Sinope, ein Schüler des Antisthenes, zum jungen König Alexander von Makedonien gesagt haben, als dieser ihn nach einem Wunsch fragte.Platon nannte Diogenes einen verrückt gewordenen Sokrates. Er lebte nämlich die von Sokrates gelehrte Autarkie (Selbstgenügsamkeit und Selbständigkeit) des Weisen nach der Doktrin »durch Tugend zur Glückseligkeit«. Aber er lebte auch wie ein Hund (griech. *kynos*, daher wohl die Bezeichnung Kyniker), angeblich in einer Tonne. Platons *Politeia* soll er parodiert und dessen Forderung der Weiber- und Kindergemeinschaft durch Inzest und Kannibalismus noch überboten haben. Als er einmal auf dem Markt öffentlich onanierte, sagte er: »Könnte man doch den Bauch ebenso reiben, um den Hunger loszuwerden.«

platonischen Philosophie ist die Erotisierung des Logos. Was der Seele den Antrieb gibt, sich vom Körper zu lösen, ist die Erinnerung an das, wohin sie geht. Aber diese Erinnerung ist nicht leicht, schreibt Platon. Hiesige Abbilder, durch die man sich an die Urbilder erinnern könnte, haben alle keinen Glanz, die Gerechtigkeit nicht, die Besonnenheit nicht. Aber die Schönheit! Sie ist, wie später noch Hegel sagt, das sinnliche Scheinen der Idee. Sie hat Glanz. Hier hat der Drang zum Ewigen sein Motiv. Beim Schönen erinnert sich die Seele, schreibt Platon im *Phaidros*: »Die Schönheit war damals glänzend zu schauen, als wir ... in ein Geheimnis eingeweiht waren, welches man wohl das allerseligste nennen kann, welches ... zu seligen Visionen vorbereitet, ... rein und unbelastet von diesem unseren Leibe, ... den wir jetzt, eingekerkert wie ein Schalentier mit uns herumtragen.«

Platon schildert die zum Götterhimmel aufsteigenden Seelen als gefiederte Gespanne, die sich konkurrierend darum drängeln, in die Göttersphäre einzudringen wie ein Samen ins Ei. Es sind geflügelte Phalloi (Zeugungsorgane). Und der Gott ist es, der für den Auftrieb sorgt, indem er den Seelenflügeln Spannkraft verleiht und sie ernährt: »Den Sterblichen heißt dieser Gott der Gott der geflügelten Liebe.« Der Seelenauftrieb ist die Knabenliebe, eine nicht auf körperliche, sondern geistige Fortpflanzung bedachte Liebe. Aber des Körpers bedarf sie durchaus, des schönen Körpers beim schönen Knaben, des zeugungslustigen Körpers beim Liebhaber.

Im *Symposion* lässt Platon die in Liebesdingen erfahrene Priesterin und Hetäre Diotima indirekt, durch den Bericht des Sokrates darüber, zu Wort kommen mit einem Wortschatz, wie Adriana Cavarero in *Platon zum Trotz* 1992 schreibt, der auf der »Mimikry der Schwangerschaft« beruht. Die Rede ist von männlichen Wehen und männlichem Gebären im Schönen, und d. h. zunächst im schönen Knaben, dann in der Schönheit selbst. Die Knabenliebe, und nicht die Liebe zum anderen Geschlecht, ist der Einstieg für den Aufstieg zum Ewigen und höchsten Glück. Beim anderen Geschlecht vergeht offenbar die Zeugunsglust, denn Platon lässt im *Symposion* Diotima sagen: »Eine einführende und geburtshelfende Göttin also ist die Schönheit für die Erzeugung. Deshalb, wenn das Zeugungslustige dem Schönen naht, wird es beruhigt und von Freude durchströmt und erzeugt und befruchtet; wenn aber Hässlichem, so zieht es sich finster und traurig in sich zusammen und wendet sich ab und schrumpft ein und erzeugt nicht, sondern trägt mit Beschwerde seine Bürde weiter. Darum beeifert sich, wer von Zeugungsstoff und Lust erfüllt ist, so sehr um das Schöne, weil es ihn großer Wehen entledigt. Denn die Liebe geht ... auf die Erzeugung, weil eben die Erzeugung das Ewige ist und das Unsterbliche, wie es im Sterblichen sein kann.«

Aristoteles

Aristoteles, geboren 384 v. Chr. in Stagira (Thrakien, Nord-Griechenland) als Sohn des Leibarztes am Makedonischen Hof, wurde mit 18 Jahren Schüler Platons in Athen. Er blieb 20 Jahre an der Akademie. Als er nach Platons Tod nicht dessen Nachfolger wurde, ging er auf Reisen und gründete eine Familie auf Lesbos. Mit 40 wurde er für drei Jahre der Erzieher Alexanders von Makedonien bis zu dessen Mündigkeit. (Sein Nachfolger als Prinzenerzieher wurde übrigens den Löwen vorgeworfen.) 335 starb seine Frau. Aristoteles zog nun nach Athen und heiratete Herpyllis aus Stagira, die den Sohn Nikomachos zur Welt brachte. In Athen lebte er zwölf Jahre, in denen er seine eigene Philosophieschule (Lykaion, genannt Peripatos) gründete, die meisten seiner Bücher schrieb und publizierte, sämtlich Dialoge, von denen aber fast nichts erhal-

Die Zeit Platons und Aristoteles'

400 v. Chr. Vornehme Athener haben mindestens 50 Sklaven, manche 1000, die sie dann an die Bergwerke vermieten

386 v. Chr. Platon gründet die Akademie, Plünderung Roms durch die Gallier

384 v. Chr. Aristoteles wird geboren

356 v. Chr. Geburt Alexanders des Großen

350 v. Chr. Einführung des Hippokratischen Eides von der Ärzteschule in Kos

347 v. Chr. Platon stirbt

338 v. Chr. Rom stärkste militärische Macht in Italien

331 v. Chr. Gründung Alexandrias, ein Viertel der Stadt wird den Juden reserviert

324 v. Chr. In Susa heiraten Alexander, neunzig seiner Offiziere und Tausende seiner Soldaten persische Frauen; Alexander bringt die griechische Kultur bis nach Indien

323 v. Chr. Alexander stirbt in Babylon

322 v. Chr. Tod des Aristoteles

Hans Baldung Grien, *Aristoteles und Phyllis*, Holzschnitt 1515. Nach mittelalterlicher Legende soll sich Phyllis, die Mätresse Alexanders des Großen, an Aristoteles gerächt haben, indem sie ihn durch ihre Reize unterjochte.

ten blieb. Die Schriften, die wir heute von ihm kennen, sind Vorlesungsmitschriften.

Aristoteles hatte eine riesige Bibliothek, darunter alle 158 bekannten Staatsverfassungen (Platon nannte ihn den Leser!) und eine naturwissenschaftliche Sammlung ungeahnten Ausmaßes (die von Alexanders Gärtnern, Jägern und Fischern mit Exemplaren aller vorkommenden Tier- und Pflanzenarten beschickt wurde). Aristoteles' Kenntnisreichtum war ungeheuer. Nach Alexanders Tod 323 erhoben sich die Athener gegen die Makedonier und ihre Freunde. Aristoteles wurde, wie früher Sokrates, wegen Gottlosigkeit angeklagt. Aber er emigrierte noch vor einer Verurteilung. Er starb ein Jahr danach auf Euboia, wo er das Haus seiner Mutter bezogen hatte.

Aristoteles und Platon

Anders als in Deutschland, gibt man in der angelsächsischen Welt Aristoteles wegen seiner realistischeren Einstellung meist den Vorrang vor Platon. Bis an die Schwelle der Neuzeit galt seine Lehre in allen Stücken (wie sonst nur bei der Bibel) als unfehlbar. Er war der Lehrer des Abendlandes.

Aritoteles beginnt seine *Metaphysik* mit der Bemerkung, dass alle Menschen natürlicherweise nach Wissen streben, das bewiese die Freude an den Sinneswahrnehmungen. Bei Platon war das anders: da mussten die Menschen durch bereits eingeweihte Philosophen zur Wissenserlangung gezwungen werden, nämlich von ihren bereits in die Haut eingewachsenen Ketten befreit und aus der Höhle heraus in die blendende Helle geführt werden. Dies, obwohl sie auch Freude an der Sinneswahrnehmung hatten. Denn bei Platon gilt es, sich von dieser abzuwenden. Bei Aristoteles führt der Weg vom Sinnlichen ausgehend hin zum an sich Wahren. Es gilt, den Erscheinungen folgsam zu sein, sagt er. Dass die Welt existiert und kein Schein ist, ist für ihn offensichtliche Tatsache.

Das Streben nach Wissen selbst verliert bei Aristoteles seine transzendente Verankerung, es wird rein immanent erklärt aus einer lebensdienlichen Funktion. Bei Platon ist Wissen Wiedererinnerung. Eigentlich ist nichts Neues möglich. Anders bei Aristoteles: Neues Wissen ist möglich. Allerdings hat auch er eine Vollendung des Wissens im Sinn: die Erkenntnis des Göttlichen, oder das göttliche Wissen selbst. Doch diese Gotteserkenntnis ist mit der Welterkenntnis verbunden, geht von ihr aus. So konnte man im Mittelalter auf Aristoteles zurückgreifen, sich mit ihm der Welt öffnen: Man nannte ihn »Wegbereiter Christi im Felde des Natürlichen«.

Allerdings scheint das aristotelische Lehrstück, mit dem sich die Gelehrten im Mittelalter am meisten herumschlugen (im sog. Universalienstreit) reichlich spekulativ und abgehoben zu sein. Es geht um die Frage: Gibt es die Allgemeinbegriffe (Universalien) nun vor, in oder nach den Dingen, von denen sie ausgesagt werden? – Was steckt dahinter, warum war dies Problem so wichtig, ja, ist es noch heute? – Aristoteles' Lehre von den Universalien ersetzt Platons Ideenlehre. Aristoteles hat damit in gewisser Weise die Ideen vom Himmel herunter geholt und in die Dinge hineinversetzt. Zunächst sieht alles ganz einfach aus: Es gibt Eigennamen und Adjektive. Die einen nennen einmalige Einzeldinge oder Personen. Sie sind individuell. Die anderen sagen Eigenschaften von etwas aus: heiß, hart, rund. Man kann sie von vielen Sachen aussagen. Sie sind universal. Die einen bezeichnen eine einzelne Substanz. Die Universalien dagegen bezeichnen keine Einzelsubstanz, sondern Eigenschaften, die mehreren gemeinsam sein können: Wesenheiten, wie z. B. Klugheit. Dass diese irgendwie substanziell sind, daran hält Aristoteles fest. Es sind allerdings Wesenheiten, die kein Eigenleben haben und daher nur in einzelnen Dingen existieren. Bei Platon war das anders. Die Universalien, wie z. B. Klugheit und Dummheit, das Runde, das Heiße, waren etwas an sich Selbständiges. – Also: In welcher Weise *ist* das Klugsein, gibt es das

Die Täuschung des Aristoteles.
Aristoteles schreibt in der *Metaphysik*: »Wenn man die Finger übereinander schlägt, nimmt der Tastsinn eben das als zwei Gegenstände wahr, was der Gesichtssinn als einen wahrnimmt.« Das sei kein Argument gegen das von ihm vertretene Widerspruchsprinzip (»Es ist unmöglich, dass dasselbe demselben in derselben Beziehung zugleich zukommen und nicht zukommen kann.«), schreibt Aristoteles, denn es erscheint hier ja nicht demselben Sinn etwas als verschieden, d. h. als so und zugleich als nicht so.

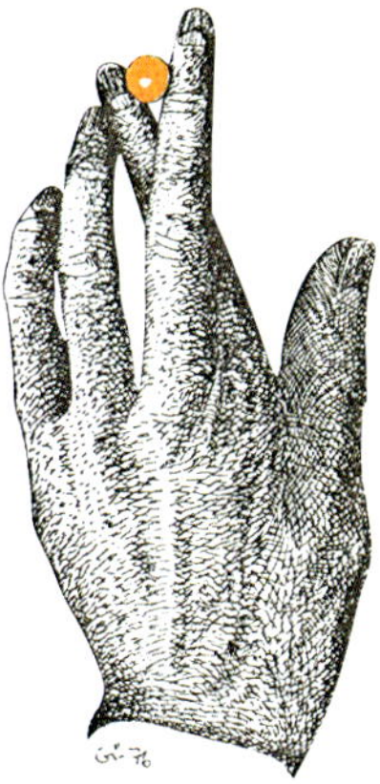

Aristoteles, römische Kopie eines griechischen Originals, Kunsthistorisches Museum, Wien

Klugsein oder gibt es die Klugheit? Was steckt hinter dem syntaktischen Unterschied von Eigenname und Adjektiv, auf was referiert man mit dem einen und mit dem anderen? Aristoteles meint: Auch die Universalien sind etwas. Sie können notwendige Attribute sein und von ihnen (z. B. von der Klugheit) kann auch etwas ausgesagt werden. Also nennt er sie zweite Substanzen, aber immerhin Substanzen.

Denn auch Aristoteles sucht, wie Platon, nach dem Wesen von allem, was ist, nach dem Wesen des Einzelseienden. Das kann nach Aristoteles nicht etwas anderes als das Einzelne selbst sein, also nichts abgehobenes Allgemeines wie Platons Ideen. Es muss etwas mit dem Einzelseienden Verbundenes sein. Denn das Einzelne soll ja, wie schon bei Platon, durch es seine Existenz haben. Das Wesen kann bei Aristoteles nur als Wesen des Einzelnen, d. h. in diesem selbst und durch es hindurch erscheinen.

Um den ontologischen Status von solchen Wesenheiten zweiter Ordnung geht der Universalienstreit. Er hat die mittelalterliche Philosophie seit Boethius, dem letzten Römer und ersten Scholastiker, durchgehend bestimmt. Da gab es außer dem platonischen Realismus (die Allgemeinbegriffe sind Ideen, *universalia ante res)* und dem aristotelischen Realismus (sie sind Wesenheiten in den Dingen selbst, *universalia in rebus)* den Konzeptualismus (die Universalien werden vom Denken durch Abstraktionsprozesse gebildet, *universalia post res)* und den Nominalismus (die Universalien sind die Wörter selbst, *universalia sunt nomina)*. Und es gab Mischpositionen. In der Neuzeit beschäftigten sich Hobbes und Locke wieder damit, und im 20. Jh. tauchte das Problem in der Philosophie der Mathematik auf im Zusammenhang mit der Frage nach dem ontologischen Status von Mengen. Realismus (bei Frege z. B.), Intuitionismus und Formalismus in der Philosophie der Mathematik entsprechen den drei

Vincent van Gogh, *Ein Paar Bauernschuhe*, 1888, Van Gogh Museum, Amsterdam. Martin Heidegger meint in *Der Ursprung des Kunstwerks*: »Van Goghs Gemälde ist die Eröffnung dessen, was … das Paar Bauernschuhe in Wahrheit ist.« Was in Wahrheit ist, ist das Wesen.

Positionen Platonismus, Konzeptualismus und Nominalismus im Universalienstreit.

Das *Corpus Aristotelicum* (die Schriften des Aristoteles, Auswahl)

1. Logik (Organon)
   Kategorien
   Lehre vom Satz
   Erste und Zweite Analytik
   Topik
   Sophistische Widerlegungen
2. Naturwissenschaft
   Physik
   Die Seele
   Bau der Tiere
   Astronomie
3. Metaphysik
   Bücher 1–14
4. Ethik
   Nikomachische Ethik
   Eudemische Ethik
   Magna Moralia
   Politik
   Staat der Athener
5. Rhetorik u. Poetik
   Rhetorik 1–8
   Poetik

Die Schriften des Aristoteles

Die philosophischen Disziplinen wie Logik und Metaphysik oder die Unterteilung der Philosophie in theoretische und praktische gibt es erst, seitdem im 1. Jh. v. Chr. die zeitweilig verschwundenen Schriften des Aristoteles wiedergefunden und vom zehnten Nachfolger des Aristoteles in der Leitung der peripatetischen Schule (Lyzeum), Andronikos, im Jahre 30 v. Chr. zum *Corpus Aristotelicum* zusammengefasst und herausgegeben wurden. Andronikus unterteilte das *Corpus* in fünf Gruppen: 1. Logik (Organon), 2. Naturwissenschaft, 3. Metaphysik, 4. Ethik, 5. Rhetorik und Dichtung. Das sind drei Disziplinen in der theoretischen und drei in der praktischen Philosophie.

Der Name einer einzigen Rubrik, nämlich Metaphysik, wurde von da an zum Namen für die Philosophie überhaupt. Dabei war es nur eine Positionsbezeichnung für die 14 Bücher über die obersten Prinzipien, d.h. über die allgemeinen Ursachen der Dinge. Sie wurden *meta ta physika*, also hinter der Physik, eingeordnet. Im Titel Metaphysik für die Philosophie überhaupt hat das ›meta‹ die Bedeutung von ›über hinaus, jenseits‹: Philosophie handelt von dem, was über die Physik hinaus geht oder jenseits der Natur liegt. – Werfen wir einen Blick ins *Corpus Aristotelicum*:

a) Logik und Rhetorik

Logik bzw. logisches Denken ist in besonderer Weise mit dem Namen des Aristoteles verbunden, denn die von ihm begründete Disziplin ›Logik‹ hat sich bis in die zweite Hälfte des 19. Jh. nicht weiterentwickelt. Hier herrschte Aristoteles am längsten mit seiner auf vier Formen allgemeiner Urteile (alle sind, keiner ist, einige sind, einige sind nicht) beschränkten Prädikatenlogik.

Die klassische Logik, wie sie von Aristoteles entwickelt und in der Scholastik noch etwas ausgebaut

Die aristotelische Lehre vom Schluss (Syllogistik)

Das Standardbeispiel für den vollkommenen Schluss (Modus Barbara der ersten Figur) lautet: Wenn gilt: ›Alle Menschen sind sterblich‹ (1.Prämisse) und zugleich gilt: ›Sokrates ist ein Mensch‹ (2. Prämisse), dann gilt: ›Sokrates ist sterblich‹ (Schlusssatz). Allgemein gesehen geht es beim Schließen um die Einbringung einer Vorstellung B (Meson oder Mitte, im Beispiel ist es das ›Menschsein‹) als Grund dafür, dass eine Vorstellung A (das Prädikat des Schlusssatzes, im Beispiel ist es die ›Sterblichkeit‹) die Vorstellung C (das Subjekt des Schlusssatzes, im Beispiel ist es ›Sokrates‹) bestimmt. Aus A–B (lies: A bestimmt B, oder: A kommt B zu) und B–C (lies: B bestimmt C) folgt A–C (lies: A bestimmt C). Als Dreieck aufgezeichnet sieht das so aus:

```
 B
/ \
A–C
```

Je nach Stellung von B zu A und C in den beiden Prämissen (ob B dort Subjekt oder Prädikat ist), lassen sich drei Figuren unterscheiden:

1. Figur: B ist Subjekt in der ersten Prämisse, Prädikat in der zweiten. Also: A-B, B-C; A-C.
2. Figur: B ist Prädikat in beiden Prämissen. Also: B-A, B-C; A-C.
3. Figur: B ist Subjekt in beiden Prämissen. Also: A-B; C-B; A-C.

Die noch mögliche vierte Figur B-A, C-B; A-C lässt Aristoteles weg. Sie ist die Umkehrung der ersten und bringt nichts Neues.

In diesen Figuren aus drei Sätzen sind nun nach dem Dictum *de omni et nullo* (Was von allen gilt oder nicht gilt, gilt oder gilt nicht auch vom einzelnen.) Schlüsse möglich, und zwar in verschiedenen Modi je nachdem, welche Art der Bestimmung (Prädikationsart) gewählt wird: universell bejahend oder verneinend (gilt von allen oder keinem) oder partikulär bejahend oder verneinend (gilt oder gilt nicht von einigen). Von den 4^3=64 möglichen Belegungen der drei Prädikationsstellen mit den vier Prädikationsarten erweisen sich vier Schlüsse in der ersten Figur als gültig, vier in der zweiten Figur und sechs in der dritten.

Aristoteles führt alle gültigen Schlüsse auf die vier der ersten Figur zurück, die insofern als Axiome gelten können. Für die Modi hat man Merkwörter erfunden, denen aus den Vokalen die Prädikationsart und aus den Konsonanten die Rückführungsmöglichkeit zu entnehmen ist. Der Name des ersten Modus der ersten Figur lautet Barbara.

Gleichzeitig mit der Logik entstand das, was die Griechen Paralogismus, d.h. neben der Logik her, nannten: die Kunst des Bluffs mit Begriffen. Meister dieser Nebenlogik war Eubulides aus Milet im 4. Jh. v. Chr., übrigens ein Gegner des Aristoteles. Hier ein Beispiel für seine Trug- und Fangschlüsse: 1. Keine Katze hat zwei Schwänze. 2. Eine Katze hat einen Schwanz mehr als keine Katze. 3. Also hat eine Katze drei Schwänze.

wurde, handelt, wie die moderne, von den formalen Bedingungen des richtigen Denkens, oder anders gesagt: von den Bedingungen der Gültigkeit von Argumenten. Diese Bedingungen sind nach Aristoteles richtige Begriffe, Urteile, Schlüsse, Beweise bzw. Widerlegungen. Die Lehre von den Begriffen formuliert Aristoteles in der Kategorienschrift. Kategorien sind Hinblicke für die begriffliche Bestimmung von etwas. Bestimmt werden kann z. B. das, was etwas ist (Substanz), seine Menge oder Größe (Quantität), die Beschaffenheit (Qualität), die Beziehung (Relation), zudem Ort und Zeitpunkt. Manchmal nennt er noch Lage, Haben, Wirken und Leiden als Kategorien. Erst Kant deduziert eine ›vollständige‹ Tafel der Kategorien des Aristoteles – von den Urteilsformen her.

In seiner Lehre vom Satz unterscheidet Aristoteles die Urteilsformen in bejahende (p wird von S ausgesagt, oder: S ist p) und verneinende, allgemeine (alle S sind p) und besondere, und in solche, die Wirkliches, Mögliches und Notwendiges Sein aussagen. In der Lehre vom Schluss (Syllogistik, in der *Ersten Analytik*) bringt Aristoteles ein axiomatisches System aller gültigen Schlüsse, d. h. der Möglichkeiten der Begründung eines Urteils durch zwei Prämissen. Eine brillante Leistung! Denn dieses Stück hält, anders als die Lehre vom Begriff oder Beweis, der Prüfung durch die moderne Logik im Wesentlichen stand. Aber die aristotelische Syllogistik ist theoretisch wegen ihrer Beschränkung auf nur vier Formen allgemeiner Urteile eine Sackgasse. Und praktisch ist sie bedeutungslos. – Nicht so im Mittelalter, wo z. B. Raimundus Lullus aus Mallorca eine »Denkmaschine« erfand: eine Scheibe mit drehbaren geometrischen Figuren für die Erzeugung von Syllogismen (Beweisen) über die Trinität Gottes und seine Inkarnation in Jesus Christus, um damit die Sarazener zu missionieren.

Erst mit F. L. Gottlob Freges *Begriffsschrift* von 1879, d. h. seiner Einführung einer formalisierten Sprache mit symbolischer Wiedergabe von Sprachausdrücken, konnten die Probleme gelöst werden, die eine Weiterentwick-

Kants Tafel der von Aristoteles entdeckten Kategorien

1. Quantität
Einheit
Vielheit
Allheit

2. Qualität
Realität
Negation
Limitation

3. Relation
Substanzialität
Kausalität
Wechselwirkung

4. Modalität
Möglichkeit
Wirklichkeit
Notwendigkeit

Artes liberales, Miniatur aus einer Handschrift des *Satyricon* von Gaius Petronius Arbiter (bis 66 n. Chr.).
Die Rhetorik (hier dargestellt mit Speeren und Schild für Angriff und Verteidigung) gehörte neben der Dialektik (sie hält die Schlange der Klugheit in der Hand) und der Grammatik (eine strenge Lehrerin mit der Rute für den Schüler) zu den drei redenden Künsten, die den Dreiweg *(trivium,* daher trivial!) bildeten. Er machte zusammen mit dem Vierweg (= *quadrivium)* der rechnenden Künste, bestehend aus Arithmetik, Geometrie, Musik, Astronomie, den von der Antike ererbten Bildungskanon des Mittelalters aus, also die sieben ›freien‹ Künste (= *septem artes liberales),* die nicht dem Broterwerb dienten und nur von den freien Bügern gepflegt wurden.

lung der formalen, nicht symbolischen Logik des Aristoteles hin zu einer Logik aller allgemeinen Urteile verhindert hatten. Z. B. konnte ein gültiges Argument wie »Alle Gelehrte sind Menschen → Alle Gelehrtenköpfe sind Menschenköpfe« bisher nicht abgehandelt werden, weil die hier vorkommenden Prädikate nicht als Beziehungsprädikate begriffen werden konnten. Das ging erst mit der Einführung von Existenzquantor (es gibt mindestens ein x, für das gilt ...) und Allquantor (für jedes x gilt) durch Frege. – Russell meint in seiner *Philosophie des Abendlandes*: Wer heutzutage Logik lernen will, verschwendet nur seine Zeit, wenn er Aristoteles oder einen seiner Schüler liest. »In der ganzen Neuzeit musste praktisch jeder wissenschaftliche, logische oder philosophische Fortschritt eine Kampfansage an die Anhänger des Aristoteles sein.«

In der *Zweiten Analytik* entwickelt Aristoteles eine Lehre vom Beweis, eine Art Wissenschafttheorie. Er lehrt ein Zusammenspiel (Dialektik) von deduktivem (vom Allgemeinen zum Besonderen gehenden) und induktivem (vom Besonderen zum Allgemeinen gehenden) Beweisverfahren. Die *Topik* handelt von der Wahrheitsfindung bei zwei kontradiktorischen Behauptungen, und die *Sophistischen Widerlegungen* führen – gegen die Sophisten – dreizehn ihrer typischen Denkfehler vor.

Die *Rhetorik* handelt von den Bedingungen, unter denen Überzeugungen geschaffen werden können. Sie ist angewandte Logik, genauer angewandte Dialektik und gehört ins öffentliche Leben als Seitenspross der politischen Wissenschaft. Neben der formalen Logik hat sie menschliche Gesinnungen und Einstellungen vor Augen. Es geht darum, wie ein Argument geprüft und gestützt werden kann, wie man sich verteidigen oder wie man anklagen kann. Unsachliche Überzeugungsmittel, wie Affekterregung, bespricht Aristoteles zwar, aber er lehnt sie ab. Ihm geht es um die sachlichen Überzeugungsmittel, deren wichtigstes der rhetorische Syllogismus (das Enthymen) ist, der aufgrund genereller Feststellung etwas als Wahrscheinliches deduziert (»Neidische hassen, X ist neidisch; also hasst X«) oder einen Sachverhalt als Indiz für einen anderen erscheinen lässt (»Er ist krank, denn er hat Fieber«). Immer kommt es bei jeder beliebigen Angelegenheit darauf an, jene Punkte zu erfassen, die Glauben erwecken oder Glauben erwecken könnten.

b) Physik und Metaphysik

Die Physik der Neuzeit, hauptsächlich die Newtonsche Physik, hat sich stets im Gegensatz zur aristotelischen Physik, insbesondere seiner Lehre von der Bewegung, entwickelt. Aristoteles hatte z. B. in der Kreisbewegung die natürliche Bewegung (die keine äußeren Ursachen nötig hat) der für ihn ewigen und unvergänglichen Himmelskörper gesehen. Überhaupt wird die Natur teleologisch verstanden: Zweck *(telos)* hält er für den eigentlichen Grund von etwas.

Aristoteles, beim Studium einschlafend, Miniaturmalerei, 1507. Auf der Tafel steht: »Was dem Schlaf entrissen, wird dem Leben gegeben.«

Im Folgenden zwei Beispiele für die Schlafprobleme des Aristoteles *(Problemata physica* IV und XVIII):

1. »Was den Geschlechtsverkehr betrifft. – Warum schlägt man beim Geschlechtsverkehr und beim Sterben die Augen auf, im Schlaf aber nieder? Doch wohl, weil die Wärme, die nach oben tritt, auch die Augen dorthin wendet, wohin sie selbst drängt, während im Schlaf sich die Wärme unten ansammelt. Deshalb neigt man auch die Augen nach unten nieder. Geschlossen aber werden die Augen, weil sich keine Feuchtigkeit mehr in ihnen befindet.«
2. »Was die Philologie betrifft. – Warum befällt die einen, wenn sie zu lesen beginnen, Schlaf, auch gegen ihren Willen, während andere, die schlafen wollen, wach werden, wenn sie ein Buch zur Hand nehmen? Doch wohl, weil …«

(Die Antwort ist sehr lang. Es besteht Einschlafgefahr!)

Alle Wesen sind aus Materie geformte Zwecke oder Wesensentfaltungen. Entelechie (= im Telos sich halten) ist seine Bezeichnung für die Entfaltung des Wesens der Dinge. Dieses Wesen ist in der Materie *(hyle)* nur der Möglichkeit *(dynamis)* nach angelegt, Wirklichkeit *(energeia)* bekommt es durch die Form *(morphe)*. Paradigma für die Erklärung allen Naturgeschehens, aller Bewegung und Veränderung, ist die Entstehung eines Lebewesens und seiner Bewegung. Lebendiges ensteht als Realisierung seines Wesens und bewegt sich kraft seiner Seele, welche das Formprinzip ist zum Stoff, zum Leib. So liegt die wichtigste naturwissenschaftliche Leistung des Aristoteles auf dem Gebiet der Biologie, insbesondere bei der Einteilung des Tierreichs. Allerdings musste er die Arten für ewig und unveränderlich halten, waren sie doch Realisierung von Wesen, d.h. substanziellen Zwecken. Erst Darwin hat hier den Aristotelismus beendet. Manche Phänomenbeschreibung des Aristoteles hat man als Märchenzoologie verspottet, z.B. die Beschreibung des Feuersalamanders als Beweis für die Lebensfreundlichkeit des Feuers oder die Verhaltensbeschreibung des Wels als schnaufenden, schnalzenden und brummenden Bewachers seiner Brut. Allerdings zu unrecht im Falle des Wels. Er bekam nach der Bestätigung der Beschreibung des Aristoteles den Namen *Paralisurus aristotelis*.

Querschnitt durch den Seeigel.
Aristoteles schreibt in *Historia animalium*: »Der Seeigel hat fünf krumme Zähne und mitten dazwischen ein fleischiges Gebilde an Stelle einer Zunge.« – Der komplizierte Kauapparat, der die Zähne bewegt, wurde nach ihm ›Laterne des Aristoteles‹ benannt.

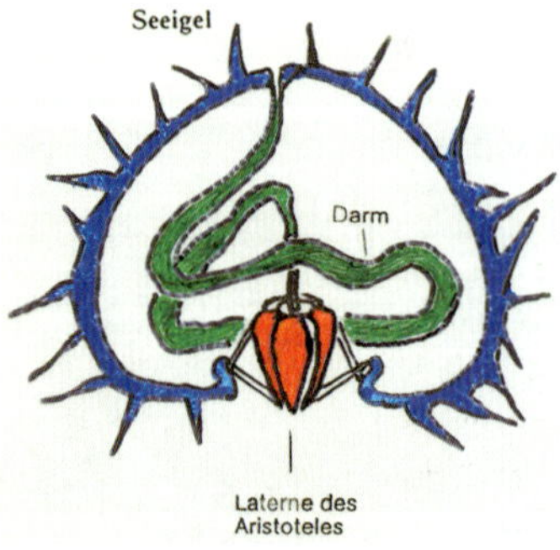

Aristoteles unterscheidet in der Schrift *Metaphysik*, die von den allgemeinen Prinzipien der Natur (was hinter ihr steckt) handelt, vier meistens zusammenspielende Arten der Verursachung: *causa finalis, formalis, efficiens* und *materialis*. Die heutige Naturwissenschaft erkennt nur die beiden letzteren noch an: Energie und Materie (Masse). Neben der Zweckursache (ein Haus verdankt sich dem Zweck ›Schutz vor Regen und Kälte‹) gibt es noch die Formursache (die Ursache des Hauses ist der Plan), dann die Antriebsursache (die investierte Arbeit) und schließlich die Stoffursache (das Material). Letztere ist für das Zufällige und Unregelmäßige (das Akzidentielle) verantwortlich, weil sich der Stoff gegen das formende Wesen (Substanz) sperrt, und damit auch gegen die begriffliche Fassbarkeit, so dass die Wissenschaften nur das Wesentliche erfassen. Höchster Gegenstand der Erkenntnis ist die reine Form, die Gottheit, zu der hin alles in Bewegung ist. Gott selbst ist ein nichtstuerischer König. Er bewegt (als erster unbewegter Beweger) wie der unbewegte Geliebte den (bewegten) Liebenden. Ein Szenario, wie es aus der Knabenliebe bekannt ist. So kommt Aristoteles hier wieder mit Platons mythennaher Philosophie zusammen: in der göttlichen Erotik.

Trinkschale, Innenbild, um 490 v. Chr., Kunstsammlung der Ruhr-Universität, Bochum. Erregter Päderast (= bewegter Erastes) verspricht dem Liebling (= unbewegt bewegender Eromenos) ein Geldgeschenk. Aristoteles schreibt in der *Metaphysik*: Der unbewegte Beweger »bewegt als begehrt«, d. h. wie ein Geliebter den bewegt, der ihn liebt. Bewegung ist demnach Begehren nach dem Göttlichen.

c) Seele, Ethik, Politik und Dichtung

Die Seele ist das Wesen des Menschen, die Entelechie seines Leibes. Aristoteles unterscheidet drei hierarchisch gegliederte Seelenteile: 1. die Pflanzenseele, zuständig für Ernährung, 2. die Tierseele, zuständig für Empfindung und Bewegung, 3. die Vernunft, zuständig für geistige Tätigkeit. Wie bei Platon soll diese über die anderen herrschen. Nur dieser Seelenteil ist unsterblich, aber überindividuell. Wir müssen also dafür sorgen, soweit wie möglich unsterblich zu sein, meint Aristoteles, d. h. uns möglichst ganz auf die geistige Tätigkeit zu verlegen. Die vollkommene Ausbildung der dem eigenen Wesen eigentümlichen Tätigkeit nennt er Tugend. Also ist die höchste (dianoethische) Tugend die Kontemplation. »Wissen = Tugend« ist die seit Sokrates gültige Formel, denn schon Sokrates sagte, dass das höchste Glück, die Glückseligkeit, darin bestünde, Tag und Nacht mit seinen Freunden über die Tugend zu reden. Sie ist eben das sich Fortzeugen im Unsterblichen.

Hellenismus und Spätantike
312 v. Chr. Bau der Via Appia
306 v. Chr. Alexanders Generäle (Diadochen) herrschen als Könige
300 v. Chr. Euklids *Elemente*
um 286 v. Chr. Musaion-Bibliothek in Alexandria
275 v. Chr. *Septuaginta* (griechische Übersetzung des Alten Testaments)
221 v. Chr. Baubeginn der chinesischen Mauer
216 v. Chr. Hannibal siegt über die Römer; in Italien leben vier Millionen Menschen, ein Viertel davon sind Sklaven; der Sklave Livius Andronicus übersetzt Homers *Odyssee* ins Lateinische
212 v. Chr. Archimedes kommt bei der Eroberung von Syrakus ums Leben
ab 171 v. Chr. Rom erobert Griechenland
156 v. Chr. Griechische Philosophengesandtschaft kommt nach Rom
86 v. Chr. Sulla plündert Athen
44 v. Chr. Ermordung Cäsars; Rom hat 800 000 Einwohner
um 30 n. Chr. Kreuzigung Jesu
33 n. Chr. Erste öffentliche Bibliothek in Rom
70 n. Chr. Zerstörung des Tempels in Jerusalem
79 n. Chr. Ausbruch des Vesuv
102 n. Chr. Papiererfindung in China
117 n. Chr. Hadrian trägt als erster röm. Kai-

Im übrigen sind die ethischen Schriften des Aristoteles weniger von religiöser Mystik durchsetzt als die Platons. Aristoteles vertritt die Ansichten der gebildeten und erfahrenen Menschen fortgeschrittenen Alters. Es geht darum, das richtige Maß, das Mittelmaß zwischen schlechten Extremen, zu halten (z. B. Großzügigkeit zwischen Verschwendung und Geiz), um ethisch-tugendhaft zu sein, was durch Herrschaft der Vernunft über die sinnlichen Triebe gelingt. Eine wichtige Rolle spielt die Freundschaft, weil sie den Übergang vom einzelnen Menschen zur Gemeinschaft herstellt. Den Menschen definiert Aristoteles als ein von Natur aus politisches, d. h. staatenbildendes Lebewesen *(zoon politikon)*. Aufgabe des Staates sei wie bei Platon die sittliche Vervollkommnung der Bürger. Nur hat Aristoteles nicht den unmöglichen vollkommenen Idealstaat im Blick, sondern den möglichen, der die etablierten und natürlichen Strukturen beachtet und beibehält: Privateigentum, patriarchale Familie und Sklaverei. Seine Verfassung sollte eine Mischform sein zwischen den Extremen von in Tyrannis ausartendem Königtum und in Demokratie ausartender Volksherrschaft. Eine gemäßigte Volksherrschaft eben. Der Mittelstand soll den Schwerpunkt des Staates bilden.

Zur praktischen Philosophie gehört schließlich auch die *Poetik*. Von diesem Werk über die Dichtkunst ist der erste Teil über die Tragödie und das Epos in Stücken erhalten. Er enthält die Lehre von der Mimesis und Katharsis sowie die Doktrin der Einheit von Handlung, Ort und Zeit. Aristoteles definiert nämlich die Tragödie als Nachahmung (griech. *mimesis)* einer in sich geschlossenen Handlung, wozu die Einheit von Raum und Zeit gehört, in einer anziehend geformten Sprache mit dem Zweck, Jammer und Schaudern hervorzurufen. Sinn der Aufführung ist, bei den Zuschauern eine Reinigung (griech. *katharsis)* der Affekte zu bewirken. Der Genitiv ›der Affekte‹ (griech. *ton pathematon)* ist mehrdeutig. Er kann Befreiung von diesen Affekten bedeuten oder auch die Läuterung und Reinigung der Affekte selbst.

Hellenismus und Spätantike

Hellenismus nennt man die Epoche zwischen dem Todesjahr Alexanders (323 v. Chr.) und dem Todesjahr Kleopatras, dem Jahr der Vereinnahmung des letzten Diadochenreiches, Ägypten, durch die Römer (30 v. Chr.). In dieser Periode dominierte die griechische Kultur und Sprache in den hellenistischen Reichen Makedonien, Syrien und Ägypten. Die Philosophie dieser Zeit ist geprägt durch **Zenon**, den Stoiker, **Epikur**, den Hedonisten, und **Pyrrhon**, den Skeptiker. Grundbegriff der hellenistischen Philosophie ist die Glückseligkeit oder *eudaimonia* (wörtlich: einen guten Daimon haben). Aber im Unterschied zu Platon und Aristoteles steht hierbei der einzelne Mensch im Blickpunkt, nicht mehr der Staat als Medium des Glücks der Einzelnen. Nicht in äußeren Umständen, sondern in inneren Zuständen liegt das Glück. Und der glückbringende innere Zustand ist die Seelenruhe. Sie heißt *apathia* bei den Stoikern, *ataraxia* bei den Pyrrhoneern und Epikureern. Wie erreicht man sie, wie verhindert man die Seelenunruhe? Um diese Fragen geht es hauptsächlich in der hellenistischen Philosophie, bei der also die praktische Vernunft im Vordergrund steht. Eine Philosophie der Resignation, die gute Miene zu bösem Spiel macht? – »Hänge dein Herz nicht an Dinge, die du doch nicht erreichen kannst, lass das Unverfügbare ruhen, erkenne nur solche Bedürfnisse an, die du aus eigener Macht befriedigen kannst, reduziere deine Bedürfnisse, indem du deine Innenwelt beherrschst, die Triebe!« So etwa lauten die Maximen der hellenistischen Schulen, welche die Welt so erklären, dass nur dasjenige als wahrer Wert erscheint, was jederzeit verfügbar ist. Alles Unverfügbare muss als wertlos erscheinen. Die Aktualität des Hellenismus heute, wo man gegen die Maxime möglichst vielfältiger und totaler Bedürfnisbefriedigung Bedenken erhebt und sog. alternative Lebensweisen erprobt, liegt auf der Hand.

Aber ist denn der einzelne Mensch in seinen Wertungen frei, kann er seine Bedürfnisse durch Vernunft beherrschen, werden seine Bedürfnisse nicht gesell-

ser die griechische Philosophentracht: einen Bart

220 n. Chr. In Rom gibt es 30000 Christen

257 n. Chr. Große Christenverfolgungen in Rom

312 n. Chr. Kaiser Konstantin bekehrt sich zum Christentum

317 n. Chr. Aufkommen der Alchemie im Taoismus

325 n. Chr. Konzil von Nikäa (Verdammung des Arius), Anerkennung des Christentums, Zölibat für höhere Geistliche

330 n. Chr. Konstantinopel wird neue Hauptstadt des Römischen Reiches

350 n. Chr. Die Hunnen drängen nach Westen

um 385 n. Chr. Gotische Bibelübersetzung durch Wulfila

387–568 n. Chr. Völkerwanderungen

395 n. Chr. Teilung des Römischen Reiches in Ost- und Westrom

405 n. Chr. Lateinische Bibelübersetzung des Hieronymus: *Vulgata*

410 n. Chr. Plünderung Roms durch die Westgoten

451 n. Chr. Attila ist besiegt; berühmte Alchemistenschule in Alexandria

455 n. Chr. Säulenheilige in Syrien

476 n. Chr. Ende des Weströmischen Reiches

529 n. Chr. Justinian schließt die Redner- und Philosophenschulen in Athen

550 n. Chr. Indische Mathematiker rechnen mit negativen Zahlen und der Null

Epikur, hellenistische Büste, Louvre, Paris. Epikur schreibt: »Wir sind ein einziges Mal geboren. Zweimal geboren zu werden ist nicht möglich. Die ganze Ewigkeit hindurch werden wir nicht mehr sein.«

schaftlich und genetisch definiert? Was sind denn die natürlichen, die echten, die wahren Bedürfnisse? – Epikur (um 342–271 v. Chr.) meinte, dass Lust und Unlust zwar unwillkürliche, d.h. notwendige Wertungen seien, dass aber die meisten Bedürfnisse nicht notwendig und auch nicht natürlich seien. Gewisse Lüste hielt er allerdings für verfügbar und zog sich die Bezeichnung eines Hedonisten zu. Aber er meinte Lüste als Abwesenheit von körperlichen und seelischen Schmerzen, also Schmerzfreiheit, sonst nichts. Bekannt geblieben ist Epikur durch seine provozierende Vergleichgültigung des eigenen Todes, als ginge das drohende eigene Nichtsein einen nichts an: »Solange ich lebe, ist der Tod nicht da, und wenn der Tod da ist, bin ich nicht mehr da«, erklärte er. Und für seine Annahme vieler Welten: »Die Welten sind grenzenlos an Zahl, teils unserer ähnlich, teils unähnlich.« 1900 Jahre später wurde Giordano Bruno für dieselbe Annahme auf dem Scheiterhaufen verbrannt.

Der Skeptiker **Pyrrhon** (360–270 v. Chr.) predigte nicht nur körperliche, sondern auch geistige Enthaltsamkeit. Durch Zurückhaltung von Urteilen und Verzicht auf Wissen überhaupt glaubte er das praktische Ideal heiterer Seelenruhe zu erreichen.

In den letzten drei Jahrhunderten vor unserer Zeitrechnung wanderte die Philosophie von Griechenland

»Nicht für das Leben, sondern für die Schule lernen wir.« *(Non vitae sed scholae discimus.)* So beklagte **Seneca** (um 4 v. Chr.–65 n. Chr.) den Bildungsnotstand seiner Zeit, die ein wichtiges Bildungsgut der unsrigen wurde, in der man lieber die Umkehrung des Satzes zitiert »Nicht für die Schule, sondern für das Leben lernen wir.« *(Non scholae sed vitae discimus.)*
Seneca aus Córdoba war Neros Erzieher und politischer Berater, wurde aber schließlich selbst Zielscheibe von Neros Gewaltexzessen. »Es ist ein Übel, unter Zwang zu leben; doch unter Zwang zu leben, ist kein Zwang vorhanden«, erklärte er und inszenierte im Kreise seiner Freunde seinen Tod nach dem Vorbild des Sokrates. Doch das Öffnen der Adern und der Schierlingsbecher reichten nicht. Erst ein Dampfbad führte den Tod herbei, über den er geschrieben hatte, dass er der Geburtstag der Ewigkeit sei und uns in den vorgeburtlichen Ruhezustand versetze.

nach Rom und nach Alexandria. Die Lehre des Stoikers Zenon von Kition wurde durch Chrysippos nach Rom getragen. Dort waren **Seneca**, **Epiktet** und der Kaiser **Marc Aurel** Stoiker, ebenso **Cicero**, der große Teile des griechischen philosophischen Vokabulars ins Lateinische übertrug. Er war in den folgenden Jahrhunderten bis ins 19. Jh., in denen das Lateinische die Gelehrtensprache war, der meistgelesene Schriftsteller. Er prägte den Begriff des Humanismus. Epikur aus Samos hatte seine Nachfolger in den Römern **Horaz** und **Lukrez**. Pyrrhoniker war **Sextus Empiricus** (um 200 n. Chr.). Durch die römischen Autoren wirkte diese ›praktische Philosophie‹ fort bis in die Neuzeit. Entscheidend dabei war ihre Beziehung zum Christentum. Zwar ging der Stoiker Marc Aurel z. B. gegen die Christen vor, aber nicht aus mangelnder philosophisch-ideologischer Übereinstimmung mit ihnen. Die Stoiker predigten eine strenge, asketische Moral wie die Christen, schätzten äußere Güter gering, sprachen Gott mit »Vater« an und forderten allgemeine Liebe unter den Menschen.

Leib Christi, Objekt von Michael Royen, 1991. Tertullian betont die Widervernünftigkeit des Glaubens. Von ihm ist der Satz überliefert »Credo quia absurdum« (»Ich glaube, weil es absurd ist«). Die Vorstellung, dass ein Gott gekreuzigt und ein Toter wieder lebendig wird, widerspricht aller Vernunft. Ein Grund mehr, es zu glauben. Für den Glaubenden ist das Schmachvolle nicht schmachvoll, das Ungereimte glaubhaft, das Unmögliche gewiss. Tertullian formuliert es so: »Gekreuzigt wurde der Sohn Gottes: nicht erfüllt es mit Scham, weil es schändlich ist. Und gestorben ist der Sohn Gottes: es ist durchaus glaublich, weil es ungereimt ist. Und er wurde begraben und ist wieder auferstanden: es ist gewiss, weil es unmöglich ist.«

So wie in Rom verschiedene Denkrichtungen sich mischten, so auch in Alexandria, dem geistigen Zentrum im östlichen Mittelmeerraum mit der besten Bibliothek des Altertums, die fast die gesamte bisherige Literatur enthielt, die aber dann durch die Zerstörungen 390 und 642 (erst durch die Christen und dann im Zuge der arabischen Eroberung Alexandrias) verloren ging. Nur ein kleiner Teil wurde gerettet. Er konnte nach Konstantinopel gebracht werden. **Philon**, 25 v. Chr. in Alexandria geboren, bemühte sich um eine Synthese von jüdischem und griechischem Denken, um die Vereinbarkeit von Glauben und Vernunft. Er kommentierte die fünf Bücher Mose des damals ins Griechische übersetzten Alten Testaments *(Septuagin-*

Freund Heins Erscheinungen, Kupferstich von J. R. Schellenberg, 1785.

Clemens von Alexandria schreibt in *Stromateis*, I, 19/20: »Weil ich auch die griechischen Anschauungen berücksichtigt habe, sage ich zur Verteidigung meinen Tadlern nur soviel: Auch angenommen, die Philosophie sei nutzlos, so ist sie doch nützlich, falls der sichere Nachweis ihrer Nutzlosigkeit nützlich ist.«

ta). Er war Theosoph, wie dann **Clemens von Alexandria** (145–215) auch. Dieser verband die antike Philosophie mit den neuen christlichen Glaubensinhalten. Gegen ein solches Eindringen der Philosophie in den Bereich des Glaubens wehrte sich **Tertullian** (160–220) mit der provozierenden Frage: »Was hat Jerusalem mit Athen zu schaffen?« Das Grundproblem Philons, wie dann das des späteren **Plotin** (204–270), war: Wie kann ein jenseitiger Gott mit dem Diesseits in Verbindung treten? Plotins Antwort in seinen *Enneaden*: Durch Ausstrahlung oder Emanation. Das höchste Wesen »strömt gleichsam über und seine Überfülle schafft das andere« (lat. *emanare* = ausfließen). Das sei kein zeitlicher Prozess, und das höchste Prinzip oder die erste Hypostase (griech. *hypostasis* = Grundlage), die er das Eine nennt, wird dadurch auch nicht etwa vermindert oder aufgeteilt. Die Emanation geschieht immer und an jedem Ort. Die erste Mannigfaltigkeit (die erste Emanation und zweite Hypostase), die das Eine durch Emanation hervorbringt, ist die Vernunft mit ihrer Trennung von Gedanken und Gedachtem. Die dritte Hypostase ist die Weltseele, die Grenze der intelligiblen Welt. Unter ihr liegt dann dann Sinnenwelt. Indem die Seele die Materie zu formen sucht, nimmt sie leibliche Gestalt an, sie zerteilt sich in die Seele der vielen Körper der Menschen.

Das Stufenschema der Emanationen entspricht Platons Weltenstehungslehre im Dialog *Timaios*, und die Seelenrückkehr entspricht Platons Höhlengleichnis im *Staat*. Die Rückkehr der Seele zur ursprünglichen Einheit erfolgt wie bei Platon durch Abwendung von der Sinnlichkeit. Und sie durchläuft wie bei Platon die verschiedenen Stufen des Bewusstseins: die sinnliche Wahrnehmung, das diskursive Denken, die anschauende, intuitive Vernunft und schließlich die kontemplative Einsicht. Letztere ist mit einer mystischen Ekstase, wie in Platons *Symposion* das Zeugen im Schönen und Ewigen, verbunden, die, so berichtet sein Schüler Porphyrios, Plotin mehrfach tatsächlich erlebt hat.

Ralph Edney, *Hypathia*. Hypathia (370–415), Heidin, Philosophin, Mathematikerin, Freundin des römischen Statthalters von Alexandria, war den Christen, besonders dem Hl. Kyrill, Bischof von Alexandria, ein Dorn im Auge. Von einer aufgebrachten Christenmenge wurde sie in ihrem Wagen überfallen, in eine Kirche geschleppt, entkleidet und bei lebendigem Leibe mit scharfen Muschelschalen verstümmelt. Dann wurde sie als Hexe verbrannt. Ende der Antike! Das Mittelalter beginnt.

Mit Plotins Neuplatonismus endet die Entwicklung der griechischen Philosophie. Philosophie wechselt die Sprache: statt Griechisch nun Latein, die Sprache der Kirchenväter und Scholastiker, sämtlich Kommentatoren Platons, Plotins und Aristoteles', die allmählich ganz ins Lateinische übersetzt werden, z.T. über das Arabische. Auch die Bibel liegt um 400, 600 Jahre nach der griechischen Fassung (*Septuaginta*), in lateinischer Übersetzung vor. So kommt es, dass die Philosophennamen bis heute meist latinisiert geschrieben werden: Heraklit statt Herakleitos, Plato statt Platon und Plotin statt Plotinos. Im Jahre 529 lässt Kaiser Justinian die Platonische Akademie schließen. Erst 1459 wird die neuplatonisch orientierte Akademie in Florenz gegründet. Dazwischen liegt das Mittelalter.

Als letzter Vertreter der antiken Philosophie gilt **A.M.T. Severinus Boethius** (480–524). Vor seiner Hinrichtung, nach der Verurteilung durch Theoderich aus politischen Gründen, verfasste er sein Hauptwerk *Trost der Philosophie*, eine der meistgelesenen philosophischen Schriften bis ins 17. Jh. Obwohl Christ, macht er hier vom Christentum keinen Gebrauch. Die Philosophie tritt in seinem Buch als Person auf, als Psychotherapeutin gewissermaßen, die Boethius zum Einverständnis mit seinem Schicksal führt – gemäß der stoischen Weisheit des Kleanthes von Assos: »Das Schicksal führt den mit ihm Einverstandenen; den nicht Einverstandenen schleppt es mit.«

»Da ihr vor den Augen eines alles sehenden Richters in dieser Welt lebt, ist es für euch notwendig, wenn ihr euch nicht verleugnen wollt, rechtschaffen zu leben.«
Schluss des Buches *Von der Tröstung der Philosophie* des Boethius

Sokrates-Statuette, British Museum, London

Die Bildnisse griechischer Dichter und Denker

Paul Zanker hat 1995 in seinem Buch *Die Maske des Sokrates: das Bild des Intellektuellen in der antiken Kunst* eine Geschichte des Intellektuellen-Bildes im Alterum vorgelegt und darauf hingewiesen, dass die Portraits der großen griechischen Intellektuellen fast alle nur in römischen Kopien erhalten sind und zudem nur als Köpfe bzw. Büsten (auch Herme genannt). Die Kopien der Römerzeit erfüllten nämlich ganz andere Aufgaben als die Originale. Die griechischen Originale waren, bis hinein in die späthellenistische Zeit, stets Ganzkörperdarstellungen, denn nur im ganzen Körper konnten nach Meinung der Griechen die physischen und ethischen Eigenschaften des Mannes, die Kalokagathia (Schönheit = *kalos* und Gutheit = *agathia*), zum Ausdruck kommen. Es waren Ehrenstatuen, bestimmt für die Agora oder die Tempel, hergestellt meist erst im späten 4. Jh. v. Chr. im Zuge der patriotischen Erneuerungsbewegung. Dazu hatten damals die Demokraten unter dem athenischen Staatsmann Lykurg aufgerufen. Athen befand sich unter makedonischer Herrschaft. Die demokratische Verfassung war gefährdet. Also aktualisierte man die große Vergangenheit, um das politische und kulturelle Erbe zu bewahren. Der politische Raum der Stadt wurde durch gezielte Verschönerung symbolträchtiger Gebäude als Bühne des demokratischen Staates und seiner Einrichtungen bildhaft neu ins Bewusstsein gehoben.

Die dargestellten Dichter und Denker gehörten also damals, als die griechischen Originale entstanden, meistens schon der Vergangenheit an. Eine Ähnlichkeit der Portraits ist keineswegs garantiert. Es ging auch nicht wesentlich um Portraitähnlichkeit, sondern um die spezifische Kalokagathia dieser Geistesheroen. Bei der kam es auf den ganzen Körper an. Erst die Römer interessierten sich vornehmlich für die Gesichter der Großen, wie wir es heute noch pflegen. Sie hielten, wie wir, die Physiognomie eines Dichters und Denkers (und dies auch bei Frauen) für wichtiger als den restlichen Körper. So kopierten sie nur die Köpfe. Das war auch billiger und praktischer. Die Intellektuellen-Bildnisse konnten nun einfacher ihre Funktion erfüllen, nämlich dem Kult der griechischen Bildung und Kultur im eigenen Hause dienen und die »klassische« Bildung des Hausherrn signalisieren.

Natürlich kopierte man auch ganze Statuen, wie im Falle eines Sokrates-Bildnisses, für das der damals berühmteste Bildhauer Lysippos aus Sikyon von der Volksversammlung im Rahmen des lykurgischen Erneuerungsprogramms den Auftrag bekommen hatte. Die römische Replik dieser Skulptur ist allerdings nur eine kleine Statuette: Die Figur im Britischen Museum, London, ist 27,5 cm hoch. Sokrates ist hier ein gesitteter, tadellos gekleideter Bürger mit einem nicht erhaltenen Buch in der Hand. Allerdings hat er auch hier ein Gesicht, das an den mythischen Silen, jenes trinkgierige und züggellose Mischwesen im Gefolge des Dionysos, erinnert, das in seiner Hässlichkeit eigentlich gegen das Ideal der

Kalokagathia verstößt. Aber Platon hat in seinem Gastmahl ja selbst diesen Vergleich mit der Silensfigur angestellt und betont, dass der Silen auch ein weiser Erzieher von Götter- und Heroenkindern ist. So entspricht der silenartige Sokrates dann doch noch dem Wertesystem der Kalokagathia.

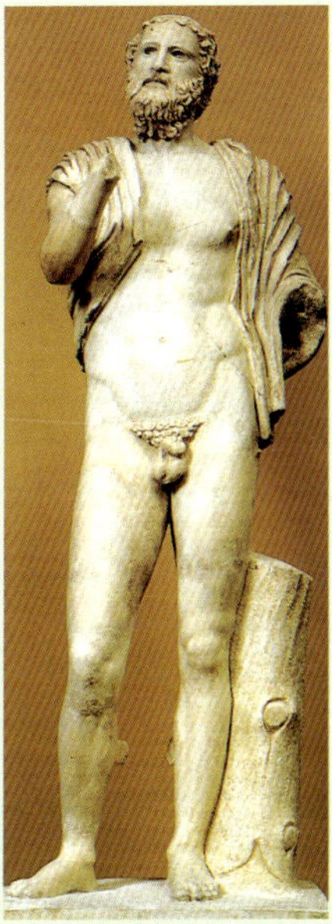

Anakreon-Statue, römische Kopie nach einer um 450 v. Chr. auf der Athener Akropolis aufgestellten Statue des Dichters Anakreon. Gefunden in einer antiken Villa bei Antium südlich von Rom, Ny Carlsberg Glyptotek, Kopenhagen

Ähnliches gilt für die in einer römischen Kopie erhaltene Bronzestatue des Dichters Anakreon aus dem Jahre 450 v. Chr. Anakreon war damals schon mehr als zwei Generationen tot, und Athen wurde demokratisch regiert. Anakreon aber war ein Tyrannen- und Aristokratenfreund gewesen und galt als Inbegriff einer weichen und üppigen Lebensart. Er ist denn auch als Singender und dazu auf einem Saiteninstrument spielender Dichter dargestellt. Ein merkwürdiges Detail an seiner durch das Hemdchen provozierend nackten Gestalt macht ihn dennoch der Kalokagathia gemäß, und zwar durch die moralische Botschaft dieses Details. Es ist die verschnürte Vorhaut und das hochgebundene Glied *(kynodesme, infibulatio)*. Nach literarischer Überlieferung signalisiert diese Verschnürung die sexuelle Enthaltsamkeit der professionellen Sänger. Sie war wohl auch eine Vorsichtsmaßnahme für Athleten. Gemeinhin galt ein schlaff herabhängendes langes Glied als unschön, weshalb die nicht erigierten Penisse immer sehr klein dargestellt sind. Und die Eichel zu zeigen galt als schamlos und unehrenhaft, weshalb sich auch die Beschneidung verbot. Hochbinden und Verschnüren waren demnach Zeichen für Dezenz und Wohlanständigkeit. Bei der Darstellung des Anakreon, die sich im Sinne des ganzkörperlichen Ideals der Kalokagathia nicht auf den Kopf beschränkt, korrigiert also dieses Detail der *kynodesme* das Image des lasziven Anakreon und macht es jenem Ideal gemäß.

Bis ins 20. Jh. hinein werden Dichter und Denker in griechischen Gewändern und (halb)nackt, vorzüglich in speckigem Marmor, dargestellt (Goethe, Schiller oder Nietzsche, Klassiker gewissermaßen). Aber immer mehr überwiegt die römische Art: Beschränkung auf die Physiognomie, d. h. aufs Kopfbild, schließlich aufs Portraitfoto, wie die vielen bebilderten Bücher zur Philosophiegeschichte demonstrieren. Nacktfotos der Intellektuellen sind extrem selten. Die Wiedergeburt der Antike ging allenfalls bis zur Brust.

Das griechische Wort ›Gnosis‹ bedeutet Erkenntnis oder Wissen. Gnostizismus nennt man eine religiöse Bewegung, die sich ungefähr zu Beginn unserer Zeitrechnung in den Ländern des Mittleren Osten ausbreitete und der es um eben dieses Wissen ging: um ein Heils- oder Erlösungswissen. Erkenntnis im Sinne des Gnostizismus soll dem Erkennenden nicht nur die Welt und sein Innerstes entschlüsseln, sondern ihm helfen, sich von der bösen Welt, in dem die Mächte der Finsternis herrschen, zu befreien. Anfang der Gnosis ist das Gefühl der Fremdheit in der Welt und die Sehnsucht nach Heimkehr der Seele zu ihrem Ursprung: Gott. Er ist Licht und Geist *(pneuma)*. Die Welt ist Finsternis und Materie *(hyle)*. Nicht ein guter Gott, sondern ein böser Demiurg hat den Kosmos geschaffen. Der gute Gott aber ist die Heimat der Seele, die in dieser Welt aus ihrer Heimat verbannt wie in einem Gefängnis oder in der Fremde ist. Der böse Demiurg will, dass der Mensch bzw. die Seele die Heimat vergisst und ganz der Welt verfällt ohne noch zu wissen, dass er hier in der Fremde und seinem Ursprung entfremdet ist.

Das Gefühl der entfremdeten Existenz ist für die Gnosis der Anfang einer Wende zum Guten, sofern es zugleich Heimweh nach Gott oder dem Paradies ist. Das Heil muss allerdings von außen kommen: durch den Retter, den Heilsboten oder Sohn Gottes, der vom Himmel herab zu den Menschen in der Finsternis kommt, um sie aus dieser heraus und ans Licht zu führen.

In der Gnosis vermischen sich christliche Vorstellungen und außerchristliche, d. h. solche aus den griechischen Mysterien, dem persischen Mithraskult, den apokalyptisch-esoterischen jüdischen Zirkeln sowie aus der ägyptischen Hermetik. Ab dem 4. Jh. wurde der Gnostizismus von der römischen Kirche bekämpft und sein Schrifttum weitgehend vernichtet. Im Westen gab es im frühen Mittelalter bald kaum noch Spuren gnostischer Vorstellungen. Der Kontakt zwischen West und Ost war ja auch seit der Reichsaufteilung unter die Söhne Theoderichs unterbrochen. Erst die Kreuzzüge und die Reconquista der Iberischen Halbinsel stellten den Kontakt wieder her und brachten den Gnostizismus in den Westen zurück. Nach dem Fall von Konstantinopel kamen viele griechische Gelehrte nach Italien und brachten Handschriften mit, u. a. das *Corpus hermeticum* aus dem 3. Jh., dessen fiktiver Autor ein ägyptischer Priestergott namens Hermes Trismegistos war. Besonders diese Schriftensammlung ließ neben alchimistischen und astrologischen Lehren auch gnostische Lehren in den Umschlagplatz Renaissance einfließen. Sie spielten für die Wiederentdeckung Platons und den Renaissance-Platonismus eine große Rolle. Platons Philosophie der Weltverabschiedung und Einübung ins Sterben, insbesondere seine Lehre von der Umkehr durch Ausstieg aus der Höhle weltlicher Verfallenheit (vgl. Platons Höhlengleichnis, S. 35), ließen sich mit dem gnostischen Mythos gut zu einer philosophischen Gnosis verbinden, zu einem Seelenheilswissen. Seine Devise: Rückkehr zum Einen, Einswerdung (= *henosis*). Das meint für den in Körper, Seele und Geist geteilten Menschen: eins werden und mit dem Einen sich vereinen. Das Eine strahlt nach neuplatonischer Vorstellung als solares Zentrum, das nacheinander die Vielheit von Geist, Seele und Körperwelt entstehen lässt. Rückkehr zum Einen aus der Körperwelt oder Finsternis bedeutet daher Befreiung der Seele aus dem Leib und Befreiung des Geistes aus der Seele, bedeutet »den individuellen und kosmischen Tod«. Henosis (Einswerdung oder Rückkehr zum Einen) kann auch mitten im Leben als mystisches Erlebnis der Heimkehr, die den Tod antizipiert, auftreten.

Gnostische Vorstellung finden wir in der Philosophie allemal. Z. B. ist der Auftritt des vermittelnden und dienenden Retters (des Sohnes Gottes) in Hegels *Phänomenologie des Geistes* eine Hauptfigur des gnostischen Mythos. Er heilt Hegels »unglückliches Bewusstsein«, indem er es zur Vernunft bringt. Auch Heideggers Analyse der entfremdeten Existenz und seine Lehre von der Umkehr aus der Verfallenheit und Uneigentlichkeit hin zur Eigentlichkeit entspricht gnostischen Vorstellungen.

William Blake, *Anataeus setzt Dante und seinen Führer Virgil im letzten Höllenkreis ab* (Szene aus Dantes *Göttliche Komödie*), 1824–27, National Gallery of Victoria, Melbourne, Australien. Abstieg und Aufstieg, Höllenfahrt und Jenseitsreise stellt Dantes *Commedia* dar. Der Weg geht in jeweils neun Stufen durchs Inferno, das Reich der Verdammten, durchs Purgatorium oder Fegefeuer, das Reich der erlösbaren Büßer, ins Paradies, das Reich der Seligen. Die neun Höllenkreise bilden einen gewaltigen Erdtrichter bis zum Erdmittelpunkt, wo der Teufel sitzt. Dort gelangt man durch eine Schlucht zur anderen Erdhälfte und schließlich über die Terrassen des Läuterungsberges ins Paradies.

Das frühe Mittelalter (500–1000)
529 Gründung des Benediktinerordens, Klosterschulen entstehen in der Folge
550 Kodifizierung des Römischen Rechts durch den oströmischen Kaiser Justinian
um 570–632 Mohammed, Begründer des Islam
595 Herr über Rom ist der Papst, neben ihm verliert der für den oströmischen Kaiser regierende Dux an Bedeutung
641 Eroberung Alexandrias durch die Araber
732 Karl Martell siegt über die Araber; Kairo, von den Arabern gegründet, ist jetzt Hauptstadt von Ägypten
750 Teilung Italiens in einen langobardischen und byzantinischen Teil
744 Christliche Bekehrung deutscher Stämme
751 Araber siegen über die Chinesen bei Samarkand. Chinesische Gefangene bringen Porzellan- und Papierherstellungskenntnisse nach Europa
800 Krönung Karls I. des Großen, König der Franken und Langobarden, zum Kaiser durch Papst Leo III. in Rom
um 814 Die Araber übernehmen die indischen Ziffern und die Null
925 Das oströmische Reich zerfällt
927 Klosterreform durch Odo, Abt von Cluny
930 Romanische Kirchen und Burgen werden

Mittelalter, das sind die 1000 Jahre zwischen dem Ende des weströmischen (476 n. Chr.) und dem des oströmischen Reiches (1453 n. Chr.). Was kennzeichnet diese Epoche zwischen Altertum und Neuzeit und was rechtfertigt eine solche Einteilung? – Am Anfang stand die Krise des Römischen Reiches. Schon im Jahre 324 hatte der römische Kaiser Konstantin den Regierungssitz in das von ihm gegründete Konstantinopel verlegt und damit die Trennung des westlichen vom östlichen Reich eingeleitet. Während im Osten der Fernhandel und die Städte noch prosperierten, verloren die Städte im Westen für die Reichen an Attraktivität. Sie zogen aufs Land. Die spätantike Zivilisation verländlichte. Zugleich sanken die Erträge aus der Landwirtschaft. Der Beamtenapparat vergrößerte sich, die Militärausgaben stiegen, die Haltung der Sklaven, von denen mangels militärischer Erfolge immer weniger aus den Kriegsgefangenen rekrutiert werden konnten, verteuerte sich und die Steuern stiegen. Wegen der hohen Abgaben strebte niemand mehr freiwillig öffentliche Ämter an. Immer weniger konnten sich die Leute mit dem Staat identifizieren. Das vernünftige Selbstbewusstsein trat besonders im Westen in Widerspruch zum irrational erscheinenden Lauf der Geschichte. Sollte es ein vernünftiges und wahres Leben überhaupt geben, dann nur im Jenseits. Als dann die Germanenstämme im Zuge der Völkerwanderung (4.–6. Jh. n. Chr.) die Städte und Verkehrsverbindungen, besonders in Italien, verwüsteten, gerieten die Bauern durch die Latifundienbesitzer, bei denen sie Schutz suchten, in eine der Sklaverei ähnliche Situation. Es kam zu Bauernaufständen, die den militärischen Zusammenbruch beschleunigten.

Ein weiterer Grund für eine Zäsur in der Geschichte ist der Einbruch des Islam in die Mittelmeerwelt. Er sprengte die antike Einheit des Mittelmeerraumes. Bis zur Mitte des 8. Jh. bildete sich dann dort ein System von drei Großmächten heraus: Ostrom (Byzanz), das islamische Reich des Kalifen und das Fränkische Reich. Auch die Kirche spaltete sich schließlich (im

Jahre 1054) in Ost- und Westkirche, was sich schon durch Karls Kaiserkrönung in Rom (im Jahre 800) anbahnte. Durch diese Krönung verband sich der Papst mit dem westlichen Kaisertum.

Das sog. Hochmittelalter beginnt mit dem Zusammenbruch der bisherigen Balance zwischen kirchlicher und weltlicher Gewalt im neuen Jahrtausend. Die Kirche wollte sich von der Verstrickung in weltliche Angelegenheiten und weltlicher Herrschaft befreien, landete aber schließlich beim universalen Herrschaftsanspruch der Kirche (durch Papst Gregor VII.), während das universale Kaisertum mit dem Hause der Staufer (durch die Hinrichtung Konradins im Jahre 1268 in Neapel) unterging. Die Kloster-Reform-Bewegung wurde indes von neuen Orden und Kanonikergemeinschaften fortgeführt.

Den letzen Teil der Epoche, das sog. Spätmittelalter, kennzeichnet ein allgemeines Krisenbewusstsein. Es kam zu Elendsrevolten, radikalisierenden Bewegungen wie die der Flagellanten, zu Judenverfolgungen und Bauernaufständen. Verheerende Pestepidemien, Kriegswirren und besonders eine Agrar- und eine monetäre Krise lassen im 14. Jh. mit der allgemeinen Prosperität die Bevölkerungszahl drastisch sinken. Das Ende der Epoche, das 15. Jh., steht im Zeichen des habsburgisch-französischen Gegensatzes und, nach der Eroberung Ostroms durch die Türken im Jahre 1453, auch der Türkengefahr, schließlich noch im Zeichen der Entdeckung Amerikas. Ein neuer Geschichtsabschnitt beginnt.

errichtet; Spanien wird drittes Kalifat

962 König Otto wird nach dem Sieg über die Ungarn Kaiser (Imperator Romanorum), Beginn des Heiligen Römischen Reiches Deutscher Nation

989 Russen treten zum Christentum über

1000 Der auf Grönland lebende Wikinger Leif Erikson entdeckt Amerika, er nennt es Winland

Die Philosophie des Mittelalters

Die Philosophie dieses tausendjährigen Mittelalters in Europa ist religiöse Philosophie, insbesondere christliche gemäß der (ab 313 anerkannten und 345 alleinigen) Staatsreligion des römischen Reiches. Anders als in der Philosophie geht es in der Religion nicht um Wissen, sondern um Glauben, nicht um prinzipiell beweisbare Wahrheit, sondern um Dogmen oder Offenbarungswahrheit, die keinerlei Wert auf Beweise legt.

Symbol der ewigen Herrschaft des dreifaltigen Gottes über den Erdkreis.

Luis de Morales, *Die Jungfrau mit dem Kind*, um 1570, Prado, Madrid. »Mein letzter Gedanke«, schreibt Papst Johannes Paul II. in seiner Enzyklika *Fides et Ratio* (Glaube und Vernunft) von 1998, »gilt derjenigen, die das Gebet der Kirche als *Sitz der Weisheit* anruft«: die geistig geschwängerte Maria. »Denn es lässt sich ein tiefer Einklang erahnen zwischen der Berufung der seligen Jungfrau und der Berufung echter Philosophie. Wie die Jungfrau berufen wurde, ihr ganzes Sein als Mensch und Frau darzubringen, so ist die Philosophie berufen, ihre kritische Vernunftarbeit zu leisten, damit die Theologie als Verständnis des Glaubens fruchtbar und wirksam sei. ... Dies haben die heiligen Mönche des christlichen Altertums sehr gut verstanden, wenn sie Maria *den geistigen Tisch des Glaubens* nannten. In ihr erblickten sie das stimmige Abbild der Philosophie und waren überzeugt, sie müssten in Maria philosophieren.«

Die religiösen Wahrheiten sind Machtworte Gottes: »Gott hat gesprochen, damit ist die Sache erledigt«. Und sie gelten mehr als die Wahrheiten der natürlichen Vernunft. Denn sie allein bringen das Heil, die Erlösung, den Lebenssinn, den neuen Menschen. Durch den Glauben wird die Seele so verändert, dass sie durch Gottes Gnade in den Himmel kommen kann.

Warum dann überhaupt noch Philosophie? Mit Aristoteles geantwortet: Weil der Mensch von Natur aus nach Wissen strebt. Und nicht nur nach Erlösung, so könnte man ergänzen. Man könnte auch mit dem aufgeklärten Gotthold E. Lessing (er starb 1781) antworten: Weil die religiösen Wahrheiten als irrationale geoffenbart wurden, um rational zu werden. Dann wäre Philosophie der Versuch, die religiösen Wahrheiten nachträglich zu rationalisieren, d. h. zu begründen und als mit der natürlichen Vernunft vereinbar erscheinen zu lassen. Bei nicht allen ginge das. Wie sollte man z. B. Wunder, also die Durchbrechung von Naturgesetzen, vernünftigerweise für möglich halten? Die christlichen Philosophen, wie z. B. der Kirchenvater Augustinus, waren geschickt genug, gewisse rationalisierbaren Lehrstücke der Bibel auszuwählen und bei anderen die Bibel allegorisch auszulegen.

Seit Clemens von Alexandria, der mit der Harmonisierung von Vernunft und Glauben begann, gibt es zwei ›Alte Testamente‹ für das christliche Denken: Das biblische Alte Testament und die griechische Philosophie, schreibt der französische Religionsphilosoph Etienne Gilson in seinem Buch *Der Geist der mittelalterlichen Philosophie*. Warum reichte das biblische nicht? Schließlich war man sich doch einig, dass es das wichtigste ist, kam es doch nur darauf an, unter Befolgung von Gottesworten und durch Gottes Gnade in den Himmel zu kommen! Man ging sogar so weit, die griechische Philosophie als eine Art Offenbarungswissen hinzustellen, indem man das delphische »Erkenne dich selbst« als göttlich geoffenbartes, vom Himmel gefallenes Programm ansah. Was also ist so faszinierend an der Philosophie, dass man nicht von ihr lassen konnte, auch wenn man sie in die Dienste der Religion bzw. Theologie stellte und ihr die Selbständigkeit freien Denkens nahm? Man hätte sie ja nebenher laufen lassen können, im Sinn von Tertullians Diktum, dass Jerusalem (der Glaube oder die Bibel) nichts mit Athen (der Vernunft oder der griechischen Philosophie) zu tun habe. Auch Luther war für eine solche Trennung. Er sah z. B. in der aristotelischen Ethik den »geschworenen Feind der Gnade«.

Was die platonisierende Patristik betrifft, die mittelalterliche Epoche ab dem 2. Jh. bis zur Scholastik, so ist das Motiv für das Festhalten an der Philosophie das Interesse am Hauptgegenstand der platonischen Philosophie: an der Seele und ihrem Verhältnis zum Ewigen und Göttlichen. In der Religion geht es ja auch um das Verhältnis der Seele zu Gott, um Seelenerlösung, Seelenrettung durch Heimkehr zu Gott. Was also ist die Seele, wie ist sie beschaffen? Das ist die Frage bei Platon und in der christlichen Religion. Das griechische »Erkenne dich selbst« kann also für eine christliche Philosophie übernommen und weiterbefolgt werden. – Eine von Religion freie Seelenphilosophie finden wir erst bei Sigmund Freud.

Karol Wojtyla, Papst Johannes Paul II., schreibt in seiner Enzyklika *Fides et Ratio* (Glaube und Vernunft) von 1998: »Wenn wir unseren Blick auf die Geschichte vor allem des abendländischen Denkens richten, lässt sich leicht erkennen, welcher Reichtum für den Fortschritt der Menschheit aus der Begegnung zwischen Philosophie und Theologie und aus dem Austausch der jeweiligen Errungenschaften hervorgegangen ist. Die Theologie, die eine Offenheit und Originalität geschenkt bekommen hat, denen sie ihre Existenzberechtigung als Wissenschaft vom Glauben verdankt, hat mit Sicherheit die Vernunft dazu veranlasst, gegenüber der radikalen Neuheit offen zu bleiben, wie sie die Offenbarung Gottes darstellt. Das war zweifellos von Vorteil für die Philosophie, die erlebt hat, dass sich auf diese Weise neue Horizonte über weitere Bedeutungen erschließen, die zu vertiefen die Vernunft berufen ist.«

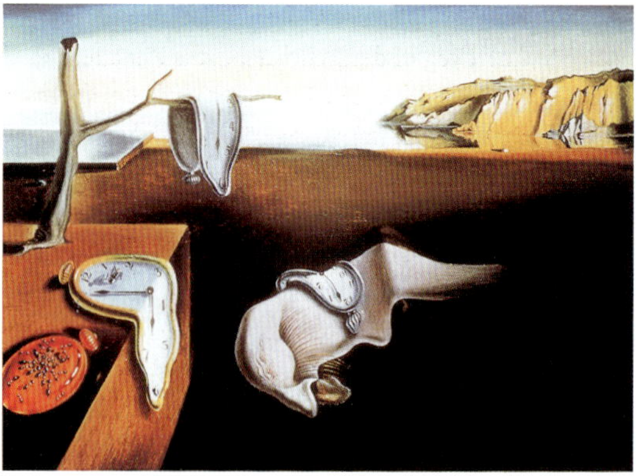

Salvador Dalí, *Die Beständigkeit der Erinnerung*, 1931, Museum of Modern Art, New York. Augustinus schreibt in seinen Bekenntnissen: »Was also ist Zeit? Solange mich niemand fragt, weiß ich es; wenn ich es einem auf seine Frage hin erklären will, weiß ich es nicht. ... Vielleicht weiß ich nur nicht, wie ich das, was ich weiß, sagen soll? Weh mir, der ich nicht einmal weiß, was ich nicht weiß! Siehe, mein Gott, vor Dir lüge ich ja nicht: so wie ich spreche, so ist mein Herz.«

Für die Epoche der Scholastik, der schulmäßigen Systematisierung der Philosophie im Dienste des Glaubens mit Hilfe von Aristoteles, gibt Etienne Gilson eine Antwort. Er meint, die christliche Philosophie war und ist unvermeidlich. Denn wenn das Wesen des Christentums die Gnade Gottes ist, so hat doch die Gnade eine Voraussetzung und Grundlage: die Natur. Und die ist ein ausgezeichneter Gegenstand der Philosophie, insbesondere der aristotelischen Philosophie. »Sobald ein Christ nachdenkt über die Natur, auf der die Gnade ruht, wird er zum Philosophen«, meint Gilson. Das mittelalterliche Christentum hat, anders als das Christentum der späteren Reformatoren, die Rettung des Menschen durch die Gnade mit der Verwandlung des Menschen und der Natur zusammengebracht. Wäre die Natur als grundsätzlich und unabänderlich verdorben angesehen worden, wie Luther es später tat, dann hätte kein mittelalterlicher Philosoph sich mit der aristotelischen Physik befasst. Man hätte die griechische Philosophie verboten. Die christliche Rettung des Menschen, der sich als schuldig und der Verdammung würdig ansieht, betrifft auch die Natur. Das Evangelium will die ganze Welt retten. Das Wissen von der Welt aber bietet nicht die Bibel, der es gar nicht um Wissen geht, sondern die griechische Philosophie. Daher deren Pflege und Fortbildung in der christlichen Philosophie des Mittelalters.

Das Mittelalter ist in der Philosophie weitgehend, nämlich durchweg in der Scholastik, das Zeitalter der Kommentatoren, besonders der Aristoteles-Kommentatoren. Der Kommentar ist das Alibi für die nicht direkt vertretbare heidnische Philosophie. Die Kommentatoren suchen in der griechischen Philosophie ein Wissen von der Welt, um deren Erlösung es gemäß dem Evangelium geht. Oder ist das Motiv der Welterlösung nur vorgeschoben? Hat man sich doch für die Welt an sich interessiert im Sinne der aristotelischen Freude an der Wahrnehmung und des natürlichen Strebens nach Wissen? Warum hat man dann nicht gleich Naturforschung betrieben? – Der Aufbruch zur Naturwissenschaft kam erst nach dem Mittelalter, nach der Lösung von Aristoteles mit seiner durchgängig teleologischen Naturerklärung. Dieser teleologische Charakter der aristotelischen Naturlehre war es nämlich, der zur christlichen Gnadenlehre, d.h. zur Voraussetzung der Gnade passte, zu einer Natur, deren Zielursache Gott ist. Die Entwicklung einer mechanistischen Naturerklärung seit der Renaissance mit Descartes und Newton hat an dieser christlichen Naturphilosophie nichts zu ändern vermocht: Am Anfang der Dinge steht eine göttliche Vernunft. So konnte später Hegel die absolute Vernunft mit dem einen Gott identifizieren, der im Durchgang durch die Natur und die menschliche Geschichte nach dem Schema des logischen Schlusses zu sich selbst zurückkommt.

In der gesamten mittelalterlichen Philosophie gibt es kein von Rücksichten auf Glaubenswahrheiten freies Denken. Wer sie in Frage stellt, zieht den Bann der Kirche oder der Priesterschaft auf sich, erhält Berufs- und Publikationsverbot oder wird eingekerkert und schließlich liquidiert. Ohne ihn überlebende Schüler oder Bücher verschwindet er damit auch aus der Geschichte des Denkens. Allerdings haben sich die Denker zuweilen selbst erpresst – in dem Sinne, dass sie selbst der Meinung waren, dem Glauben mit der Vernunft folgen zu können, anstatt, wie Tertullian oder Petrus Damiani, die Widervernünftigkeit des Glaubens

Bernhard Johannes Blume, *Gott*, o.J.

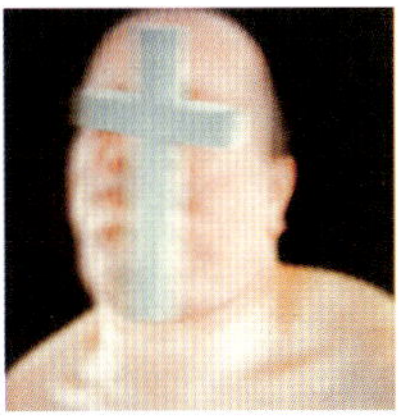

zu akzeptieren und gutzuheißen. Vernünftigerweise kann es doch keine Rettung vor dem Tode geben, keine unsterbliche Seele, keine Auferstehung des Fleisches. Oder? – Aber glauben kann man daran.

Patristik

Um 200, als die römische Staatsmacht zerfiel, bildete die römische Kirche mit ihren organisierten Gemeinden eine Art Staat im Staate. Die Führer ihrer Gemeinden gewannen als Apostelnachfolger geistliche und politische Autorität. Einige ernannte man zu Kirchenvätern, z. B. Irenäus aus Kleinasien, später Bischof in Gallien, dann den schon genannten Tertullian und auch Cyprian, Bischof von Karthago. Sie traten für die Einheit der römisch-christlichen Kirche ein, bekämpften Irrlehren, insbesondere die Lehre der Gnostiker, die wegen des Bösen in der Welt, den (bösen) Weltschöpfer (Demiurgen) vom Welterlöser unterschieden. Die Gnosis setzt das Wissen (= Gnosis) an die Stelle des Glaubens, ein mystisches (*myein* = Augen schließen) Wissen allerdings, wie bei Plotin. Es besteht darin, den weltumspannenden Kampf des Guten und Bösen in sich selbst zu schauen.

Was an der Patristik philosophisch bedeutsam ist, stammt von **Augustinus** (354–430). Ihm steht Platon näher als der für die Scholastik maßgebliche Aristoteles. Sein Thema ist der religiöse Bereich: Gott und die Seele, Gotteserkenntnis und Gotteserlebnis, nicht die Natur. Er greift auf die griechische Philosophie zurück, sofern sie unter dem delphischen Programm des »Erkenne dich selbst« steht und in Platons Lehre von der Rückkehr der Seele zum Göttlichen kulminiert. Allerdings ist er in der Hemmungslosigkeit seiner Selbstbeschauung und Selbstkritik völlig ungriechisch. Die berühmten *Bekenntnisse (Confessiones)* weisen in Richtung von Freuds Psychoanalyse.

War es bei Platon (im Höhlengleichnis) die Vernunft, welche die Seele aufs Unsterbliche hin ausrichtete, und der Philosoph, der die Heimführung leitete, so ist es nun die reuige Zerknirschung, welche die

Das Hochmittelalter (1000–1300)

1070 Normannen erobern England; die Alchemie, von den Arabern kommend, verbreitet sich auch in Mitteleuropa
1099 Christliche Kreuzfahrer erobern das 637 von den Moslems eingenommene Jerusalem
1120 Gründung der Universität Bologna
1150 Entstehung der Universität von Paris
1162 Kaiser Friedrich I. Barbarossa zerstört Mailand
1186 Der Papst erkennt die Hoheitsrechte des Deutschen Kaisers an
1189 Der englische König Heinrich II. stirbt; er richtete Schwurgerichte ein und verurteilte die Unsitte der Gottesurteile
1229 Der Deutsche Kaiser Friedrich II. krönt sich, nach Einnahme der heiligen Stadt Jerusalem, zum König von Jerusalem
1231 Das Verbot der Aristoteleslektüre an der Pariser Universität wird vom Papst aufgehoben
1234 Päpstliche Inquisition und Ketzerverfolgung auch in Deutschland
1270 Judenghettos in den großen Städten Westeuropas
1292 Marco Polo kehrt aus China zurück
1308 Judenvertreibung in Frankreich durch Philipp IV.

Die Berufung des Hl. Augustinus (Ausschnitt), Fresko von Guariento, 14. Jh., Chiesa degli Eremitani, Padua. Augustinus schreibt in seinen *Bekenntnissen* über ein nächtliches Verbrechen, das er mit 16 Jahren beging, die Plünderung eines Birnbaums in Nachbars Garten: »Siehe mein Herz, o Gott, siehe mein Herz, dessen Du Dich im tiefsten Abgrund erbarmt hast. Und nun will Dir mein Herz sagen, was es dort gesucht hat, um mich so unnütz böse zu machen, denn meiner Bosheit Grund war nur die Bosheit selbst. Sie war hässlich, und ich liebte sie; ich liebte mein Verderben, liebte meinen Abfall, nicht das, worum ich abfiel, sondern meinen Abfall selbst liebte ich: eine schändliche Seele, die sich losreißt von Deinem Grunde in die Selbstvernichtung und nicht nach etwas strebt durch ihre Schmach, sondern die Schmach selbst erstrebt.«

Seele auf Gott hin ausrichtet, und die nie sündige Kirche, welche die Heimführung besorgt. Der Kirche gilt das eine Hauptwerk des Augustinus *De civitate dei*, der Seele gilt das andere, die *Confessiones*. Die Kirche bereitet den Gottesstaat vor, indem sie die nach Gottes Willen zum Heil Berufenen sammelt. Außerhalb der Kirche gibt es kein Heil. Wer ungetauft stirbt, selbst als Kind, kommt in die Hölle. Die Geschichte sieht Augustinus als Heilsgeschichte: Ringen des Gottesstaates mit dem Erdenstaat, zwei Reiche der Liebe, der bis zur Selbstverachtung reichenden Gottesliebe und der bis zur Gottesverachtung reichenden Selbstliebe. Zwar trennt hier Augustinus Kirche und Staat, aber der Staat kann am Gottesstaat nur teilhaben, wenn er sich der Kirche in allen religiösen Angelegenheiten unterordnet. Die Idee einer linearen Geschichtszeit beeinflusste alle spätere Geschichtsphilosophie.

Philosophie findet sich eigentlich nur 1. bei der Analyse des Selbstbewusstseins und 2. bei der des Zeitbewusstseins. Diese Analysen stehen im Dienste der Gotteserkenntnis, denn der Weg zu Gott führt über das eigene Innere. – Bei seinem Versuch der Überwindung des Skeptizismus findet Augustinus, wie erst 1200 Jahre später wieder Descartes in seinem »cogito ergo sum«, das eigene Ich als Wissensfundament. Im *Gottesstaat* heißt es: »Si enim fallor, sum«, d. h.: »Wenn ich auch zweifle, so bin ich doch«, und Augustinus fügt sofort hinzu, dass ›zu sein‹ auch ›zu wissen‹ und ›zu lieben‹ bedeute. Erst Fichte (um 1800) stellt die Selbstzuschreibung in Frage: Wieso bin ich es, der denkt, weiß oder liebt? Das führt zu einer Tieferlegung des Selbstbewusstseins in einem affektiven und präreflexiven Selbstbewusstsein ohne Selbstzuschreibung bei Schopenhauer (in seiner Schrift *Über die Freiheit des Willens*) und dann bei Hermann Schmitz (in seinem *System der Philosophie*).

Die Zeitanalyse in Augustinus' *Bekenntnissen* geht aus von dem Dogma der Erschaffung der Welt aus dem Nichts durch Gott, der selbst ohne Beziehung zur Zeit existiert – in ewiger Gegenwart. Dann ist Zeit nichts Göttliches, vielmehr etwas Menschliches – im Sinne von subjektiv, etwas, das nur im Geist des Menschen existiert. Zeit ist mein mentales Konstrukt. Ich bin selbst auch nur in der Gegenwart. Vergangenheit ist Gegenwart als Erinnerung und Zukunft Gegenwart als Erwartung. – Anderthalb Jahrtausende später wird Kant in seiner *Kritik der reinen Vernunft* diese subjektive Zeittheorie wieder aufnehmen. Kant erklärt Zeit und Raum zu Anschauungsformen des erkennenden Subjektes. Das heißt: Raum und Zeit sind keine Eigenschaften der Dinge an sich. Husserl und Heidegger werden die Analyse des inneren Zeitbewusstseins mit Bezug auf Augustinus weiterführen.

Maimonides (= Moses ben Maimon), Bronzedenkmal in der Calle Judios seiner Geburtsstadt Córdoba

Arabische Philosophie

Anders als in der christlichen Philosophie gestaltete sich die Harmonisierung von Glauben und Wissen in der jüdischen und muslimischen Philosophie. Beide werden arabische Philosophie genannt, denn die dafür maßgeblichen Philosophen, insbesondere **Avicenna** (980–1037) aus Buchara und **Maimonides** (1135–1204) aus Córdoba, schrieben in arabischer Sprache (Maimonides allerdings mit hebräischen Schriftzeichen) und lebten im arabischen Reich, das sich in den ersten hundert Jahren nach Mohammeds Religionsstiftung bildete und von Spanien bis Persien erstreckte. Auch in der muslimischen und jüdischen Philosophie glaubte man an die grundsätzliche Übereinstimmung der Glaubenswahrheiten in den heiligen Schriften Koran und Bibel mit der Vernunfterkenntnis. Aber man gibt im Zweifelsfalle der Vernunft den Vorrang und versucht die Schrift durch allegorische Auslegung mit ihr in Einklang zu bringen. In der christlichen Philosophie gibt es das nur ausnahmsweise – z. B. bei dem irischen Freigeist Johannes Scotus Eriugena. Er wurde als Pantheist von der Kirche verdammt. Aber auch Maimonides wurde von seinen jüdischen Religionsgenossen als Ketzer angesehen, wie später wieder Spinoza. Nicht anderes erging es **Averroes** (1126–1198) in Córdoba. Er musste sich vor der muslimischen Priesterschaft in Sicherheit bringen. Dennoch waren die Moslems sowohl den Andersgläubigen wie auch den Philosophen gegenüber toleranter als die Christen.

Averroes sah in Aristoteles einen Abgesandten Gottes. Er erklärte: »Man kann auf zwei Wegen zur ewigen Wahrheit gelangen: durch den Koran und durch Aristoteles.«

Woher kamen die unterschiedlichen Tendenzen bei der Harmonisierung von Glauben und Wissen in der christlichen und der arabischen Philosophie? Vielleicht daher, dass die arabischen Philosophen keine Geistlichen oder Mönche waren, sondern Ärzte und Naturwissenschaftler. Außerdem gab es im arabischen Reich schon früh eine vorbürgerliche Gesellschaft mit den beiden großen städtischen Kulturzentren Córdoba und Bagdad. Dabei verlief die Verschmelzung von griechischer Philosophie mit den Dogmen der eigenen Religion in denselben Etappen wie bei der christlichen Philosophie: Zunächst standen Platon und der Neuplatonismus im Vordergrund, dann Aristoteles. Entscheidend für die unterschiedliche Tendenz im arabischen und im christlichen Raum war die Aristotelesrezeption, und zwar besonders die der aristotelischen Lehre von Materie und Form. Diese Rezeption war durch den Arzt Straton, dem dritten Leiter der peripatetischen Schule des Aristoteles, geprägt. Straton hatte dem Aristotelismus eine naturalistische Umbiegung gegeben. Ernst Bloch spricht in seinem Buch über Avicenna von der »aristotelischen Linken« und zieht eine Linie von Straton über Avicenna und Averroes zu Giordano Bruno. Was diese vier verbindet, ist die Auffassung von der Materie als befruchtend-befruchtetes All-Leben:

natura naturans. Die in der Materie oder dem Stoff bei Aristoteles selbst nur der Möglichkeit *(potentia)* nach vorhandenen Formen treibt diese Materie selbst aktiv heraus. Form ist die »feurige Wahrheit« des Stoffes. – Thomas von Aquin wird bei der orthodoxen Lehre des Aristoteles bleiben (also zur »aristotelischen Rechten« gehören) und an der Pariser Universität, wo man zunächst auf Averroes ausgerichtet war, über die »aristotelische Linke« triumphieren. Der Stoff ist bei ihm wieder bloße Potentialität und nicht selbst aktiv. Dafür gibt es den Geist des über der materiellen Welt thronenden Schöpfergottes. – Auch das auf Aristoteles zurückgehende Universalienproblem spielte in der arabischen Philosophie eine Rolle. Avicenna fand eine Formel, die dann Albertus Magnus und Thomas von Aquin übernehmen konnten: »Das Denken verwirklicht das Allgemeine in den Formen.«

Der arabischen Philosophie ist es zu verdanken, dass im 12. Jh. die Texte Platons und Aristoteles' vollständig im christlichen Raum bekannt wurden. Die Araber gelten auch als Erfinder des naturwissenschaftlichen Experiments. Und natürlich verdankt die westliche Welt ihnen die arabischen Ziffern, die eigentlich indische Ziffern heißen müssten: Im 12. Jh. erschien auf Latein das von al Khwarazmi ins Arabische übersetzte Buch *Algorithmi de numero Indorum*. – Am Ende des Mittelalters, als das arabische Reich und auch die arabisch-jüdische Symbiose in Spanien aufgelöst waren, war der Wissenstransfer aus dem Morgenland ins Abendland, der über Spanien und dann die Schule von Chartres lief, im Wesentlichen abgeschlossen, vor allem der Aristotelestransfer, von dem die Scholastik zehrte.

Scholastik

Die Scholastik hat zwei ›Väter‹: Der erste ist der bereits erwähne irische Mönch **Johannes Scotus Eriugena** (800–877). Wegen seiner Weigerung, das Denken dem Glauben unterzuordnen, missfiel er der Kirche. So gibt es noch einen zweiten Vater, **Anselm** (1033–1109) aus

Das späte Mittelalter (1300–1500)

1302 Dante wird in Abwesenheit von der in Florenz herrschenden päpstlichen Partei zum Tode verurteilt; Rom verleiht Petrarca den Lorbeerkranz; in Pisa, Florenz, Grenoble werden Universitäten gegründet
1311–21 Dante schreibt die *Divina Commedia*
1339 Beginn des Hundertjährigen Krieges
1350 In Europa sterben 25 Millionen Menschen an der Pest; die Juden werden als die Hauptschuldigen angesehen; die Kirche verwirft das Sezieren von Leichen als sündhaft
1353 Boccaccios *Decamerone*
1378 Beginn des großen Schismas (Päpste in Rom und in Avignon)
1381 Bauernaufstand in England scheitert, 7000 Rebellen werden erhängt
1384 Wiclif übersetzt die Bibel ins Englische, fordert eine von Rom unabhängige National-Kirche, kritisiert ihre weltliche Herrschaft und nimmt das Abendmahl nur als Gleichnis
1400 In deutscher Sprache erscheint *Der Ackermann aus Böhmen* von Johann von Saaz, ein Streitgespräch zwischen dem Menschen und dem Tod; in England verfasst Geoffrey Chaucer – nach Boccaccios Vorbild – die *Canterbury Tales*

Aosta, Erzbischof von Canterbury. Er fordert die unbedingte Unterordnung des Denkens unter den Glauben. Bekannt ist er vor allem durch seinen ontologisch genannten Gottesbeweis, der davon zeugt, wie sehr Anselm platonistischer Begriffsrealist war, nämlich Begriffe als reale Wesen ansah: 1. Gott ist als das gedacht, im Vergleich zu dem nichts als größer gedacht werden kann. 2. Gesetzt, der so gedachte Gott existiert nicht. 3. Dann ist derselbe als existierend gedachte Gott größer als der, welcher als nicht existierend gedacht ist. 4. Also existiert Gott, da er als das gedacht ist, im Vergleich zu dem nichts Größeres gedacht werden kann. – Bei diesem ›Beweis‹ wird aus dem Begriff einer Sache deren reale Existenz abgeleitet. Das geht nicht, denn, so sagt Kant: Existenz (Sein) ist kein reales Prädikat (kein Attribut). »100 wirkliche Taler enthalten nicht das mindeste mehr als hundert mögliche!«

Kaum als dritter Vater kann **Petrus Damiani** (1007–1072) aus Ravenna, Eremit und Kirchenlehrer, gelten, denn er besteht auf der Vernunftwidrigkeit von Glaubenswahrheiten, während die Scholastiker sämtlich auf der Vernünftigkeit oder doch Übervernünftigkeit der Dogmen bestehen. Widervernunft! Nein, das nicht. Aber Damiani weiß aus der Bibel: Gott kann alles, sogar die Vergangenheit ändern. Damiani sah die Erbsünde darin, vom Baum der Erkenntnis gegessen zu haben. Die Begierde nach Wissen ist nach ihm die Anführerin aller Laster. Natürlich hat er recht, denn nichts hindert uns mehr, an unser Heil – wenn es denn im Glauben an dasselbe, z. B. die Auferstehung besteht – zu glauben, als die Vernunft. Wie sollte dieser Glau-

1431 Johanna von Orléans stirbt auf dem Scheiterhaufen

1436 Die Hussiten, Anhänger des Prager Universitätsrektors Hus, der die Lehren Wiclifs übernommen hatte, werden besiegt

1445 Gutenberg erfindet den Buchdruck mit beweglichen Lettern

1453 Konstantinopel wird von den Türken erstürmt

Leonardo da Vinci, *Mona Lisa*, um 1500, Louvre, Paris.
Ein Gottesbeweis für Göttinnen stellt sich nicht. Die Vaterschaft (auch Gottes) ist unsicherer als die Mutterschaft (auch der Göttin). Bei Gottmutter wäre es klar, dass es sie gibt oder nicht gibt. Sie kann nichts Übersinnliches sein (wie der Heilige Geist als Vater des ›Menschensohnes‹). Man kann also nur den männlichen Gott, den Vatergott, erfinden und zu beweisen versuchen.

Albertus Magnus, Bronzeskulptur von Gerhard Marcks vor der Kölner Universität.

be vernunftgemäß sein können? Merkwürdigerweise kann man sie nicht verstehen, diese Auferstehung, aber dennoch erhoffen – was immer sie sein mag. Die Religionsphilosophie Leo Schestows im 20. Jh. wird sich auf Damiani berufen.

Ganz anders ist **Abaelard** (1079–1142), bekannt durch seine Liebe zu Héloise und sein Schicksal, die Entmannung durch Héloises Onkel. Er, der größte französische Scholastiker, lehrte im Gegensatz zu Anselm und erst recht zu Damiani: »Ich glaube, damit ich verstehe« (*credo ut intelligam*). Seine Hauptschrift trägt den Titel der delphischen Weisung »Erkenne dich selbst«. Er löste das auf Aristoteles zurückgehende Universalienproblem. Sind die Universalien (Allgemeinbegriffe, Ideen) *in* den Dingen, *vor,* oder *nach* den Dingen? Die Antwort entscheidet darüber, ob unsere Erkenntnis der Dinge eine Erkenntnis der Dinge selbst (oder der Dinge an sich) ist, ob sie eine Erkenntnis ihrer Urbilder oder Ideen sein kann, oder ob sie nur eine Erkenntnis der vernunft- und sprachabhängigen Erscheinung der Dinge bleibt. Den drei möglichen Antworten, *in, vor* und *nach,* kann man die drei größten Philosophen zuordnen: Aristoteles, Platon und Kant. In der Realität sind nach Abaelard die Universalien in den Dingen, für Gott als Urbilder seines Geistes vor den Dingen, für den Menschengeist sind sie als durch Abstraktion gewonnene Begriffe nach den Dingen.

Grabmal von Abaelard und Héloise auf dem Pariser Friedhof Père-Lachaise. Erst Anfang des 19. Jh. hat man die Gebeine des Paares von Paraclet in der Champagne nach Paris gebracht und dieses Grabmal errichtet.

Die beiden anderen großen Scholastiker kommen aus Deutschland und Italien: Albert von Bollstädt (Albertus Magnus) und Thomas von Aquin.

Albert von Bollstädt (um 1200–1280), Dominikaner, später Bischof, studierte in Pisa und Bologna die arabische und jüdische Philosophie, d.h. Aristoteles nach Art des Avicenna und Averroes, und auch die Physik und Kosmologie des Maimonides. Dabei lernte er das wissenschaftliche Experimentieren kennen, das er dann selbst als Naturforscher einsetzte. Sein Schüler **Thomas von Aquin** (1225–1274), genannt ›Doctor Angelicus‹, wurde *der* Philosoph der katholischen Kirche. 1879 erklärte eine Päpstliche Enzyklika: Seine Lehre ist verbindlich und normativ für die ganze Kirche! Zu Lebzeiten schon theologischer Gutachter der Päpste, unterstellte Thomas die Philosophie der Theologie, obgleich er Empiriker war. Er kannte eben alle Wege von der sinnlichen Welt aus hin zu Gott, was sich in seinen fünf »Gottesbeweisen« spiegelt, die allesamt von der Natur ausgehen, d.h. von der Beschaffenheit der Natur. Den Anselmschen ontologischen, vom Begriff Gottes selbst ausgehenden Beweis lehnte er ab. Kant hat allerdings später gezeigt, dass die thomistischen Gottesbeweise (wie überhaupt alle Gottebeweise) nur verkappte ontologische Beweise sind. Thomas macht Gebrauch vom ersten unbewegten Beweger des Aristoteles und dem falschen Argument, eine Reihe ohne Anfangsglied sei unmöglich. Er schließt (stets falsch) 1. vom Bewegten in der Welt auf den ersten Beweger, 2. vom Verursachtsein in der Welt auf eine erste Ursache, 3. vom Zufälligen in der Welt auf ein notwendiges Wesen, 4. von der Harmonie (Zweckmäßigkeit) in der Welt auf die göttlich Intelligenz, 5. von den Graden der Vollkommenheit in der Welt auf ein vollkommenes Wesen. – Die katholische Kirche hält bis heute an diesen Beweisen fest.

Francesco Traini, *Triumph des hl. Thomas*, Santa Caterina, Pisa. Thomas von Aquin triumphiert im Streit um die Naturauffassung über den zu seinen Füßen liegenden Averroes. In dem aufgeschlagenen Buch, das Thomas vorzeigt, steht auf Latein: »Meine Kehle wird die Wahrheit wirksam machen und meine Lippen werden die Gottlosigkeit verfluchen.« *(Veritatem medicabitur guttur meum et labia mea detestabuntur impiu.)*

Thomas von Aquin, Werke

1. *Das Seiende und das Wesen.* Bei Gott sind Sein *(actus)* und Wesen *(potentia)* identisch, nicht so bei den Dingen, die deshalb alle von Gott abhängig sind, in ihm gründen.
2. *Über die Einheit des Intellekts gegen die Averroisten.* Der Glaube und die Erfahrung widersprechen der Lehre der Averroisten, dass alle Menschen ein und dieselbe Vernunft *(intellectus possibilis)* haben.
3. *Erörterung der Frage nach dem Bösen*
4. *Erörterung der Frage nach der Macht*
5. *Erörterung der Frage nach der Wahrheit.* Enthält die Lehre von den (ebenso wie der Begriff ›seiend‹) die Kategorien noch übersteigenden (= transzendierenden) Transzendentalien, solchen Begriffen also, die dem Seienden seinem ganzen Umfang nach zugeteilt werden können, ohne die Bedeutung von ›seiend‹ einzuschränken. Sie sind umfangmäßig gleich mit dem ›seiend‹ und bezeichnen doch einen bestimmten Aspekt, unter dem jedes Seiende betrachtet werden kann. Thomas unterscheidet sechs solcher Aspekte (einschließlich des ›seiend‹): Alles kann unter dem Aspekt betrachtet werden, dass es seiend *(ens)* ist, dass es ein eines *(unum)*, wahres *(verum)* und gutes *(bonum)* ist, dass es etwas *(aliquid)* und eine Sache *(res)* ist.
6. *Kommentar zum Buch (des Aristoteles) über die Seele*
7. *Kommentar zur Nikomachischen Ethik (des Aristoteles)*
8. *Kommentar zur Metaphysik (des Aristoteles)*
9. *Kommentar zum Buch über die Interpretation (des Aristoteles)*
9. *Kommentar zur Physik (des Aristoteles)*
10. *Summe gegen die Heiden.* Handbuch für die Dominikanermissionare in Spanien.
11. *Summe der Theologie.* Über die Theologie als Wissenschaft, über Gott als Ursache seiner selbst und höchste Zweckursache, über die Engel, die Moral und die Sakramente.
12. *Traktat von den Bedeutungsweisen der spekulativen Grammatik.* Logifizierung der Grammatik zur Urgrammatik.

Ich schließe mich der Meinung Russells in seiner *Philosophie des Abendlandes* zu Thomas an, dass sich bei ihm kein echter Philosophengeist findet, denn er verfolgt, anders als etwa Sokrates, einen Gedankengang nie ohne Rücksicht darauf, wohin ihn die Argumentation führen mag. Er kennt vorweg die Wahrheit; sie ist im katholischen Glauben geoffenbart. Die Suche nach Beweisen für einen bereits gegebenen Schluss kann man ja wohl nicht als Philosophie bezeichnen, sondern nur als eine besonders geartete Verteidigung.

14 Jahre Kerker, Krankheit und baldiger Tod brachten es dem englischen Franziskaner **Roger Bacon** (1214–1292) ein, dass er die experimentelle Wissenschaft propagierte. Erst erhielt er Schreibverbot von seinem Orden, den Bonaventura leitete, dann starb 1268 der Papst Clemens IV., der sich für seine neuen Ideen interessierte. Roger Bacon kam in Gefängnis. Er starb, ungebrochen.

Unzucht, die erste der sieben im *Hexenhammer* mit der Todesstrafe bedrohten teuflischen Hexereien (aus einem Gebetbuch des 15. Jh.).
Nach Thomas von Aquin (in seinem Kommentar zu den *Sentenzen* des Petrus Lombardus, 1100–1160) verstößt der Zweifel an der Wirklichkeit der Teufelsbuhlschaft oder des Teufelspaktes (Maleficium, von *malum facere* = Böses tun) und der durch ihn möglichen Zauberei der Hexen (Maleficae) gegen die Lehre von der Existenz der gefallenen Engel. Diese könnten in weiblicher Gestalt *(succubus)* sich den Männern ›unterlegen‹ und ihren Samen empfangen, ohne Nachkommen zu zeugen, und in männlicher Gestalt *(incubus)* sich den Frauen ›auflegen‹, ohne Nachkommen zu erzeugen. – Das ist die theologische Grundlage für den *Hexenhammer (Malleus maleficarum),* Köln 1487. Dieses Buch blieb bis in die Neuzeit hinein die maßgebliche Anleitung zur Vernichtung der Hexen als der Spezialisten für Sex ohne Nachkommenerzeugung bzw. für Geburtenkontrolle.

»Glauben ist gut, wissen ist besser« war auch die Devise des **Duns Scotus** (1270–1308). Sein Grab befindet sich in der Minoritenkirche in Köln. Er war ein Lehrer für Jahrhunderte. Bis zum 17. Jh. hatte er mehr Anhänger unter den Philosophen als Thomas. Man nannte ihn den ›Doctor Subtilis‹. Duns Scotus brachte eine vernünftige Kritik der Philosophie hervor: Der Mensch braucht Klarheit über sein Lebensziel, den Sinn seines Lebens. Die Philosophie kann das mit ihrer Neutralität und Skepsis nicht. Sie müsse sich an die sinnliche Erkenntnis halten. Auf einen nicht-sinnlichen Grund, wie auf den unbewegten Beweger im 1. Gottesbeweis des Thomas, kann sie nicht schließen. Der Mensch braucht also die Theologie, die ihm sage, was und wie er zu lieben habe. Auch die Theologie schränkt er ein, und zwar auf die streng bibelorientierte, die dann keine Theologie Gottes selbst sein kann. Ein Schüler von Duns Scotus war **Wilhelm von Ockham**

Die drei Forschungsregeln des Wilhelm von Ockham, für den Theologie im strikten Sinne keine Wissenschaft ist.

1. Die Erklärungsgründe dürfen nicht unnötig vermehrt werden. (›Ockhams Rasiermesser‹)
2. Untersuche jede Vorstellung daraufhin, ob sie durch sich selbst oder aus der Erfahrung, und dann ob sie aus direkter Gegenstandserfahrung evident ist.
3. Prüfe, ob eine Verknüpfung, wie die der Wirkung mit einer Ursache, auch notwendig ist, d.h. ob die Trennung einen Widerspruch einschließt. (Meist ist das nicht der Fall. Die menschliche Erfahrung von Natur und Gesellschaft hat durchweg den Charakter des Nicht-Notwendigen oder Kontingenten.)

(um 1285–1347/50), der größte Logiker der Epoche. Er bestand darauf, Logik und Erkenntnislehre unabhängig von Metaphysik und Theologie studieren zu können. Er teilte verschiedene Ansichten nicht mit dem Papst, forderte weniger weltliche Macht für die Kirche und wurde exkommuniziert.

Meister Eckhart (1260–1327), einer der einflussreichsten deutschen Denker, starb während seines Prozesses wegen Häresie. Er praktizierte und predigte die mystische Gottesschau. Mit ihm »zerging die Vorstellung von einem fernen Gott«, schreibt Ludwig Marcuse in *Ein Panorama europäischen Geistes*. Gott, Vater, Sohn und Hl. Geist, so lehrte Eckhart, leben nicht in einer anderen Sphäre als der Mensch. Es sind Zielpunkte, Sehnsüchte, Projektionen des Menschen. Die Kirche hat ihn also wohl, von ihr aus gesehen, zu Recht angeklagt. – Feuerbach wird im 19. Jh. diese Vorstellung von Gott als einer Projektion des Menschen wieder aufnehmen und einem freien philosophischen Denken den Weg bereiten.

Salvador Dalí, *Nature morte vivante* (Ausschnitt), 1959, Dalí Museum, St. Petersburg (USA).
Das sog. ›Ockhamsche Messer‹ steht sprichwörtlich fürs Wegschneiden des Unnötigen. Ockham schreibt: »Ohne Notwendigkeit sollte man keine Vielheit setzen« *(pluralitas non est ponenda sine necessite)*. D.h.: Alle zur Erklärung einer Sache überflüssigen Begründungen sind wegzulassen, z.B. die »verborgenen« Qualitäten und Kräfte in der aristotelischen Physik. Ockhams Messer bahnt den Weg zu einer von Wesensfragen befreiten Physik.

Die Philosphie der Renaissance

Renaissance heißt ›Wiedergeburt‹. Als Epochenbegriff für die frühe Neuzeit bedeutet das: Wiedergeburt des Menschen aus dem Geiste der Antike. In der Philosophie ist dieser Geist vor allem der Geist Platons, bei dem ja Philosophie selbst – denken wir ans Höhlengleichnis – den Sinn einer Wiedergeburt des Menschen hatte. Vorbereitet und dann auch begleitet wurde die Renaissance durch den Humanismus, eine Bildungsphilosophie, für die die Antike das Bildungsgut ist, ohne das der Mensch nicht voll und ganz Mensch sein kann. An ihrem Anfang in der Mitte des 14. Jh. stand **Francesco Petrarca** (1304–1374). Er war durch einen byzantinischen Mönch in die griechische Sprache und die Philosophie Platons eingewiesen worden, entdeckte auch Cicero und Vergil wieder und begeisterte sich für das antike Menschenbild. Byzantinische Mönche waren es auch, die 1438 auf dem Konzil zu Ferrara, das der Vereinigung der Ost- und West-Kirche galt, diskutierten, ob denn Platon nicht doch dem längst zum Kirchenphilosophen erhobenen Aristoteles überlegen sei. Als dann 1453, nach der Eroberung Konstantinopels durch die Türken, griechische Gelehrte nach Italien emigriert waren und von Platon schwärmten, wurde auch Cosimo de' Medici von Platon begeistert und gründete 1459 die Florentiner Akademie, aus der **Marsilio Ficino** (1433–1499) hervorging, der die Werke Platons und Plotins ins Lateinische übersetzte. Die Unsterblichkeit der Seele, durch Aristoteles und Averroes reduziert auf die des unpersönlichen Geistes, war sein zentrales Theorem. Sein Schüler **Giovanni Pico della Mirandola** (1463–1494) schrieb *Über die Würde des Menschen* und betonte die menschliche Freiheit. **Giordano Bruno** (1548–1600) vertrat, beeinflusst von Kopernikus und Nikolaus von Kues, das heliozentrische Weltbild und den Gedanken eines unendlichen Weltalls mit einer sich selbst entfaltenden Materie (im Sinne der »aristotelischen Linken«). Die Inquisition verurteilte seine pantheistische Naturreligion. 1600 wurde er bei lebendigem Leibe auf dem Campo dei

Die Renaissance

1462 Ficino übernimmt die Leitung der von Cosimo de' Medici gegründeten Florentiner Akademie und verfasst seine *Theologia platonica*; Leonardo da Vinci betreibt seine theoretischen und empirischen Forschungen; in Spanien werden u.a. die Universitäten Barcelona und Zaragoza gegründet

1492 Columbus landet in Mittelamerika, vermeintlich in Indien

1497 Judenvertreibung in Spanien

1500 Erasmus von Rotterdam hält sich drei Jahre lang in Italien auf und ist dann Gast bei Thomas Morus in England, dessen *Utopia* 1516 erscheint

1517 Luthers Thesen gegen den Ablasshandel

1521 folgen Acht und Bann von Staat und Kirche; Cortez erobert das Reich der Azteken; Magellanes Weltumseglung endet auf den Philippinen

1522 Luthers Bibelübersetzung aus dem Griechischen ins Deutsche

1524 Erasmus schreibt *Über den freien Willen*, Luther dagegen *Über den versklavten Willen*

1533 Pizarro lässt den Inka Atahualpa erdrosseln, der mit der Bibel nichts anfangen konnte und sie auf die Erde fallen ließ

1536 Von Paracelsus erscheint die *Große Wundarznei*

1543 Nikolaus Kopernikus legt sein heliozentri-

sches Weltbild, das schon Pythagoras und Heraklit hatten, dar
1547 Heinrich VIII., der mit Rom brach und die anglikanische Kirche begründete, stirbt; 1535 hatte er Thomas Morus hinrichten lassen
1557 Der Papst führt den Index der verbotenen Bücher ein
1572 In der sog. Bartholomäusnacht werden 2000 Hugenotten in Paris ermordet
1581 Jesuitenmission in China
1585 In Klein-Spanien (Haiti) sind die Ureinwohner durch harte Arbeit und Pockenseuche ausgerottet; nun werden afrikanische Sklaven importiert
1587 Enthauptung Maria Stuarts
1588 Die erweiterte Ausgabe von Montaignes *Essais* erscheinen; Untergang der Armada
1589 Wiederholtes Verbot des Christentums in Japan
1592 Galilei wird Professor für Mathematik in Padua
1601 Kepler ist Hofastronom in Prag

Fiori in Rom verbrannt. Auch **Giulio C. Vanini** starb als Vertreter eines naturalistischen Atheismus 1619 in Toulouse auf dem Scheiterhaufen. Man hatte ihm die Zunge herausgeschnitten, um ihn zum Verstummen zu bringen.

Giordano Bruno hatte **Nikolaus von Kues** (1401–1464) den ›göttlichen Cusanus‹ genannt, denn er hatte seine Vorstellung von der unendlichen Natur von ihm gewonnen, indem er den unendlichen Gott des Nikolaus durch die Natur ersetzte. Von Kues war ein Denker zwischen den Zeiten, weder ganz dem Mittelalter noch der Neuzeit zuzuordnen. 1437 war er in Konstantinopel an den Verhandlungen über die Kirchenvereinigung beteiligt und hatte auf der Rückreise auf See eine Erleuchtung, die der »gelehrten Unwissenheit« hinsichtlich des Begreifens des Unbegreiflichen, nämlich Gottes. Dadurch erhielt der Satz des Sokrates »Ich weiß, dass ich nichts weiß« eine positive, vernunftkritische Erweiterung. Nikolaus erklärte: »Je besser jemand weiß, dass man dies nicht wissen kann, um so wissender wird er sein.« In Gott, so meinte er, fallen die Gegensätze zusammen. Das aristotelische Widerspruchsprinzip, auf das die Scholastik noch fixiert war, ist für die Gotteserkenntnis zu suspendieren, aber nicht zugunsten einer mystischen Schau, sondern einer Dialektik der Gegensätze, wie sie später von Hegel ausgebaut werden sollte.

Insgesamt ist die Renaissance keine Epoche bedeutender Philosophien wie dann das 17. Jh. Das Wichtigste geschieht in der Staats-, Recht- und politischen Philosophie durch **Jean Bodin** (1530–1596), **Hugo Grotius** (1583–1645) und **Nicolò Machiavelli** (1469–1527). Letzterer nimmt in seinem Werk *Il Principe* den später von Nietzsche als ›Übermensch‹ gefeierten Cesare Borgia zum Vorbild für einen Staatsmann ›jenseits von Gut und Böse‹, dessen Moral nicht an christlicher Nächstenliebe orientiert ist, sondern am asozialen ›Willen zur Macht‹.

Renaissance ist die Epoche des Aufbruchs, der Umwälzungen und Unruhe auf allen Gebieten. Man

Albrecht Dürer, *Zeichner des liegenden Weibes,* 1538.
Als Dürer 1538 der Wahrheit des Sichtbaren wissenschaftlich zu Leibe rückte, brachte er sie in die Stellung Baubos (Nietzsches Namensvorschlag für die Wahrheit. Baubo ist in Goethes *Faust* Anführerin der Hexen, im griechischen Mythos ist sie die Magd Demeters, die zu deren Erheiterung ihre Scham entblößte), als wolle er dem Wahrheitsweib unter den Rock gucken. Das Gittergestell, durch das Dürer hindurch blickt und an dessen Stelle das gemalte, wahrheitsgetreue perspektivische Bild tritt, nannte er das ›Pförtchen‹.

denke an die Entdeckungsreisen, die kopernikanische Wende vom geozentrischen zum heliozentrischen Weltbild, die Erfindung des Buchdruckes, die Lutherische Reformation, die Dramen Shakespeares – und die bildende Kunst! Ein wichtiges, aber die Epoche insgesamt kennzeichnendes Detail ist hier die Entdeckung der Zentralperspektive durch Alberti und Brunelleschi, die ein antikes Axiom verabschiedete, das Winkelaxiom, wonach die Größe des gesehenen Gegenstandes proportional zum Sehwinkel ist und nicht, wie dann Alberti lehrt, umgekehrt proportional zur Entfernung

Die Zentralperspektive integriert den Betrachter ins Bild. Velázquez macht das 1656 zum Thema seines Bildes *Las Meninas*. Er setzt den Bildbetrachter an die Stelle des sich im Hintergrund spiegelnden Königspaares, das der Maler im Bild portraitiert.

Nikolaus Kopernikus (1473–1543) hält ein Modell des heliozentrischen Systems in der Hand. 1543 erschien sein epochales Werk *Über die Umschwünge der himmlischen Kugelschalen.*
Die kopernikanische Wende vom geozentrischen zum heliozentrischen System hat ihre Entsprechung in der Philosophie Kants. Auch Kant wendet sich gegen den Augenschein: Sowenig sich die Sonne um die Erde dreht, sowenig dreht sich die Erkenntnis um die ›Dinge an sich selbst‹. Es ist umgekehrt: Die Erde dreht sich um die Sonne und die Dinge drehen sich um die Vernunft.

vom Betrachter. Die Zentralperspektive ist subjektzentriert. Der Maler malt z. B. Größe und Anordnung von Personen einer Szene nicht mehr entsprechend deren hierarchischer Bedeutung (ob Fürst, Priester oder Handwerker), sondern gemäß der tatsächlichen Wahrnehmbarkeit der Szene durch einen Beobachter, der dann zugleich der Betrachter des Bildes ist. Er befindet sich im gleichen Raum wie das Abgebildete, und zwar gegenüber dem Fluchtpunkt. Erstmals gibt es einen einheitlichen Raum in den Bildern, was es in der Antike nicht gab und auch in anderen Kulturen nicht. Der (leere) Raum wird konstruiert; die Dinge sind hineinversetzt.

Zugleich wird in den Bildern die Individualität der Personen herausgestellt. Das Portrait entsteht, insbesondere das Selbstportrait. Dieser Subjektivismus gibt der delphischen Weisung am Anfang der abendländischen Philosophie »Erkenne dich selbst« einen neuen Sinn: in sich den Perspektivefixpunkt für die Welt zu erkennen, wie es dann Descartes vollzogen hat. Vorbereitet wurde das von **Michel de Montaigne** (1533–1592), obwohl er Skeptiker ist in der Nachfolge des Stoikers Pyrrhon. In seinen *Essais* stellt er nämlich die Vernunft selbst infrage und provoziert Descartes Begründung und Sicherung der Vernunft durchs *ego cogito* und die einheitliche Methode.

Die Renaissance, während der sich allmählich die Methode der experimentellen, modernen, sich auf quantitative Beziehungen beschränkende, von Mathematik geleiteten Naturwissenschaft herausbildet, ist aber auch die Zeit der Alchemie, einer experimentellen Substanzensuche mit dem Ziel, das philosophische Gold zu finden (und, wenn es geht, auch das physikalische Gold), die *quinta essentia,* das Elixier für ewige Jugend und Unsterblichkeit, den Stein der Weisen oder *lapis philosophorum.* Noch Newton beschäftigte sich mehr mit Alchemie als mit der von ihm begründeten mathematischen Physik. Erst seit der Abkopplung der neuen Naturwissenschaft von der Alchemie, Magie und Astrologie nach Newton bietet die Naturforschung

Raffael, *Die Schule von Athen,* 1509–11, in den Stanzen des Vatikan, Rom. Griechischer Geist versammelt sich hier in einer römisch inspirierten Architektur nach Art des Bramante, der damals den Petersdom zu Rom umbaute und dessen Nachfolger 1514 Raffael wurde. Die Figuren in den Nischen links und rechts sind Apollon, Gott der Harmonie und Vernunft, und Minerva, Göttin des Friedens und der Weisheit. In der Mitte Platon und Aristoteles. Platon (in der Gestalt Leonardo da Vincis) weist würdevoll mit dem Finger nach oben auf das Reich der Ideen. Aristoteles, der Realist, deutet auf seine unmittelbare Umgebung. Neben ihnen, weiter links, unterhält sich Sokrates, erkennbar an seinem Silen-Gesicht, gestenreich mit Alexander von Makedonien. Vor ihnen lümmelt sich Diogenes, der sonst in einer Tonne wohnt und den man Hund nennt, auf den Stufen. Ganz vorne, auf einen Quader gestützt, macht sich Heraklit (in der Gestalt Michelangelos) Notizen. Links vorne schaut Averroes (aus dem 12. Jh.) dem schreibenden Pythagoras über die Schulter. Auch Anaxagoras, ein aufgeschlagenes Buch haltend, schaut zu ihm herüber. Von ihm abgewendet beschäftigt sich der mit Weinblättern bekränzte Epikur mit einem Buch. In der rechten vorderen Gruppe demonstriert Euklid, über eine Tafel gebeugt, mit dem Zirkel einen seiner geometrischen Grundsätze. Rechts von ihm zwei Männer mit Globen in der Hand: Zarathustra mit dem Himmelsglobus und Ptolomäus mit dem Erdglobus. Darüber der blinde Homer. Ganz rechts am Rand erscheinen der Maler Raffael selbst und sein Freund Sodoma. Raffael blickt, wie die beiden süßen Knaben ganz links, auf den Bildbetrachter – für sein Bild verdienten Beifall heischend.

kein Heilswissen mehr. Mit der neuen Physik schaut der Mensch in eine bedeutungslose, leere Natur. Und mit einer neuen Philosophie in eine Subjektivität, die die Instanz ist für Bedeutung, Wertung und Sinngebung. Aber woran kann sie sich halten? – »Seit Kopernikus rollt der Mensch aus dem Zentrum ins x«, schrieb Nietzsche.

In der Alchemie geht es um die Herstellung des philosophischen Goldes. Was ist das? Es ist das, was sich bei der Veredelung (Transmutation) der Metalle und anderer Stoffe, nämlich bei ihrer Verwandlung in Gold, als geistig-seelische Läuterung einstellt und ewige Jugend sowie Unsterblichkeit mit sich bringt. Dies zu erreichen ist Sinn des sog. Großen Werkes *(opus magnum)* des Alchemisten.

Die in Europa verbreitete Alchemie (von arab. *al-kimiya* = Chemie. Es gab sie auch in Indien und in China) entstand im 2. bis 3. Jh. im europäischen Raum im Griechisch sprechenden Ägypten (in Alexandria). Ihre theoretischen Fundamente hat sie in der griechischen Naturphilosophie, besonders in Heraklits Lehre vom allbelebenden Feuer und in Empedokles' Lehre von den vier Elementen und den zwei Sonnen, der Geist-Sonne und der materiellen Sonne. Ihre Fülle an praktischen Erfahrungen, metallurgischen Techniken und allegorischen Bildern verdankt sie der arabischen Fortführung. Über Spanien, wo sie sich mit der jüdischen Esoterik (der Kabbala) berührte, erreichte sie im 12. und 13. Jh. das christliche Europa und erlebte in der Renaissance neuen Auftrieb. Erst im 17. Jh. drängte die wissenschaftlich-empirische Chemie die Alchemie mehr und mehr zurück. Der Umgang mit der Materie verlor seinen philosophischen und d. h. psychotherapeutischen Sinn. **Isaak Newton** (1642–1726) verstand sich noch auf beides. Er beschäftigte sich sogar mehr mit Alchemie als mit seiner *Philosophia naturalis principia mathematica* (so der Titel seines Buches von 1687 über die mathematischen Prinzipien der Naturphilosophie). Auch für den Mitbegründer der neuzeitlichen mathematischen Naturwissenschaft, **Johannes Kepler** (1571–1630), hatten Zahlen und geometrische Figuren noch sinnbildlichen (symbolischen) Charakter, wenn auch nicht immer uneingeschränkt. Seine Planetenschalenlehre verdankt sich noch der mathematischen Mystik: Er griff auf die fünf platonischen Urkörper zurück. Ein Brief Keplers aus dem Jahre 1608 definiert dann aber, wohl zum ersten Male in unserer Zivilisationsgeschichte, die Grenze zwischen dem Symbolischen und Rationalen. Er schreibt: »Auch ich spiele ja mit Symbolen, ich habe ein kleines Werk angelegt, ›geometrische Kabbala‹; es handelt von den Ideen der Naturdinge in der Geometrie. Allein ich spiele so, dass ich dabei nie vergesse, dass ich spiele. Denn mit Symbolen wird nichts bewiesen.«

Was aber wird nicht alles im Spiel gewonnen? Gerade das Spielen hat einen Orientierungssinn. Es ermöglicht psychische Ganzheit, Integration und Zentrierung durch Projektion. Nach **C. G. Jung** (in seinem Buch *Psychologie und Alchemie* von 1944) projiziert der Alchemist seinen Individuationsprozess durch die Symbolisierung von Zerstörung, Auflösung und Neugestaltung in die chemischen Wandlungsvorgänge. Hauptsächlich war das die Goldgewinnung aus Schwefel- oder Kupferkies über die Extraktion mittels Quecksilber. Die Transmutation sollte in drei oder vier Phasen möglich sein. Sie hießen entsprechend den alten Malerfarben und vier Elementen (Feuer, Wasser, Luft und Erde) 1. Schwärzung (Nigredo), 2. Weißung (Albedo), 3. Rötung (Rubedo), 4. Gelbung (Citrinitas). In der sog. chemischen Hochzeit, einem kosmischen Geschlechtsakt von Sonne und Mond, weißem Weib und rotem Gatten, verbanden sich schließlich Quecksilber (der empfangende Pol) mit Schwefel (dem formenden bzw. färbenden Pol) zu Gold. Geboren wurde der Sohn der Sonne, der Stein der Weisen *(lapis philosophorum)*.

Die Alchemie muss tiefe Quellen im Unbewussten besitzen, schreibt **Gaston Bachelard** in seinem Buch *Die Bildung des wissenschaftlichen Geistes. Beitrag zu einer Psychoanalyse der objektiven Erkenntnis* von 1938. Die Stufenfolge ihrer Symbole ist ein Memento für eine Ordnung innerer Meditation. Blei, Erde, Gold und Salz, Schwarz, Weiß, Gelb und Grün versinnbildlichen Laster und Tugenden. Wenn der Alchemist das vermeintlich Innere seiner Substanz durchwühlt, dann ist dies eine Extraktion und Exzentrisierung seiner eigenen Seele. Alchemie ist unbewusste Psychoanalyse. Ihr Zentrum ist die Sexualität. Alle chemischen Vorgänge werden nämlich sexualisiert. Bachelard schreibt: »Da die Libido geheimnisvoll ist, weckt alles, was geheimnisvoll ist, die Libido. Fortan liebt man das Geheimnis, man hat ein Bedürfnis nach ihm ... Die alchemistischen Symbole sind, als System begriffen, letzten Endes nichts als kohärente Absurditäten. Sie tragen dazu bei, das Geheimnis zu verschieben, man könnte auch sagen, mit dem Geheimnis zu spielen. Letztlich ist das alchemistische Geheimnis eine Konvergenz von Mysterien: Leben und Gold, Haben und Werden sind in gleicher Retorte vereinigt.«

Chemiker beim Extrahieren eines Wirkstoffes. Der Alchemist ist ein spiritueller Chemiker. Im Lehrbuch für die Alchemie des Steins der Weisen aus dem Jahre 1550, *Rosarium philosophorum*, heißt es: »Wer also das Salz und dessen Lösung kennt, der kennt das verborgene Geheimnis der alten Weisen. Richte deinen Geist also auf das Salz; denn in ihm allein, dem Geist, ist die Wissenschaft und das vornehmste und verborgenste Geheimnis aller alten Philosophen versteckt.«

Das 17. Jahrhundert
1614 Der Papst verbietet die kopernikanische Lehre und vermahnt Galilei
1615 Miguel de Cervantes *Don Quichote*, 2. Teil; Shakespeare zieht sich aus dem Theaterleben zurück
1619 Kepler veröffentlicht seine Schrift über die Gesetze der Planetenbewegung; Jakob Böhme *Drei Prinzipien des göttlichen Wesens*
1620 Francis Bacon *Novum Organon*, Puritaner wandern mit der Mayflower nach Amerika aus
1628 Harvey entdeckt den Blutkreislauf
1633 Die Inquisition verurteilt Galilei zu unbefristeter Haft; Descartes lässt seine Schrift *Le Monde* unveröffentlicht
1636 Calderon *Das Leben ein Traum*
1642 Rembrandt malt die *Schützengilde*
1648 Ende des Dreißigjährigen Krieges
1649 Enthauptung Karls I. durch Cromwell
1654 Widerlegung des aristotelisch-scholastischen Theorems, es könne keine leeren Räume geben, durch Guerickes Experiment mit den Magdeburger Halbkugeln
1688 Wilhelm von Oranien König von England und Irland
1689 Peter Zar in Russland; Ludwig XIV. zerstört Heidelberg

Neuzeit, das ist die Epoche des aufsteigenden, sich politisch gegen den Adel emanzipierenden Bürgertums, also der werdenden bürgerlichen Gesellschaft in einem System nationaler Staaten. Kennzeichen dieser Epoche sind Säkularisierung (Verweltlichung) und Rationalisierung der Lebenswelt, zunehmende Verschriftlichung und Verwissenschaftlichung der Kultur. Am Anfang dieser Epoche steht die immense Erweiterung der geistigen und der räumlichen Welt. Dafür sind zwei Ereignisse in der Mitte des 15. Jh. von größter Bedeutung:

1. Der Beginn des Buchdrucks mit beweglichen Lettern um 1450. Das Wissen, zunächst das biblische Wissen durch Gutenbergs Bibel 1455, konnte nun viel schneller und weiter als bisher verbreitet und vermehrt werden. (Erfunden hatte das, was Johannes Gensfleisch zum Gutenberg allerdings nicht wusste, bereits der Chinese Bi Sheng um das Jahr 1040. Wegen der zu vielen, im Setzkasten auf Vorrat zu haltenden Schriftzeichen des Chinesischen konnte sich diese Erfindung aber lange Zeit nicht durchsetzen und wurde in Europa nicht bekannt.)

2. Die Eroberung Konstantinopels 1453 durch die Osmanen. Die Osmanen (oder Türken) sperrten die Landwege für den Indienhandel. Also wurden Seewege gesucht und auch gefunden. Dabei entdeckte Colum-

bus Amerika. Der Fall Konstantinopels trieb außerdem viele griechische Gelehrte nach Italien, die dort die »Missionierungsarbeit« Platon gegen Aristoteles, die der byzantinische Philosoph Georgios Gemistos Plethon (1355–1452) auf dem Konzil zu Ferrara 1439 begonnen hatte, fortsetzten.

Die in der Mitte des 15. Jh. angelegten geistigen, gesellschaftlich-emanzipatorischen und nationalstaatlichen Interessen kommen erst in der Französischen Revolution ganz zum Durchbruch. Dieser Kulminationspunkt der Neuzeit fällt in die Zeit der von England ausgehenden industriellen Revolution, so dass um 1800 auf ein französisches Zeitalter (beginnend mit der Vorherrschaft Frankreichs in Europa um 1650) ein britisches folgt.

Die Philosophie der Neuzeit im engeren Sinne, d. h. der Epoche zwischen Renaissance und Französischer Revolution, ist als Philosophie der bürgerlichen Gesellschaft eine Vernunftphilosophie. Vernunft verbürgt Gerechtigkeit, Freiheit und Gleichheit der Menschen. Das auf Philon von Alexandria zurückgehende Paradigma der Versöhnung von Glauben (Offenbarung) und Vernunft (spekulatives Denken), wobei die Offenbarung letztlich die Quelle der Wahrheit ist, verliert an Geltung. Aus der Offenbarungsreligion wird eine Vernunftreligion. Die experimentelle, wissenschaftliche Erfahrung wird zur Quelle der Wahrheit, wofür **Francis Bacon** (1561–1626) in seinem Buch *Große Erneuerung der Wissenschaften* von 1605 eintrat. Er zeigt in seiner Utopie *Neu-Atlantis*, wie das Glück der Menschen aus dem wissenschaftlich-technischen Fortschritt hervorgehen könnte.

Die Philosophie zwischen 1600 und 1800, hauptsächlich vertreten durch Descartes, Spinoza, Leibniz und die angelsächsischen Empiristen Hobbes, Locke, Hume, versucht, Vernunft und Glauben auseinander zu halten und mit der Vernunft allein auszukommen. Nicht, dass die Kirche toleranter geworden wäre. Aber immerhin

Kolorierter Holzschnitt im Renaissance-Stil aus Camille Flammarion, *L'atmosphère. Météorologie populaire*, Paris 1888.
Das mittelalterliche Weltbild wird durchbrochen: Kopernikus lehrt eine heliozentrische Welt, Bruno unendlich viele Welten in einem unendlichen All.

Francis Bacon

René Descartes, nach einem Gemälde von Frans Hals, um 1640, Louvre, Paris

gibt es seit der Reformation mehrere Konfessionen in Europa, also Alternativen des christlichen Glaubens, und bei gewissen Dogmen, wie der Eucharistie, auch ein Mehr-oder-weniger-Glauben: »Sind das nun wirklich Fleisch und Blut des Herrn, in die der Priester Brot und Wein verwandelt, um in der Kommunion kannibalisch verzehrt zu werden, oder bedeuten Brot und Wein nur Fleisch und Blut?« – Descartes, Spinoza oder Hume wurden denn auch des Atheismus bezichtigt. Erstmals sind die bekanntesten Philosophen keine Universitätslehrer und (mit Ausnahme Berkeleys) keine Geistlichen mehr. Die Philosophie ist nicht länger das Werk aufeinander aufbauender, traditionsverbundener Denker, die alle mehr oder weniger Platon und Aristoteles kommentieren. Die neuzeitliche Philosophie besteht in einzelnen Systemen, die von einzelnen Denkern erarbeitet werden. Der Philosoph wird allmählich als Individuum in seinem Werk erkennbar. Nach Kant führt das im 19. Jh. zur »Selbstdarstellung als Philosophie« (so ein Buchtitel von Hermann Schmitz). Die Sprache der Werke ist nicht weiter nur das Lateinische, auch die jeweilige Landessprache wird benutzt, ab Kant nur noch diese.

Descartes' Lebensdaten

1596	geb. in La Haye
1604	Jesuitenkolleg
1618	Studium in Poitier, Erbschaft
1618	Militärische Ausbildung
1619	›Militärischer Tourist‹
1622	Paris
1623	Italien
1625	Paris
1628	Niederlande
1635	Geburt der Tochter (gest. 1640)
1644	drei Reisen nach Frankreich
1649	Stockholm
1650	Tod in Stockholm

René Descartes

Descartes trat nach seinem Studium der Mathematik, Rechtswissenschaft, Medizin, scholastischen Philosophie und galileischen Physik in den Militärdienst ein (ohne Sold, denn er hatte Geld genug durch eine Erbschaft) und nahm am Dreißigjährigen Krieg teil. Am 10. November 1619, im Winterquartier bei Ulm, hatte Descartes in drei Träumen eine Erleuchtung. Er erfuhr, dass seine Lebensbestimmung die Errichtung einer einheitlichen mathematischen Naturwissenschaft sei, und zwar im Gegensatz zur animistisch-magischen Naturphilosophie der Renaissance. Nach seiner Kriegsteilnahme auf Seiten der katholisch-kaiserlichen Armee, die in der Schlacht am Weißen Berg den protestantischen böhmischen König Friedrich von der Pfalz, den sog. ›Winterkönig‹, besiegte, ließ sich Descartes nach Reisen in Europa und Aufenthalt in Paris in den Niederlanden nieder, dem einzigen Land im 17. Jh., in dem man frei spekulieren konnte. Mit der Tochter Elisabeth des gestürzten Winterkönigs hielt er freundschaftlichen Kontakt. Er widmete ihr sein Werk *Principia philosophiae*. Schließlich folgte er einer Einladung der schwedischen Königin Christina nach Stockholm. Bei ihr musste er schon morgens um fünf in kalten Räumen zum Philosophieren antreten. Für sie schrieb er noch ein Ballettlibretto und starb dann plötzlich. Die meisten seiner Biographen sagen, er wäre an Erkältung gestorben, andere, er sei vergiftet worden. Seine Gebeine blieben in Schweden. Sein Schädel befindet sich im Pariser Musée de l'homme.

Fernesischer Atlas, 1. Jh. n. Chr., Museo Nationale, Neapel. Archimedes (287–212 v. Chr.) ruft: »Gebt mir einen Platz, wo ich stehen kann, und ich werde die Welt bewegen.« Descartes schreibt in seinen *Meditationen*: »Nichts als einen festen Punkt verlangte Archimedes, um die ganze Erde von ihrer Stelle zu bewegen, und so darf auch ich Großes hoffen, wenn ich nur das geringste finde, das sicher und unerschütterlich ist.« – Er findet es im Selbstbewusstsein.

Descartes' Nachricht vom gefundenen Fundament oder archimedischen Punkt lautet: »Ich denke, also bin ich.« Der Satz »cogito, ergo sum« findet sich nur in seinem auf Latein geschriebenen Werk *Untersuchung der Wahrheit durch das natürliche Licht der Vernunft (Inquisitio veritatis per lumen naturale)*. Dort heißt es: »Ich zweifle, also bin ich, oder was dasselbe ist, ich denke, also bin ich« *(dubito, ergo sum vel quod idem est, cogito, ergo sum)*. In der Schrift *Die Prinzipien der Philosophie (Principia philosophiae)* ist ein ›ego‹ hinzugefügt: »ego cogito, ergo sum«. In der auf Französisch verfassten *Abhandlung über die Methode (Discours de la méthode)* steht: »je pense, donc je suis«.

Ich denke, ...

Descartes' Schriften

1628 *Regulae ad direktionem ingenii (Regeln zur Leitung des Verstandes)*
1637 *Discours de la méthode (Von der Methode), Essais philosophiques*
1641 *Meditationes de prima philosophia (Meditationen über die Erste Philosophie)*
1644 *Principia Philosophiae (Prinzipien der Philosophie)*
1649 *Les Passions de l'ame (Über die Leidenschaften der Seele), La naissance de la paix (Die Geburt des Friedens)*
1663 *Traité de l'homme (Abhandlung vom Menschen)*

›Vater der neuzeitlichen Philosophie‹, sagt man von Descartes. Tatsächlich erhält die Philosophie durch ihn eine neue Dimension: Sie wird selbstreflexiv. »Was kann ich überhaupt wissen?«, fragt sich Descartes und bemerkt dann, dass das Ich selbst entscheidend zum Gewussten hinzugehört. Er entdeckt, dass der jeweils Wissende selbst eine Voraussetzung für alles Gewusste ist. Die Philosophie fragt seitdem nicht mehr nur nach der Welt und dem zu ihr gehörenden Menschen, sondern zugleich nach sich selbst als dem jeweils Fragenden.

Den Haupttext der neuartigen Philosophie bilden Descartes *Meditationen (Meditationes)*. Darin stellt Descartes alle seine Meinungen in Frage: Dass es körperliche Gegenstände gibt; dass er selbst einen Körper hat; dass es andere Bewusstseinshaber *(alter ego)* gibt; dass zwei plus drei fünf ist. Denn: Auf die Sinne ist kein Verlass; es könnte auch alles geträumt sein; ein böser Dämon könnte für eine Verblendung der Vernunft gesorgt haben. Was also ist unbedingt sicher? Wohl nur dieses: Dass ich denke; dass ich unwissend bin, dass ich zweifle. Damit scheint aber doch zumindest eines real zu sein: ich, der ich denke bzw. zweifle.

Was ist daran so neu? Wusste nicht 1. schon Sokrates, dass er nichts wusste, und fand nicht 2. bereits Augustinus durchs Zweifeln, dass er existierte? – Zu 1: Der Selbstbesinnung des Sokrates geht noch nicht auf,

Joseph Wright of Derby, *A philosopher lecturing*, um 1766, Museum and Art Gallery, Derby.
Das Bild illustriert den Einfluss der Naturwissenschaften auf das philosophische Denken. Basis allen Wissens ist die objektive, experimentelle Erfahrung. Sie wird als spirituelle Erleuchtung, als Licht der Welt dargestellt – nach Art der Bilder von Christi Geburt in der Krippe zu Bethlehem.

dass die sog. Außenwelt eine Imagination des Ich sein könnte, und dass nur dieses eine unanfechtbare Realität ist. Zu 2: Die Wendung zum solipsistischen *(solus ipse = ich allein)* Selbstbewusstsein kommt durch die christliche Philosophie – bei Augustinus. Anscheinend setzt nämlich die Reflektiertheit eine Erfahrung voraus, wie sie das Christentum bietet: die der Ohnmacht gegenüber einer Macht, die alles Seiende im Griff hat, über alles verfügt. Im Christentum ist das Gott. (Eigentlich ist es der Tod, der Vernichter. Wie, wenn nichts wäre, wenn ich nicht wäre?) Augustinus' Zweifelsbetrachtung dient aber, anders als bei Descartes, nur einer allgemeinen Sicherung gegen die Skepsis, nicht der Begründung eines systematischen Wissens, für das das Selbstbewusstsein dann der archimedische Punkt ist. Descartes glaubt zwar auch an Gott, aber er versichert sich der Existenz Gottes durch Beweise. Wissen erhält sein Maß bei Augustinus durch Gott, bei Descartes durch den menschlichen Geist. Die Entdeckung des Inneren oder des Ich bei Descartes ist, anders als bei Augustinus, eine Abwendung vom Christentum, zugleich eine Abwendung von der antiken Tradition und, was vielleicht das Wichtigste ist, eine Abwendung vom sog. natürlichen Bewusstsein, dem Realismus des Alltagsverständnisses. In der Reflexion auf sich selbst wird die Welt zum Bewusstseinsphänomen, zum Schauspiel auf meiner Bewusstseinsbühne. Die Welt ist meine Vorstellung. Sie ist nur, sofern ich bin.

Seit Descartes gibt es einen Bruch in der Philosophie und mit der Philosophie! In der Philosophie gibt es die Philosophie des reflektierten Ich und dann auch die

Der Berg der Philosophen, Holzschnitt von 1604 aus *Geheime Figuren der Rosenkreuzer*, Altona 1785.
Wer das Haus auf dem Gipfel öffnet, findet den Stein der Weisen *(lapis philosophorum)*, der aus dem Sonn- und Mondbaum (oben links, gepflanzt vom arabischen Alchemisten Zadith) hervorgeht. Er bedeutet Wiedergeburt oder ewige Jugend. Um dahin zu gelangen, muss man die Mauer der Irrlehren überwinden und vom ›alten Hüter‹ Antimon, dem Vater der Metalle, zum alchemistischen *opus magnum* zugelassen werden.

Die beiden Gottesbeweise in Descartes' *Meditationen*

1. Der anthropologische (vom Menschen ausgehende) Beweis:
   Ein unvollkommenes Wesen, wie ich, das zweifelt und nicht alles weiß, kann seine Vorstellung von einem vollkommenen Wesen, d. h. Gott, nicht aus sich selbst haben. Diese Vorstellung muss ihm von jenem vollkommenen Wesen selbst eingegeben worden sein. Also existiert dieses Wesen, d.h. Gott.
2. Der ontologische (vom Sein ausgehende) Beweis:
   Die Existenz gehört zu den Eigenschaften eines vollkommenen Wesens. Gott wird als ein solches vollkommenes Wesen gedacht. Also existiert er.

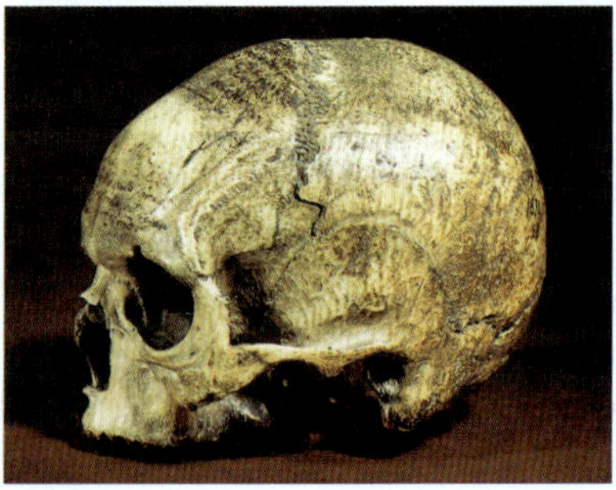

Descartes' Schädel, Musée de l'homme, Paris

des gesunden Menschenverstandes. Mit der Philosophie insgesamt bricht der gesunde Menschenverstand: Er läuft in der Philosophie Gefahr, sich sagen lassen zu müssen, er hätte überhaupt nichts verstanden. Allerdings: Versteht man diese Rückwendung auf sich selbst, motiviert durch die Ohnmacht in der Gottes- oder Todeserfahrung, nicht, durch die ich Ich werde und durch die die Welt zum Bewusstseinsphänomen und gleichsam vom Tode angehaucht wird, so versteht man nichts. Dann ist gewissermaßen die Philosophie schon vor Descartes zu Ende. Wir lassen sie hier mit Descartes beginnen: die Philosophie der Neuzeit.

Vanitas-Stilleben, Französisch, 17. Jh., Louvre, Paris.
»Wir sterben gleich bei der Geburt. Das Ende hängt mit dem Anfang zusammen.« *(Nascentes morimur, finisque ab origine pendet)*, lautet ein Spruch des Römers Manlius, den Michel de Montaigne in seinen berühmten *Essais* von 1580 in dem Kapitel »Dass Philosophieren sterben lernen heiße« zitiert.

Rationalismus, Empirismus, Aufklärung

Der Rationalismus ist die Durchführung des Programms der mathematisierenden Einheitswissenschaft, wie es Descartes in seinen Träumen vom 10.11.1619 offenbart wurde. Prinzip ist die klare und deutliche Erkenntnis durch die Vernunft *(ratio)*. Nur das ist als wahr anzuerkennen, was klar und deutlich erkannt wird. Vorbild ist die Mathematik. Ihre Problemlösungsmethode wird auf alle möglichen Erkenntnisgegenstände angewendet, auch auf die Moral. Das universelle Verfahren ist ein Zusammenspiel aus Analyse und Synthese. Zunächst muss man nach analytischer Methode zu den kleinsten, intuitiv erkennbaren Bestandteilen gelangen, dann können daraus Sätze deduziert werden. Descartes hat das in seiner Schrift *Über die Methode* dargelegt. Erst später, in seinen *Meditationes*, hat er diese Art Wahrheitsfindung noch weiter abgesichert – gegen einen allmächtigen und bösartigen Gott. Ein allmächtiger Gott stünde noch über den sog. ewigen Wahrheiten, wie dem Satz vom Widerspruch, oder mathematischen Wahrheiten, wie dem Satz des Pythagoras. Er könnte uns derart täuschen, dass doch nicht das wahr und real ist, was wir klar und deutlich erfassen. Nun meinte Descartes aber auch, dass in jeder Täuschung und in jedem Betrug etwas Unvollkommenes liege, entweder Bosheit oder Schwäche. Beides, so schreibt er in der zweiten Meditation, träfe auf Gott, das vollkommene Wesen, nicht zu. Er kann kein Betrüger sein. Also bin ich bei klarem und deutlichem Erfassen von etwas auch sicher, es mit etwas Realem und Wahrem zu tun zu haben.

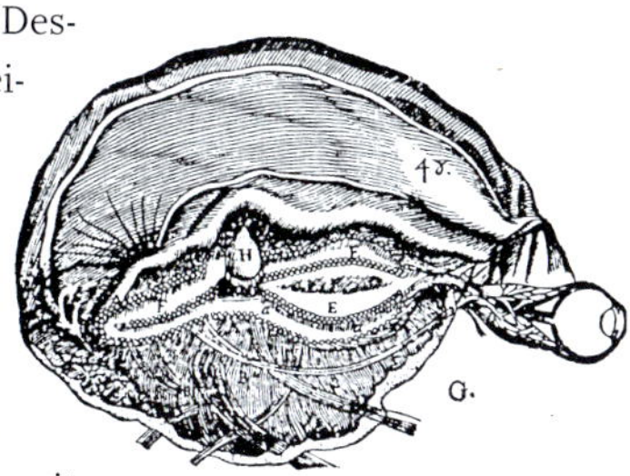

Schnitt durch den menschlichen Schädel, aus Descartes' Traité de l'homme.

Die Zirbeldrüse oder Hypophyse (H) schwebt im mittleren Hirnventrikel und steuert mit ihrer Bewegung die Bewegung der Animalgeister, welche durch Nervenschläuche (deren Enden auf der Abbildung die kleinen Kreise sind) in die Muskeln transportiert werden.

Descartes schreibt an Prinzessin Elisabeth von der Pfalz: »Die Dinge, die zur Vereinigung der Seele und des Körpers gehören, erkennt man durch den bloßen Verstand allein nur dunkel, ... aber man erkennt sie klar durch die Sinne. Weshalb Leute, die niemals philosophieren und sich lediglich ihrer Sinne bedienen, gar nicht daran zweifeln, dass die Seele den Körper bewegt und dass der Körper auf die Seele einwirkt.«

Nach Descartes hat kein Philosoph und Wissenschaftstheoretiker mehr, auch Leibniz oder Spinoza nicht, eine solche Absicherung für nötig gehalten. Sie

Leibniz' Rechenmaschine für die vier Grundrechenarten, Niedersächsische Landesbibliothek, Hannover.
Obwohl sie, wie ein späterer Nachbau erwies, fehlerfrei erdacht war, hat die Rechenmaschine wegen eines kleinen Herstellungsfehlers leider nie richtig funktioniert.
Der Universalgelehrte Gottfried Wilhelm Leibniz aus Leipzig war Diplomat in Paris, Versailles, London, Minister in Hannover, Präsident der Berliner Sozietät der Wissenschaften, schrieb 15000 Briefe an 1000 Adressaten und hinterließ Werke in 40 Bänden.

stellten Gott nicht (in der Tradition des sog. Voluntarismus) über die ›ewigen‹ Vernunftwahrheiten. Sie vertrauten auf die Vernunft, welche selbstverständlich Gott auf ihrer Seite hat, so dass die Basis der Welterkenntnis nicht das zweifelnde Ich Descartes' ist, das dann allerdings doch zwei Gottesbeweise aus der Tasche zieht, sondern die Vernunft mit ihrer mathematischen Methode und Quantifizierung aller physikalischer Relationen.

Leibniz und Spinoza haben jeweils auf ihre Weise Descartes' System umgebaut. Bei Descartes gibt es dreierlei Substanzen: 1. Die denkende Substanz, Seele oder Vernunft *(res cogitans)*. 2. Die ausgedehnte Substanz, Materie oder Körperwelt *(res extensa)*. 3. Gott. Der Mensch ist ein Doppelwesen: Körper plus Seele oder Vernunft. Sein Körper ist ein Mechanismus, eine Maschine, die von der Seele bewegt wird. Der Eingriff der Seele in diesen Apparat erfolgt in der Zirbeldrüse oder *Epiphyse* (was übrigens Elisabeth von der Pfalz, mit der Descartes im Gedankenaustausch stand, ziemlich komisch fand). Einerseits ist der Mensch eine Maschine (wie es dann La Mettrie im Titel seines Buches von 1748 sagte: *L'homme machine*) und unterliegt den Naturgesetzen, andererseits ist er durch seine Vernunft oder Seele der Selbstbestimmung fähig, also frei. Dieser Dualismus ist nicht etwas, was man durch die Idee einer vermeintlichen Einheit von Körper und Geist beseitigen könnte. Denn die ist inkonsistent. Körper und Geist sind ontologisch verschieden, d.h.

sind zwei verschiedene Seinsweisen. Nimmt man die Körperlichkeit in die geistige Dimension auf, wird sie zur bloßen Phänomenalität. So ist Leibniz verfahren.

Gottfried Wilhelm Leibniz (1646–1716) lehrt in seiner *Monadologie*, dass es überhaupt nur Subjektivität gibt, nur Seele oder Bewusstsein. Das müsste dann meine Seele sein, denn alles ist meine Vorstellung, die *res extensa* sowohl wie Gott. Ich bin eine geschlossene Bewusstseinssphäre: eine »fensterlose Monade« (*monas* = Einheit), wie Leibniz sich ausdrückt. Leibniz war aber so konsequent nicht. D.h., er hat Descartes' Entdeckung des Ich als eine (sofern es den gütigen Gott nicht gibt) die Welt irrealisierende Substanz gar nicht aufgenommen. Er nahm nicht das (bzw. sein) Ich als die alles umfassende Monade an, sondern Gott. Er setzte also wieder Gott an die Stelle des Ich und stellte sich vor, dass es außer dieser Supermonade noch viele andere Monaden gäbe, die alle in sich abgeschlossene Bewusstseinssphären (Elemente mit mehr oder weniger Vorstellungskraft oder Perzeption) wären, ohne Kontakt miteinander, eine jede aber ein Spiegel des Ganzen. Das Ganze wird von Gott zusammengehalten. Er hat das Zusammenwirken der Monaden, die als geistige Wesenheiten ewig und unvergänglich sind, prästabiliert, d.h. ihre Harmonie im voraus angelegt. Und eben alles so gemacht wie es ist: »Die beste aller Welten« (Leibniz) – Der Konstruktivismus (Maturana und Luhmann) am Ende des 20. Jh. schließt hier an. Die Monaden heißen jetzt autopoietische Systeme (sich selbst erzeugende Funktionssysteme), die aus Kognition (Vorstellungen) bestehen – allerdings auf physikalischer Basis. Anstelle Gottes gibt es nun die Evolution, welche die strukturelle Kopplung (bei Leibniz die prästabilierte Harmonie) besorgt.

Eine andere Fortbildung der Dreisubstanzenlehre des Descartes bietet **Baruch de Spinoza** (1632–1677). Bei ihm gibt es nur eine einzige Substanz: Gott. Denken und Ausdehnung sind seine Attribute, also zwei Seiten oder Aspekte Gottes, der Alles oder das Ganze ist. Wegen dieses Pantheismus hat man Spinoza ge-

Baruch de Spinoza, Bildnis in der Wolfenbüttler Bibliothek, um 1670. Spinoza, jüdischer Philosoph aus Amsterdam, exkommuniziert von seiner Synagoge und aus Amsterdam vertrieben, war Linsenschleifer in Leiden und Den Haag. Er forderte die Trennung von Theologie und Philosophie, deren Vereinigung seit Philon von Alexandria angesagt war.

»Welchen Altar kann der sich bauen, der die Majestät der Vernunft verletzt?«

»Nicht verlachen, nicht beweinen, nicht verfluchen, sondern verstehen!«

Baruch de Spinoza

ächtet. Erst 100 Jahre nach seinem Tod wurde er in Deutschland rezipiert, d.h. durfte man ihn drucken und lesen. Das Ganze oder Gott ist für Spinoza eine einzige Maschinerie. Alles geschieht aus Notwendigkeit. Das Freiheitsbewusstsein spricht nicht dagegen. Ein Stein, hätte er Bewusstsein, würde sich im ›freien‹ Fall auch für frei halten. Der Mensch ist ein Vernunftwesen; indem er erkennt und die Dinge in ihrer Notwendigkeit begreift, bejaht er diese. Sich in die Notwendigkeit fügen, bedeutet für Spinoza das höchste Glück und zugleich die Tugend, nämlich Gottesliebe oder *amor fati*, Liebe zur Notwendigkeit. Er sah die Welt aus göttlicher Perspektive: *sub specie aeternitatis*. Auch er hat Descartes' Entdeckung vom Realitätssturz der Welt ins Ich nicht begriffen bzw. nicht aufgegriffen.

Sowohl Leibniz wie auch Spinoza übernehmen aber Descartes' Konzept einer mathematisierenden Einheitswissenschaft. Spinoza entwirft eine wissenschaftliche Ethik *more geometrico*, d.h. im Stile der axiomatischen Geometrie von Euklid. Leibniz konzipiert eine Universalmathematik (*mathesis universalis*). Er erfindet 1684, etwa gleichzeitig mit Newton, die Differenzialrechnung.

Anders ist es bei **George Berkeley** (1685–1753). Er vertritt einen radikalen Idealismus. »Sein ist Vorgestelltwerden« (*esse est percipi*), erklärt er – gegen das natürliche Bewusstsein oder den *common sense*. Jedweder Gegenstand ist nur in der Weise des Erlebtwerdens da, nicht an sich oder unangesehen dessen, dass er erlebt wird. Außenwelt einschließlich des eigenen Leibes ist meine Imagination. Nur Empfindungen oder nur meine Erlebnisse sind. Hier gilt: »Sein ist vorstellen« (*esse est percipere*). Es gibt also an sich nichts Materielles. Materie oder die Dinge sind nur Schein. – Berkeley meinte, mit dieser Auskunft größeren Missionserfolg auf den Bermudas zu haben, denn so würden die Menschen sich eher für das wahre Leben nach dem Tod, das die christliche Religion verspricht, interessieren als für die materielle Welt, die nur Schein ist.

Zwar sind die Dinge nicht unsere willkürlichen Imaginationen, sondern notwendige, also Zwangsvorstellungen. Denn die Dinge sind, so meint Berkeley, die Gedanken Gottes, die er durch uns hindurch denkt. Gott produziert also den Schein. Berkeley setzt damit den voluntaristischen Gott Descartes' wieder ein – und seine ›Bosheit‹, uns ans materielle Sein glauben zu lassen. Berkeley als Geistlicher weiß es besser: Das Sein ist von Gott geschaffen, wird in jedem Augenblick von Gott geschaffen und seine Erhaltung ist von seinem Willen abhängig.

Hinter solchen Gedankenkonstruktionen, nicht nur bei Berkeley, stecken mystische Grenzerfahrungen der Ichauflösung, Erfahrungen vom Jenseits meiner selbst, Erfahrungen des Ganzen als des Grundes meiner selbst, religiöse Erfahrungen. Aber eben Erfahrungen der Wahrheit. Sie werden rationalisiert, so wie man einen Traum bei der Nacherzählung überformt, um die Wahrheit festzuhalten, obwohl diese nun, wie die erzählten Träume auch, phantastisch scheint. Das natürliche, von der Grenze zum Tode abgerückte Wachbewusstsein, das sich an objektive Tatsachen hält, schüttelt den Kopf: Wozu eine Wahrheit, die ohne den Tod nicht zu haben ist? Hat die Philosophie denn nichts anderes zu bieten? – Doch, versuchen wir es mit dem Empirismus!

Abraham Bosse, *Leviathan,* Frontispiz aus Thomas Hobbes' *Le corps politique*, 1652.
Der Leviathan ist der Staat, das Ungeheuer, dessen Teile wir alle sind, ohne den es nur den Kampf aller gegen alle gäbe, d.h. einen Naturzustand, in dem unser Leben »einsam, arm, gefährlich, roh und kurz« wäre.

Am Anfang des sog. englischen Empirismus steht **Thomas Hobbes** (1588–1679), der auch ins niederländische Exil geht, wie Descartes, und diesen dort kennenlernt. Er ist sich mit Descartes und Spinoza einig über die einzig richtige Methode sicherer Erkenntnis: Es ist die geometrische. Das Universum ist Materie in mechanischer Bewegung. Wir nehmen die materielle Welt wahr durch Einwirkung bewegter Materie auf unsere Sinnesorgane: hier mein Körper mit seinen Sinnesorganen – da die Umgebung, die auf ihn einwirkt. Und nun kann untersucht werden, wie was auf was wirkt. Das hat aber mit Philosophie nichts zu tun, solange nicht bedacht wird, dass es eine *res cogitans* ist, die Wahrnehmungserlebnisse hat, die denkt, empfindet und will, ohne selbst zur materiellen Welt zu gehören, dass insbesondere der Beobachter einer Interaktion von Organismus und Umwelt eine *res cogitans* ist, die er in den Organismus, sofern dieser ein empfindendes und wahrnehmendes Wesen sein soll, hineinprojiziert.

Der Empirist erklärt mit Hobbes, Locke oder Hume, dass diese *res cogitans* zunächst eine leere Tafel oder *tabula rasa* sei, die dann durch die Erfahrung erst beschrieben würde, nämlich gefüllt mit Impressionen, die mittels gewisser seelischer Mechanismen bearbeitet werden könnten, so dass die Seele schließlich voller Ideen sei und diese zu Erkenntnissen (in Satzaussagen) verbinden könne. Heute nennt man diese Art Erkenntnispsychologie *Philosophy of Mind* oder auch Neurophilosophie, weil hierbei Geist oder Seele als physikalische Eigenschaft des neuronalen Systems Gehirn, als etwas Objektives, das die Neuronen erzeugen (gewissermaßen ihre

David Hume, Portrait von Allan Ramsay, 1766, Scottish National Portrait Gallery, Edinburgh. In seinem Jugendwerk *Traktat über die menschliche Natur* von 1711 fragt sich Hume: »Wo und was bin ich? Von welchen Ursachen leite ich mein Dasein ab, und wohin geht meine künftige Bestimmung? ... Was für Wesen umgeben mich? Auf welche habe ich Einfluss und welche auf mich? Alle diese Fragen stürzen mich in die größte Verwirrung, und meine Einbildungskraft versetzt mich in den kläglichsten Zustand, umnebelt mich mit der dicksten Finsternis und entzieht mir den Gebrauch aller Glieder und Fähigkeiten.«

Stoffwechselprodukte), behandelt werden.

Hobbes, Locke und Hume sind meiner Meinung nach weniger als Erkenntnistheoretiker von Bedeutung als vielmehr durch ihre Gesellschaftstheorien, die zeigen, wie man bestehende Gesellschaftsformen hinterfragen und sogar ändern kann. Hobbes beschreibt in seinem *Leviathan* (1651) die Gesellschaft als ein Monster, das nur durch eine unteilbare Regierungsmacht gezähmt wird. Ohne die Zentralgewalt zerfiele die Gesellschaft in einen Kampf aller gegen alle, wie er ihn im englischen Bürgerkrieg gerade erlebt hatte und den er für das Natürliche hält. Auch **John Locke** (1632–1704) ist Gesellschaftstheoretiker. Anders als Hobbes nimmt er nicht einen rechtlosen Naturzustand an; denn für ihn gibt es Naturrechte wie das Recht auf Freiheit, auf Eigentum und Leben. Um diese Ansprüche durchzusetzen, bedarf es allerdings eines Gesellschaftsvertrages, der unrechtmäßige Kriegszustände verhindert. **David Hume** (1711–1776) ist sowohl gegen Vertragstheorie wie Naturrechtslehre. Grund für die Entstehung von Rechtzuständen sei die grundsätzliche Knappheit an Gütern. Staat und Rechtsinstitutionen, die aus Gründen der Zweckmäßigkeit bzw. größten Nutzens für die Individuen von diesen gegründet werden, haben die Aufgabe, dem individuellen Handeln eine Basis von Sicherheit und Ordnung zu geben, Eigentum zu schützen und Verteilungsgerechtigkeit herzustellen. **Jean-Jacques Rousseau** (1712–1778) hingegen, und damit wechseln wir von England nach Frankreich bzw. in die Schweiz, setzt einen freien Naturzustand voraus, eine natürliche, in gewisser Weise paradiesische Ordnung, die erst durch die Entwicklung der Kultur, beginnend mit dem Anspruch auf Eigentum, zerstört wird, aber mehr oder weniger wiederhergestellt werden kann durch einen Gesellschafts-

Jean-Jacques Rousseau, Detail aus einer allegorischen Darstellung der Französischen Revolution zu Ehren Rousseaus. Musée Carnavalet, Paris.
Kant bezeichnete Rousseau als einen der bedeutendsten Humanisten und Denker. Das einzige Gemälde in Kants Haus soll ein Bild von Rousseau gewesen sein.

Das 18. Jahrhundert
1701 Neues Königtum Preußen durch Friedrich III. von Hohenzollern
um 1710 Erfindung des Vier-Farben-Kupferdruckes durch J. Chr. Le Blon
1716 Prinz Eugen siegt über die Türken
1719 Christian Wolff *Vernünftige Gedanken von Gott, der Welt und der Seele des Menschen*
1729 Bachs *Matthäuspassion*; Voltaire aus der Verbannung zurück
1740 Friedrich II. fällt in Schlesien ein; in Preußen darf jeder nach seiner Fasson selig werden; Prof. Wolff wird aus der Verbannung zurückgeholt; Freimaurerei auch in Deutschland
1744 Alexander Pope stirbt in London; Jürgen von Kleist erfindet die Leydener Flasche, den elektrischen Kondensator
1752 Franklin erfindet den Blitzableiter; Hexenprozesse jetzt in Deutschland verboten
1755 Kant wird Privatdozent; 30000 Tote beim Erdbeben in Lissabon; literarischer Frauenkreis der ›Blaustrümpfe‹ in London
1756–63 Siebenjähriger Krieg
1758–62 Russische Besatzung in Königsberg; Kant unterrichtet russische Offiziere auch in Pyrotechnik
1759 Von Swedenborg in Göteborg hellgesehene Feuersbrunst in Stockholm; Druck- und Verkaufsverbot für die

vertrag (*contrat social*). Mit ihm unterwirft sich der Einzelne dem Gemeinwillen (*volonté général*), wodurch er das Recht auf Eigentum zurückgewinnt.

Genannte Philosophen, und viele andere auch noch, realisieren den Aufruf der Aufklärung, wie Kant ihn formulierte: *sapere aude!*, habe Mut, dich deines eigenen Verstandes zu bedienen. Die Zeit der Unterwerfung des Verstandes unter die Theologie geht zu Ende. Aber die Theologie bleibt nicht unbeschadet zurück. Sie hatte ihrerseits versucht, Glaubensdogmen rational zu rechtfertigen, und ein Gottesbild entworfen, das nicht mehr dem der Bibel entsprach. Der Gott der Bibel stand noch über den Naturgesetzen und den Gesetzen der Logik, er konnte sie nach Belieben bei seinen Wundertaten außer Kraft setzen, er konnte auch betrügen. Bedarf es nicht eines solchen Gottes, um uns zu erlösen, eines Gottes, der Macht hat über die Naturgesetze! Muss dann nicht erst der Verstand zerbrechen und mit ihm die tödliche Realität, in der es den Sinn des Daseins nicht geben kann? Deshalb hat **Blaise Pascal** (1623–1662), der Mathematiker und Rationalist, sich Gott wieder zugewandt. Nicht dem »Gott der Philosophen«, sondern, wie er in seinem *Mémorial* (einer Notiz über seine Erleuchtung vom 23. November 1654, die er, in seinen Rock eingenäht, immer bei sich trug) schreibt, dem »Gott Abrahams, Isaaks und Jakobs« (2 Mose 3,6).

Immanuel Kant (1724–1804)

Kants *Kritik der reinen Vernunft*, das Buch der Bücher in der neueren Philosophie, bringt Rationalismus und Empirismus zusammen. Kant definiert einerseits, was die Vernunft von sich her an Erkenntnis mitbringt (was *a priori* ist) – im Rationalismus schien das nahezu alles zu sein –, und andererseits, was die Vernunft sich durch die sinnliche Erfahrung geben lassen muss (was später als die Vernunft ist, oder *a posteriori*) – das schien dem Empirismus fast alles zu sein. Objektive Erkenntnis sei nämlich immer ein Zusammengesetztes aus beiden. Damit geht es allerdings der Metaphysik an den Kragen: Liegen ihre Gegenstände nicht über alle sinnliche Erfahrung hinaus?

Kant beginnt sein Buch mit der Feststellung, dass die menschliche Vernunft das Schicksal hat, von Fragen heimgesucht zu werden, die sie nicht beantworten und doch nicht (als sog. Scheinprobleme, wie es im neueren Positivismus heißt) abweisen kann. Es sind die drei metaphysischen Fragen nach Gott, Freiheit und Unsterblichkeit. Die Vernunfterkenntnis reicht an diese Erkenntnisgegenstände nicht heran, sie sind transzendent, d.h. außerhalb objektiver Erfahrung. Aber die Vernunft zerbricht auch nicht daran! Das zu zeigen ist Kants Hauptanliegen. Er befreit dadurch gewissermaßen die Vernunft von den Glaubenssachen, denen in der Vergangenheit endlose und fruchtlose Spekulationen galten, und schützt sie vor der Gefahr, daran zu zerbrechen (als ob nicht, den Verstand zu verlieren, Anfang des Heils sein könnte!). Er zeigt, dass die Ideen Gottes, der Freiheit und der Unsterblichkeit keinen inneren logischen Widerspruch, welcher die Vernunft liquidieren würde, enthalten. Der vernünftige Mensch braucht also einen gläubigen Menschen wegen seiner vermeintlich unvernünftigen Glaubensgegenstände nicht mehr auszulachen. Und der Gläubige kann, außer zu glauben, auch noch auf dem Feld der objektiven Erfahrung seine Vernunft betätigen. Glauben und Wissen sind durch diese Gebietsaufteilung in Sinnliches und Übersinnliches vereinbar.

Wie lässt sich aber einsehen, dass die metaphysischen Ideen Gott, Freiheit und Unsterblichkeit nichts Widersprüchliches, die Vernunft Zerbrechendes an sich haben? Nun, das ist Kants zündende Idee, die stark an Platon erinnert: Er unterscheidet die Welt, wie sie unabhängig von unserer Anschauung und unserem Verstand ist (*die Dinge an sich*), von der Welt, die uns als räumlich-zeitlicher Geschehenszusammenhang erscheint (*die Dinge als Erscheinungen*). Dann ist jedes Ding zweierlei: 1. Gedankending oder Ding an sich selbst (*noumenon*) und 2. Erscheinung oder Ding als Gegenstand der Erfahrung (*phainomenon*). Nun nimmt

bereits 10-bändige Enzyklopädie von Diderot und d'Alembert

1762 Rousseaus Buch *Emile* wird in Paris durch den Henker verbrannt

1774 Goethe *Die Leiden des jungen Werthers*

1776 Revolution in Amerika; Menschenrechtserklärung

1786 Eine Frau wird zum Doktor der Philosophie promoviert: die 17-jährige Dorothea von Schlözer in Göttingen; Goethe reist nach Italien; Frankreich vor dem Bankrott

1789 Revolution in Paris; Erklärung der Menschenrechte

1791 Mozart stirbt

1793 Enthauptung Ludwigs XVI.

1794 Robespierre führt die Vernunftreligion ein; Kants Schrift über die *Religion innerhalb der bloßen Vernunft* wird in Preußen verboten

1804 Kaiserkrönung Napoleons

1806 Franz II. legt die Kaiserkrone nieder, Ende des Heiligen Römischen Reiches Deutscher Nation sich Kant die drei metaphysischen Ideen oder Glaubenssachen Gott, Freiheit und Unsterblichkeit vor und zeigt, dass sie keinen Widerspruch enthalten, wenn man sie auf die andere, der sinnlichen Erfahrung abgewandte Seite der Welt bezieht, auf die Dinge an sich. Z.B. die menschliche Freiheit: Der menschliche Wille als Ding, das in den Handlungen erscheint, ist nicht frei. Was erscheint, ist immer notwendige Wirkung von vorlaufenden Ursachen im Sinne von Naturkausalität. Aber als Ding an sich könnte der Wille frei, d.h. nicht der Naturkausalität unterworfen sein.

Vom Problem der menschlichen Freiheit ist Kant bei der Abfassung der *Kritik der reinen Vernunft* ausgegangen. Dies Problem stellt sich nämlich als provozierende Antinomie dar, als ein vernunftzerstörerischer Widerspruch. Dass ich frei bin und mich zu dieser oder einer anderen Handlung entschließen kann, ist genauso evident wie dies, dass alles naturdeterminiert geschieht. 1783 schrieb er, die Erinnerung an David Hume habe zuerst seinen dogmatischen Schlummer unterbrochen. Wohl die Erinnerung an Humes Überlegungen zum Problem der Kausalität als notwendiger Verknüpfung. Für Hume blieb sie eine metaphysische Fiktion, die sich empirisch nicht beweisen lässt. Kant meint, Kausalität im Sinne der notwendigen Verknüpfung von Wirkung und Ursache sei eine Leitvorstellung, die der Verstand von sich aus mitbringt (ein reiner Verstandesbegriff oder eine Kategorie), wie die Leitvorstellungen Quantität (Messbarkeit, extensive Größe) und Qua-

Voltaire im Garten – nicht ohne Buch. Statue am Place de l'Institut, Paris.
Kant beschließt sein Buch *Träume eines Geistersehers*, in dem er sich von der Beschäftigung mit dem Übersinnlichen, auf das sich damals der Gelehrte Emanuel Swedenborg verstand, abwendet, mit einem Zitat des großen Aufklärers François Marie Arouet, genannt Voltaire (1694–1778), aus dessen *Candide*: »Lasst uns unser Glück besorgen, in den Garten gehen, und arbeiten.«

Caspar David Friedrich, *Wanderer über dem Nebelmeer*, um 1818, Hamburger Kunsthalle. Kant schreibt im »Beschluss« der *Kritik der praktischen Vernunft* von 1787: »Zwei Dinge erfüllen mein Gemüt mit immer neuer und zunehmender Bewunderung und Ehrfurcht, je öfter und anhaltender sich das Nachdenken damit beschäftigt: der bestirnte Himmel über mir und das moralische Gesetz in mir.«

lität (Empfindbarkeit, intensive Größe) auch. Aber diese Leitvorstellungen gelten nur für die räumlich-zeitliche Erscheinungswelt, nicht für die Dinge an sich selbst. So kann Kant, anders als der skeptische Hume, der Naturwissenschaft Sicherheit verschaffen: Die Realität ist Messbares, Empfindbares, kausal Erfolgendes in Raum und Zeit. Aber das Ganze, diese Realität, ist nur Erscheinungswelt, Vorstellungswelt des Ich. Sie richtet sich in ihrer Erkennbarkeit nach dem Ich. Das nennt man die *kopernikanische Wende* in der Philosophie durch Kant. Die Dinge an sich, die Welt ohne das vorstellende Ich mit seinen Kategorien (Quantität, Qualität und Kausalität) und Anschauungsformen (Raum und Zeit), sind unerkennbar, aber eben denkbar. Und nun kommt das Entscheidende: Zu dieser Welt der Dinge an sich gehört auch das Ich, sofern es sich selbst nicht sinnlicher oder »intelligibler Gegenstand« sein kann. Und das geschieht, wenn er spürt, dass er soll. Sollen kommt in der ganzen Welt nicht vor, meint Kants, nur im Menschen. Hier also ist der Punkt, wo sich das Ich hinein ins Jenseits rettet. In der Freiheit, im Sollen, in der Moral.

Insgesamt scheint nun alles in Ordnung: Die Erfahrungswissenschaften haben in der Naturkausalität ihre Betriebssicherheit. Die Menschen müssen sich als moralische Personen erweisen, als frei, d.h. als naturunabhängig und damit unsterblich. Unsterblich? Ja, das meint Kant. Er führt das in der *Kritik der praktischen Vernunft* aus: Dass ich Soll, dass es das Sittengesetz oder den *kategorischen Imperativ* gibt, weiß ich unmittelbar. Es ist das eigentlich Konstitutive, das Wesen des Selbstbewusstseins. Ebenso unabweislich ist die Vorstellung der Glückseligkeit als Lebenssinn. Die Vereinbarkeit muss postuliert werden, meint Kant, sonst wäre das Sittengesetz ein Betrug! Das kurze Leben reicht nun leider nicht, um durch Tugend glücklich zu werden. Also muss es im Jenseits weitergehen. – Und so schließt sich der Kreis: Was heraus kommt, ist ein abgespeckter Glaube, eine spärliche Religiosität, eine die Realität zur Erscheinung abwertende Hoffnung auf Wahrheit im Jenseits. Kant sagt in seiner Metaphysikvorlesung von 1781, dem Erscheinungsjahr der Vernunftkritik: »Schon jetzt finden wir uns in der intelligiblen Welt, und jeder Mensch kann sich nach der Beschaffenheit seiner Denkungsart entweder zur Gesellschaft der Seligen oder der Verdammten zählen. ... Wir sind uns jetzt durch die Vernunft schon als in einem intelligiblen Reiche befindlich bewusst, nach dem Tode werden wir das anschauen und erkennen und dann sind wir in einer ganz anderen Welt, die aber nur der Form nach verändert ist, wo wir

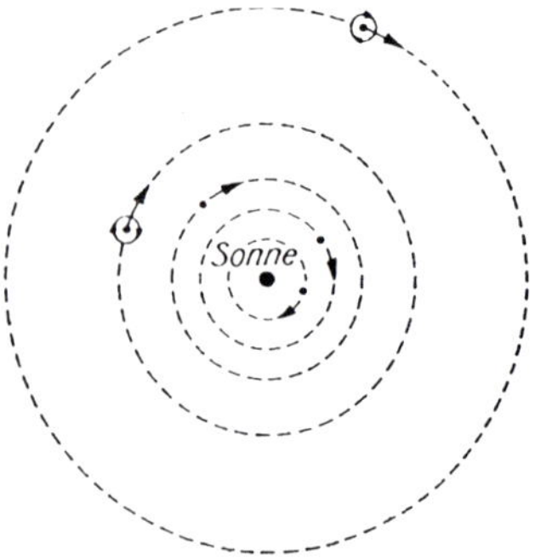

Nach Kants Wirbeltheorie von 1755 sind die Planeten aus einem rotierenden, abgeplatteten Urnebel unter Wirkung der allgemeinen Gravitation hervorgegangen.

nämlich die Dinge erkennen, wie sie an sich selbst sind.«

Immanuel Kant, Stich von J. L. Raab nach einem Gemälde von Döbler aus dem Jahre 1781.
Kant war klein (157 cm), schmächtig bei eingesunkener Brust und höher stehender rechter Schulter, hübsch, blond, blauäugig, charmant, ein vollendeter Kavalier.

Durch die Vernunft sich des Jenseits und zwar als einer intelligiblen Welt bewusst zu sein und sich Unsterblichkeit durch sittliche Anstrengung zu verdienen, das reicht Kant. Intelligibles Überleben – statt Auferstehung im Fleische, wie die christliche Religion verkündet (allerdings ohne Sexualität, meint die katholische Kirche)! Von Gott ist bei Kant nur das sittliche Sollen geblieben, die Forderung des Gewissens, nach der die Handlungen der Menschen gesetzmäßig sein sollen nach Art der Naturgesetze. Nur das ist gewiss. Und das reicht. Ein Wissen von Gott hat er, wie er meint, endgültig aus der Philosophie exkommuniziert. Das macht ihn anscheinend nicht traurig und er findet es auch nicht skandalös. Offenbar liegt ihm mehr am Schicksal der ›Dinge außer uns‹ als am Schicksal Gottes, bemerkt Leo Schestow. Denn Kant schreibt: »Ich musste also das *Wissen* aufheben, um zum *Glauben* Platz zu bekommen«, und dann: »Das Dasein der Dinge außer uns ... bloß auf *Glauben* annehmen zu müssen« (wie zuerst bei Descartes und dann bei Berkeley), »bleibt immer ein Skandal der Philosophie und allgemeinen Menschenvernunft«. Hier muss ein Beweis her: Das Bewusstsein meines eigenen Daseins in der Zeit, feststellbar durch innere Wahrnehmung, ist zugleich unmittelbares Bewusstsein »anderer Dinge außer mir«, schreibt Kant. – Und was ist mit meinem nicht zeitbestimmten Dasein, für das Raum und Zeit nur imaginierte

Kants Haus der Erkenntnis.

Anschauungsformen sind, mit dem »intellektuellen Bewusstsein«, welches nach Kant Bewusstsein des Sollens, des Von-aller-Zeitbestimmung-frei-sein-Sollens, ist? In ihm ist alle raum-zeitliche Realität aufgehoben. Realität ist lediglich seine Setzung, seine selbstgemachte Voraussetzung für die Realisierung des Sollens.

Kants Schriften

Schon durch seine Schrift von 1755 *Allgemeine Naturgeschichte und Theorie des Himmels* ging Kant in die Geschichte ein. Die in diesem Buch formulierte Nebularhypothese, die Entstehung der Sonne und des Planetensystems aus einem rotierenden Urnebel, die Swedenborg schon vor ihm aufgestellt hatte und später,

1796, von Laplace zum drittenmal aufgestellt wurde, ist nach ihm und Laplace die *Kant-Laplacesche Theorie* benannt worden. Nach dem Erdbeben von Lissabon beschäftigte sich Kant auch mit dessen natürlichen (nicht göttlichen) Ursachen und publizierte kleinere Schriften dazu. 1766 setzte er sich in dem Buch *Träume eines Geistersehers erläutert durch Träume der Metaphysik* polemisch mit Swedenborgs Parapsychologie auseinander. Dann arbeitete er ein Jahrzehnt an der *Kritik der reinen Vernunft* und lässt 1788 und 1790 die beiden anderen Kritiken folgen, die *Kritik der praktischen Vernunft* und die *Kritik der Urteilskraft*. Dazu ein ganz kurzer Überblick über den Inhalt der drei Kritiken.

Kant fragt sich in seiner Einleitung zur *Kritik der reinen Vernunft*: Wie ist Metaphysik möglich? Er meint, sie müsste aus synthetischen Sätzen a priori bestehen, das sind anschauungsbezogene (synthetische) und dabei notwendige und allgemeingültige (a priori gültige) Urteile. Vorbild sind Logik und Mathematik: beides apriorische Erkenntnis. Aber logische Sätze bestimmen keine Anschauung. Sie sind analytisch wahr. Und mathematische Sätze bestimmen nur formale Anschauung ohne Empfindungsrealität. Metaphysische Sätze sollten nicht nur von der Vernunft selbst und ihrer Anschauunsform (Raum und Zeit) handeln, sondern von der Welt. Also müssen sie synthetisch sein, sich auf mögliche Anschauung beziehen. So sicher wie Logik und Mathematik und konkret wie die Erfahrung sollten sie sein. Solche Sätze findet Kant tatsächlich: Es sind die Grundsätze der Naturwissenschaft. Jeder

Kants Hauptwerke

Allgemeine Naturgeschichte und Theorie des Himmels (1755)
Kritik der reinen Vernunft (1781)
Prolegomena zu einer jeden künftigen Metaphysik (1783)
Grundlegung zu Metaphysik der Sitten (1785)
Metaphysische Anfangsgründe der Naturwissenschaft (1786)
Kritik der praktischen Vernunft (1788)
Kritik der Urteilskraft (1790)
Zum ewigen Frieden (1795)
Anthropologie in pragmatischer Hinsicht abgefaßt (1798)

Max Ernst, *Le Jardin de la France (Der Garten Frankreichs)*, 1962, Centre National d'Art et de Culture Georges Pompidou, Paris.
Max Ernst fragt und antwortet: »Was halten Sie von Kant? – Die Nacktheit der Frau ist weiser als die Lehre des Philosophen.«

kennt sie, macht von ihnen Gebrauch. Es sind die Antworten auf die Frage, was für Eigenschaften etwas haben muss, um als objektiv gelten zu können. Nun, es muss etwas Messbares, Empfindbares und kausal Erfolgendes sein, es muss zudem in möglicher, tatsächlicher oder notwendiger Wahrnehmung vorkommen.

Was ist von der Metaphysik geblieben? Nichts als die theoretische Basis sicherer Naturwissenschaft. Wenn Kant nicht noch etwas *in petto* hätte: sein Gewissen, in dem er den Anspruch des Sittengesetzes vernimmt. Es gibt für ihn nicht nur anschauliche Fakten, sondern noch ein einziges übersinnliches Faktum: eben dieses Gesetz, dass sich an meine Freiheit richtet, die ich dadurch als unbedingt mögliche erkenne. Erst hier kann Kant wieder zur alten, transzendenten Metaphysik zurückkehren. Im Bewusstsein des absoluten Faktums des kategorischen Imperatives im Gewissen postuliert er, was früher Gegenstand metaphysischer Erkenntnis war: Freiheit, Unsterblichkeit und Gott. Die praktische (moralische) Vernunft hat hier den Primat über die theoretische. Nur die praktische Vernunft garantiert uns Gott, Freiheit und Unsterblichkeit. –

Kant hat die praktische Vernunft zwar schon in seiner *Kritik der reinen Vernunft* behandelt (die in der Hauptsache von der reinen theoretischen Vernunft handelt), macht sie aber dann noch zum Thema eines eigenen Buches, der *Kritik der praktischen Vernunft*. Die praktische Vernunft garantiert durch ihr Prinzip des Sollens bzw. den kategorischen Imperativ eine intersubjektive (allgemeinverbindliche, objektive) Willensbestimmung, ganz analog dazu, wie die theoretische Vernunft intersubjektive oder objektive Erkenntnis garantiert, durch ihr Prinzip der Widerspruchsfreiheit und den genannten metaphysischen Grundsätzen. Kant handelt die praktische Vernunft nun nach demselben Schema ab wie die theoretische Vernunft (Analytik, Dialektik, Methodenlehre). Ebenso verfährt er mit der Urteilskraft, die man sowohl für die theoretische wie die praktische Vernunft braucht, die aber auch ein eigenes Prinzip hat: die Zweckmäßigkeit. Objektive Zweckmäßigkeit gibt es dann in den schönen und erhabenen Formen, Klängen, Bewegungen und Farben der Natur und der Kunstwerke, und in der Organisation und Struktur der Lebewesen. – Das Ganze der drei Kritiken nennt man Transzendentalphilosophie. Ihr Inhalt: Die Bedingungen der Möglichkeit allgemeingültiger Naturerkenntnis (Wissenschaft), allgemeingültiger Willensbestimmung (Moral) und allgemeingültigen Geschmacks (Ästhetik).

Neben dieser schulmäßigen Durchführung seiner Philosophie betrieb Kant auch noch »Philosophie in weltbürgerlicher Bedeutung«. Darunter verstand er praktische Menschenkenntnis. Er publizierte sie 1798 unter dem Titel *Anthropologie in pragmatischer Hinsicht* und in zahlreichen kleineren Schriften über die Menschheitsgeschichte, über Politik und Moral. Auf seine Vernunftidee einer *friedlichen* Völkergemeinschaft (in der Schrift *Zum ewigen Frieden*) konnte sich 1919 der Völkerbund und später die UNO berufen.

Kants kategorischer Imperativ
(aus *Grundlegung zur Metaphysik der Sitten*):
1. Handle so, als ob die Maxime deiner Handlung durch deinen Willen zum allgemeinen Naturgesetz werden sollte.
2. Handle so, dass du die Menschheit sowohl in deiner Person, als in der Person eines jeden anderen jederzeit zugleich als Zweck, niemlas bloß als Mittel brauchest.

»Was ist der Mensch?« In dieser Frage lassen sich nach Kant alle Fragen der Philosophie zusammenfassen. Der Pionier der Parapsychologie Joseph Banks Rhine meint in seinem Buch *Die Reichweite des menschlichen Geistes,* ohne die Erforschung der paranormalen Phänomene, bei denen der Geist des Menschen ohne Vermittlung des Körpers auf außerkörperliche Dinge wirkt (z. B. Telekinese) und auch ohne Vermittlung der Sinnesorgane wahrnimmt (z. B. Hellsehen), ließe sich diese Frage aller Fragen nicht beantworten. Kant war anderer Meinung. Er bestritt in seiner Schrift *Träume eines Geistersehers* von 1766 diese Phänomene. Er hielt sie für Scharlatanerie und gab damit den berühmten Wissenschaftler und Ingenieur Emanuel Swedenborg, der damals durch seine okkulten Fähigkeiten, insbesondere den Kontakt mit Geistern, von sich reden machte, der Lächerlichkeit preis. Als Kant dann etwas später dahinter kam, dass Raum, Zeit und physische Kausalität nur subjektive Formen für die Erscheinung der Dinge-an-sich sein könnten, hätte er allerdings sein Urteil revidieren und zumindest die Möglichkeit solcher von Raum und Zeit unabhängiger Wirksamkeit und Wahrnehmungsfähigkeit des Geistes zugestehen müssen. Er tat es nicht.

Aber Schopenhauer hat es dann in seiner Schrift *Versuch über das Geistersehen* von 1851 an seiner Stelle nachgeholt. Für ihn ist die Natur an sich das, was wir in uns selbst unmittelbar als Willen finden. Dieser Wille ist allmächtig, allsehend und allwissend. Die okkulten Phänomene der *actio et visio in distans* (Fernwirken und Fernsehen) geschehen durch Teilhabe des einzelnen Individuums am metaphysischen Willen.

Der Biologe und Philosoph Hans Driesch hat in seinem Buch *Alltagsrätsel des Seelenlebens* von 1938 ganz im Sinne Schopenhauers die normale Wirksamkeit des Geistes (mittels des Leibes) und Wahrnehmungsfähigkeit (mittels des Leibes) als Aufhebung einer Einschränkung und als Kanalisierung der Allwirksamkeit und Allwissenheit des Geistes durch den Leib erklärt. Allwirksamkeit und Allwissenheit sind in den leiblichen Individuen als gänzlich maskiert oder eingeschränkt anzunehmen. Diese Maskierung und Einschränkung werden bei gewissen Hirnreizungen partiell aufgehoben. Was man das Paranormale nennt, ist also eigentlich das »normale«: das universelle Allwissen und Allwirken (übrigens das Leibnizsche Ideal der Monade als wahrer Spiegel der Welt), das gelegentlich, meistens durch »emotionale Verbundenheit«, von seiner Verdeckung durch die leibliche Individuation befreit wird.

Neben Schopenhauer waren auch Fichte und Hegel dem Kantschen Idealismus gefolgt, d. h. sie übernahmen Kants spätere Lehre der

Idealität (Imaginiertheit) von Raum und Zeit. Entsprechend war ihre Einstellung zu parapsychologischen Phänomenen positiv. Parapsychologie war damals, Ende 18. Jh., durch die Wirksamkeit Franz Anton Mesmers im Gespräch. Man nannte sein Erforschen und seinen Umgang mit okkulten Kräften deshalb Mesmerismus. Mesmer selbst sprach vom tierischen oder animalischen Magnetismus, weil er die dabei hauptsächlichen Hypnosephänomene durch Magnetismus erklärte. Hegel stellte 1830 in der *Enzyklopädie III* fest, dass die »endlichen Auffassungen des Geistes« von empirischer Seite »mit aller Brutalität einer ausgemachten Tatsache« vom animalischen Magnetismus verdrängt worden seien und dass nun auch von theoretischer Seite diese Phänomene eines von den Schranken des Raums und der Zeit befreiten unendlichen Geistes begriffen werden müssten. Seine spekulative Philosophie sei die einzige, für welche der animalische Magnetismus kein unbegreifliches Wunder ist.

Der polnische Philosoph und Science-fiction-Autor Stanislaw Lem kommt gegen Ende des 20. Jh. in seinem Aufsatz *Über außersinnliche Wahrnehmung* zu der resignierenden Schlussfolgerung, »dass sich in dem hier besprochenen Bereich (der parapsychologischen oder außersinnlichen Phänomene) während der nächsten 50 oder 80 Jahre nichts Grundsätzliches abspielen wird«, weil wir »den Kern des Geheimnisses suchen, wo er nicht ist. ... Sollte es dazu kommen, dass jene Merkwürdigkeiten in die Wissenschaft einbezogen werden, dann nur durch einen Wandel der Wissenschaften aufgrund von Fortschritten, die weder von der Parapsychologie als solcher inspiriert sind noch diese frontal angreifen.« Irgendwann werden sich die »außersinnlichen Realilien« gleichsam ungewollt und nebenbei erschließen. Bis dahin bleibt die Parapsychologie bzw. der Okkultismus ein »Stehaufmännchen«, das ab und zu und immer wieder auch die Philosophen begeistert.

E. Sibley, *Mesmerismus. Der Operator löst eine hypnotische Trance aus.*

1. Hälfte des 19. Jh.
1812 Napoleons Krieg gegen Russland; in Frankreich werden Schillers *Wilhelm Tell* und Goethes *Faust* verboten; in England fordert Robert Owen eine kommunistische Gesellschaftsordnung zur Verbesserung der Lage der Lohnarbeiter
1815 Schlacht von Waterloo, Napoleon nach St. Helena verbannt; Wiener Kongress; Restauration, Wiederherstellung vorrevolutionärer Zustände
1824 Simon de Bolivar befreit Peru von spanischer Herrschaft
1829 Griechenland von Türkenherrschaft frei
1830 Nach der Juli-Revolution Bürgerkönig Ludwig Philipp in Frankreich; ein altes Spiel lebt in England auf: der Fußball; Darwin auf Forschungsreise
1832 Goethe stirbt; Sozialistische Bewegung der Saint-Simonisten in Frankreich; Abschaffung der Binnenzölle in Deutschland
1837 Queen Victoria; der Neffe Napoleons nach dem Putschversuch in amerikanischer Verbannung; Erfindung des Zündnadelgewehrs (= Hinterlader)
1844 Weberaufstand in Schlesien
1848 Revolution in Frankreich, Deutschland und Österreich; Marx' und Engels' *Kommunistisches Manifest*; Andersen schreibt Märchen; Straßenkämpfe in Berlin;

Gegen Ende des 18. Jh. kommt eine kulturelle Strömung zur Geltung, die bislang weitgehend unterdrückt geblieben war: die romantische Geisteshaltung. In seinem Buch *Idee und Leidenschaft. Die Wege des westlichen Denkens* stellt Richard Tarnas sie als die polare Ergänzung der anderen, bislang dominanten Geisteshaltung heraus, des Rationalismus. Sie hat, wie dieser auch, ihre Wurzeln in der Renaissance, und zwar in der dort wiederbelebten griechisch-römischen Kultur und nicht in der dort stattfindenden wissenschaftlichen Revolution. Für sie ist die Welt keine atomistische Maschine, sondern ein Organismus. Nicht wegen seines rationalen Intellekts mit seiner Macht über die Natur schätzt der Romantiker den Menschen, sondern wegen seiner Spiritualität, Kreativität, seiner Fähigkeit zum individuellen Ausdruck und zur Selbstschöpfung. Diese andere Seite der westlichen Mentalität tritt in der Moderne erstmals bei Rousseau hervor. Sie wird bald zum kulturellen Hintergrund des gesamten philosophischen Denkens des 19. Jh. von Fichte bis Nietzsche und Kierkegaard.

Die Romantik hat aber mit ihrem aufgeklärten Gegenüber, dem Rationalismus, die Wertschätzung der menschlichen Kräfte überhaupt und, im Sinne des Humanismus, den Blick auf das Diesseits gemein. Sie untersuchen beide das menschliche Bewusstsein. Aber während die aufklärerisch-wissenschaftliche Untersuchung des Geistes empirischer und wissenschaftslogischer Art ist, sucht der Romantiker die intensive Selbstwahrnehmung und die faszinierende Erkundung der vielschichtigen Natur des menschlichen Selbst. Zunächst war die Romantik, von Rousseau ausgehend, eine hauptsächlich deutsche Bewegung, wurde aber bald auch in England (z. B. durch Lord Byron) und Amerika (z. B. durch Melville) allgemein. In Frankreich herrschte sie bis Victor Hugo. Der neue Menschentyp, der mit der Romantik, d. h. mit ihrem Empfindsamkeitskult und ihrer Sehnsucht nach starken Gefühlen, aufkommt, ist leidenschaftlich und asozial, meint Bertrand Russell in seiner *Philosophie des Abendlandes*. »Es ist der Typ des anarchischen Rebellen und des tyrannischen Eroberers. ... Die Auflehnung der Einsamkeitsinstinkte gegen soziale Bindungen ist der Schlüssel zum Verständnis der Philosophie, der Politik und der Gefühle, nicht nur der sogenannten romantischen Bewegung, sondern auch ihrer Auswirkungen bis zur Gegenwart. Unter dem Einfluss des deutschen Idealismus wurde die Philosophie solipsistisch; die Entwicklung des Ich wurde zum ethischen Grundprinzip.«

Metternich tritt zurück; Deutsche Nationalversammlung in der Frankfurter Paulskirche; Fotografie wird populär

Der deutsche Idealismus

Johann Gottlieb Fichte (1762–1814) ist der für die Romantiker bedeutendste Philosoph. Er war evangelischer Prediger und Hauslehrer, als er 1790 durch Kants *Kritik der praktischen Vernunft* aus seinem ›dogmatischen Schlummer‹ erweckt wird, der in einem Glauben an göttliche Prädestination und naturalistischer Determination bestand. Fortan ist er der Philosoph der Freiheit, feiert die Französische Revolution und wird selbst zu einer Art ›Napoleon der Philosophie‹. Als Kant ihn als den Verfasser der anonymen Schrift *Versuch einer Kritik aller Offenbarung* nennt (die für die lange erwartete, erst 1793 erscheinende Religionsschrift Kants gehalten wurde), wird er schlagartig berühmt. Er bekommt, auch auf Betreiben Goethes, in Jena eine Professur und verkündet dort 1794 sein »System der Freiheit«, die sog. *Wissenschaftslehre*.

Fichte erklärt: »Mein System ist das erste System der Freiheit; wie jene Nation von den äußeren Ketten den Menschen losreißt, reißt mein System ihn von den Fesseln der Dinge an sich, des äußeren Einflusses los, ... und stellt ihn in seinem ersten Grundsatz als selbstän-

Johann Heinrich Füssli, *Titania liebkost Zettel mit dem Eselskopf*, 1793–94, Privatsammlung.
Die von dem seit 1764 in England als Henry Fuseli lebenden schweizer Maler Füssli dargestellte Szene stammt aus William Shakespeares Stück *Der Sommernachtstraum*. Shakespeare (1564–1616) fand gegen Ende des 18. Jh. durch Lessing, Herder und Goethe literarische Aufnahme in Deutschland und gewann großen Einfluss auf die romantische Bewegung.

Jacques Louis David, *Napoleon I. Bonaparte, die Alpen überschreitend*, 1800, Musée Historique, Schloss Versailles.
Mit seiner Wissenschaftslehre und ihrem Prinzip »Das Ich setzt sich selbst« wurde Fichte zum ›Napoleon der Philosophie‹. Er schreibt: »Was für eine Philosophie man wähle, hängt sonach davon ab, was man für ein Mensch ist: denn ein philosophisches System ist kein toter Hausrat, den man ablegen oder annehmen könnte, wie es uns beliebte, sondern es ist beseelt durch die Seele des Menschen, der es hat. Ein von Natur aus schlaffer oder durch Geistesknechtschaft, gelehrten Luxus und Eitelkeit erschlaffter und gekrümmter Charakter wird sich nie zum Idealismus erheben.«

diges Wesen hin.« Der Grundsatz lautet: »Das Ich setzt sich selbst.« In diesem Grundsatz hängen alle Sätze des Systems zusammen. Sie bilden die systematische Form allen möglichen Wissens. Daher der Name *Wissenschaftslehre* für das System.

Fundament und Prinzip des Wissens ist demnach nicht etwas Vorgefundenes, keine Tatsache, auch nicht das Ich als Tatsache, sondern eine Tathandlung, eine schöpferische Tätigkeit, und zwar die, in der das Ich zu sich kommt und sich, wie sonst nur Gott, selbst erzeugt. Dazu gehört, dass sich das Ich unterscheidet, von allem unterscheidet, was es nicht ist. Der zweite Grundsatz der Wissenschaftslehre lautet demnach: »Das Ich setzt sich einem Nicht-Ich entgegen.« Da nun die entgegengesetzten Gegenstände im Bewusstsein sind, lautet der dritte Grundsatz, der die beiden anderen verbindet und umfasst: »Das Ich setzt sich im Ich einem Nicht-Ich entgegen.« Die drei Sätze bilden als These, Antithese und Synthese die Grundfigur der Dialektik. Alles, was im menschlichen Geiste vorkommen kann, muss sich, so fordert Fichte, aus den aufgestellten Grundsätzen ableiten lassen.

Von Gott war in Fichtes *Wissenschaftslehre* nicht mehr die Rede. Es kam zum Atheismusstreit und Fichte verlor seine Professur. Er, und bald auch Frau und Sohn, fanden 1810 mit Hilfe der Berliner Romantiker (besonders Friedrich Schlegels), der Freimaurer und des toleranten Preußenkönigs Friedrich Wilhelm III. Unterkunft, Vortragsmöglichkeit und Aufenthaltserlaubnis in Berlin. Erst 1810 erhielt Berlin eine Universität, deren erster gewählter Rektor Fichte wurde.

1800 erscheint Fichtes *Die Bestimmung des Menschen*. Das ist auch der Titel des obligaten Besinnungs-

aufsatzes der Freimaurer-Adepten und der Titel des berühmten Buches vom Berliner Domprobst Spalding, dem Fichte, wie er selbst schrieb, seine geistige Erweckung verdankte. Da sieht auf einmal alles ganz anders aus: »Zweifel, Wissen, Glaube« heißen die drei Teile der Schrift. Von nun an wird in der *Wissenschaftslehre* das Ich wieder durch das Absolute oder Gott ersetzt, das im Ich erscheint. Was war geschehen? – Fichte hatte sich auf Gott, ein durch ihn hindurch fließendes und wirkendes und nur mystisch erfahrbares All-Leben, besonnen, denn er war in den blinden Fleck des Bewusstseins geraten, in eine Art schwarzes Loch. Descartes' archimedischer Platz, von dem aus er die Welt bewegte, das *ego cogito, ego existo* (ich denke, ich existiere) wankte, stürzte ins Bodenlose: Wie, wenn ich selbst nur geträumt bin? – Fichte schreibt über Descartes' Basis: »*Es erscheint der Gedanke: dass* ich empfinde, anschaue, denke; keineswegs aber: *ich empfinde, schaue an, denke*. Nur das erstere ist Factum; das zweite ist hinzu erdichtet. ... *Ich selbst* weiß

Fichtes Abgrund nach oben.

Fichte schreibt in *Die Bestimmung des Menschen:* »Ich weiß ..., dass man auf jede Bestimmung des Bewusstseins wieder reflektieren, und ein neues Bewusstsein des ersten Bewusstseins erzeugen könne, dass man dadurch das unmittelbare Bewusstsein stets um eine Stufe höher rückt, und das erste verdunkelt.«

»Vom Staube, den der Wind bewegt, bis zu den weltverheerenden Kriegen ganzer Nationen, falls in diesen kein Übersinnliches das bewegende Prinzip ist, ist Alles dasselbe Nichts, derselbe rohe Stoff, der nur dazu da ist, dass der übersinnliche Begriff ihm aufdrücke sein Gepräge.«

Johann Gottlieb Fichte

Fichte als »patriotischer Mahner«, Holzschnitt, Mitte 19. Jh.
Im Winter 1807/8 hielt Fichte unter den Augen der französischen Besatzung in Berlin die berühmten patriotischen Reden an die deutsche Nation. Als 1813 die Freiheitskriege gegen Napoleon begannen, nahm Fichte an den Übungen des Berliner Landsturms teil. Er starb Anfang 1814.

überhaupt nicht, und bin nicht. *Bilder* sind: sie sind das Einzige, was da ist, und sie wissen von sich, nach Weise der Bilder. ... Alle Realität verwandelt sich in einen wunderbaren Traum, ohne ein Leben, von welchem geträumt wird ... das *Denken* ... ist der Traum von jenem Traum.« Fichte schaut in den Abgrund der negativen Selbstreferenz wie weiland Epimenides, stößt ans unvorstellbare Nichtsein, an den Tod. Er verlangt nach etwas »außer der bloßen Vorstellung Liegendes« und findet dann, dass zumindest sittliches Tun Bestimmung des Menschen sei. Denn: »unser Bürgerrecht ist im Himmel« und die ganze Bestimmung des Menschen kenne nur er, der »Vater der Geister«. Der Welt absterben, sich von der Welt lösen, um wiedergeboren zu werden in einem anderen Leben, ist nun die religiös-platonistische Devise Fichtes.

Der protestantische Theologe **Georg Wilhelm Friedrich Hegel** (1770–1831) ist der Erbe der Romantik. Auch er hat den Abgrund des Ich erfahren. Er überbaut ihn mit einem System aus tausenden von Brücken oder Vernunftschlüssen. Sein System ist ein einziger Gottesbeweis.

1804 erscheinen (anonym von E. A. F. Klingemann), *Die Nachtwachen des Bonaventura* – eine Reaktion auf Fichtes *Die Bestimmung des Menschen*, auf dessen Entdeckung des bodenlosen Ich. Dort liest man: »Wie? Steht kein *Ich* im Spiegel, wenn ich davor trete – bin ich nur der Gedanke eines Gedanken, der Traum eines Traumes?« Das Unendliche, nach dem sich die Romantiker um Novalis sehnen, hat sich in ein Bodenloses verkehrt. Das »Erkenne dich selbst« verliert sich in unendlicher ironischer Reflexion: »Eine Hülse sitzt über der anderen«, alles nur eine Rolle – und kein Ich

Hegels Hauptwerke
Differenz des Fichteschen und Schellingschen Systems der Philosophie (1797)
Phänomenologie des Geistes (1807)
Wissenschaft der Logik (1812)
Enzyklopädie der philosophischen Wissenschaften (1817, mit Zusätzen 1830)
Grundlinien der Philosophie des Rechts (1821)

ist zu finden, das die Rolle spielt. Hegel schreibt 1805, sichtlich unter dem Eindruck der Lektüre der *Nachtwachen*: »Dies die Nacht ... *reines Selbst*. ... Diese Nacht erblickt man, wenn man dem Menschen ins Auge blickt – in eine Nacht hinein, die *furchtbar* wird; es hängt die Nacht der Welt hier einem entgegen.« Die Nacht der Welt, das ist die Welt, aus der Gott verschwunden ist. Oder, wie Hegel sagt, sie ist das Gefühl, dass Gott selbst tot ist. Wie kann man dieses Gefühl wieder loswerden, wie sich des Gottes wieder versichern? – Man muss durch die Gottesferne hindurch, durch den Tod, meint Hegel. Er erlebte die Entfremdung, d.h. die Verwandlung allen Engagements in ein Rollenspiel oder das Von-allem-Abstrahieren-Können, als Töten. Töten ist die Absonderung des Einzelnen vom Allgemeinen.

Hegels Philosophie ist ein System von Rückbindungen des Einzelnen ans Allgemeine, der Re-Integration des Einzelnen. Es ist ein System von Syllogismen oder Schlüssen: Die Einzelheit (Subjekt) wird über ein Mittleres mit den Allgemeinen (Prädikat) zusammengeschlossen – wie Aristoteles es in seiner Syllogistik lehrte.

Die Syllogistik ist Vorbild für Hegels System, das er in der *Enzyklopädie der philosophischen Wissenschaften im Grundrisse* ausgearbeitet hat. Er meint: »Alles ist Schluss«, d.h. jedwedes ist Zusammenschluss von Einzelheit und Allgemeinheit (Idee). Erin-

Hegel, 1831. Gemälde nach J. J. Schlesinger. Hegels berühmtester Spruch lautet: »Was vernünftig ist, das ist wirklich, und was wirklich ist, das ist vernünftig.« Einer seiner Zusätze lautet: »Wer wäre nicht so klug, um in seiner Umgebung vieles zu sehen, was nicht so ist, wie es sein soll? Aber diese Klugheit hat unrecht, sich einzubilden, mit solchen Gegenständen und deren Sollen sich innerhalb der Interessen der philosophischen Wissenschaft zu befinden.«

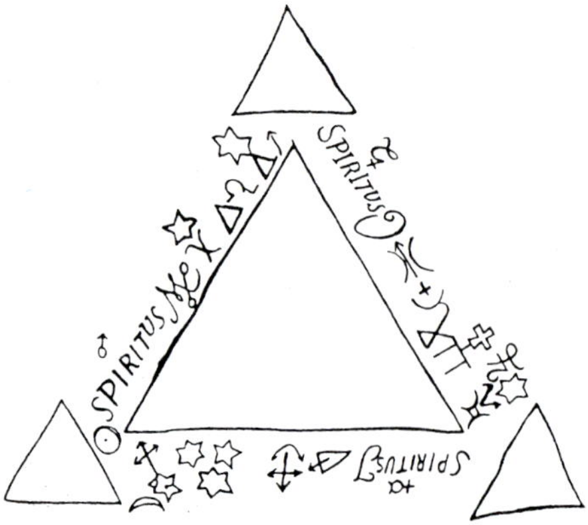

nert sei an das Universalienproblem und seine Lösung: Die Universalien sind im Geiste Gottes vor den Dingen, im menschlichen Geist nach den Dingen und in der Realität in den Dingen. Hegels *Enzyklopädie* stellt in ihren drei Teilen die Dreieinigkeit von Logik, Natur und Geist dar, entsprechend der Dreieinigkeit von Gottvater, Gottsohn und Heiligem Geist. Die Einheit der drei ist ein Schluss. Die Logik wird der Natur entgegengesetzt und im Geist mit ihr verbunden. Das ist die dialektische Figur der drei Grundsätze Fichtes. Das System ist ein System aus Dreiecken, die sich durch selbstähnliche Abbildung, wie bei einem Fraktal, vermehren. Hegel hat das selbst in seiner Zeichnung vom »göttlichen Dreieck« angedeutet. Hegels *Enzyklopädie* endet und kulminiert in einem Zitat aus der *Metaphysik* des Aristoteles: »Denn der Vernunft wirkliche Tätigkeit ist Leben, die Gottheit aber ist die Tätigkeit; ihre Tätigkeit ist … ewiges Leben.« Hegel meint damit, die Entgegensetzung von Glauben und Wissen endgültig überwunden und zugleich alles begriffen zu haben – alles, bis ins kleinste Detail hinein.

Hegels Zeichnung des göttlichen Dreiecks mit alchemistisch-astrologischen Symbolen. Hegel: »Gott ist ein Schluss, der sich mit sich zusammenschließt«: Vater, Sohn und Heiliger Geist.

Die Lektüre von Hegels Schriften macht ungeheure Schwierigkeiten. Die syllogistische oder, was dasselbe ist, dialektische Konstruktion ist nicht immer sofort erkennbar. Es hilft hier nur: prinzipielles Verstehen dessen, was er will und wie er es macht, mit

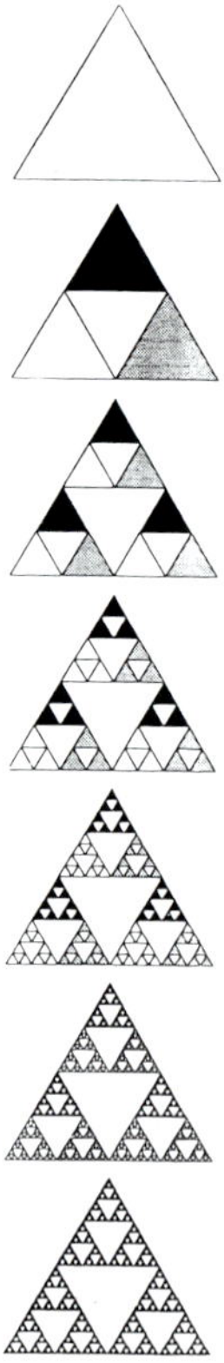

Die Mehrfachverkleinerung eines Dreiecks veranschaulicht Hegels dialektische Methode der Erfassung der Wirklichkeit (des Geistes) mit beliebiger Genauigkeit.

Stichproben – und Staunen über die Fülle, den Bilderreichtum und eine besondere Art von Begriffsphantasie.

Hegels ›Philosophie‹ ist dennoch sehr leicht popularisierbar. Sie trifft im Großen und Ganzen das, was, wie Hegel selbst sagt, die meisten Leute immer schon glaubten: 1. Dass die Welt und der Lauf der menschlichen Geschichte verstehbar seien, in sich vernünftig und dass alles in Fortentwicklung begriffen ist, um so zu werden, wie es sein soll gemäß seiner Idee. 2. Dass Gott mit seinen Ideen in allem ist, dass es allerdings manches gibt, was nicht den Namen eines Wirklichen verdiene, weil es nicht so ist, wie es sein soll. Z. B. sagt Hegel von den ursprünglichen Amerikanern, sie seien ein verschwindendes Geschlecht: »Mit Branntwein und Gewehr bekannt gemacht, sterben diese Wilden aus.«

Illustration und Interpretation des berühmten Kapitels »Herrschaft und Knechtschaft« aus Hegels *Phänomenologie des Geistes:*
1. Selbstbewusstsein als reines Für-sich-sein: sucht Anerkennung
2. Es kommt außer sich: Wahrheit nur durch Objektivität
3. Duell. Aber die Anerkennung erfordert Überleben
4. Überleben als selbständiges und unselbständiges Bewusstsein: Herr und Knecht
5. Anerkennende Vermittlung des Herrn durch den Knecht
6. Sie bleibt dem Herrn unwesentlich
7. Der absolute Herr des Knechtes ist nämlich der Tod: die Abhängigkeit vom Leben
8. Ihn anerkennend arbeitet der Knecht seine Unfreiheit ab: Beginn der menschlichen Geschichte
9. Er gelangt zur stoischen Freiheit in Gedanken – die ihn aber skeptisch machen
10. Unglückliches Bewusstsein der Einzelheit – um Erlösung bittend
11. Aufnahme ins Unwandelbare: Der Erlöser versichert dem Unglücklichen, in seinem ärmlichen Tun dennoch abolutes Tun zu sein
12. Seliger Genuss, nun alle Realität zu sein: absolute, beobachtende Vernunft

Positivismus, Hermeneutik und Pragmatismus

Gänzlich ohne Metaphysik oder synthetische Urteile a priori glaubt der Positivismus auszukommen bei seiner Erklärung des Wirklichen. Auch ihn kennezichnet ein Vernunftenthusiasmus. Als Weiterentwicklung des französischen Materialismus ist er vom Impuls der Französischen Revolution mit Robespierres Inthronisation der Vernunft als Gottheit bestimmt.

Der Positivismus hält sich an das sinnlich Gegebene oder Positive (von lat. *ponere* = setzen, stellen, legen). Ideal des Wissens ist nicht mehr die Metaphysik, sondern die exakte Naturwissenschaft. Alles Metaphysische, also auch Kants metaphysische Bedingung der Möglichkeit naturwissenschaftlicher Erfahrung, das Ich mit seinen Anschauungsformen und Kategorien, lehnt der Positivismus ab. Schließlich ist das Ich nichts in sinnlich-objektiver Erfahrung Gegebenes. Kann man die Welt denn nicht auch ohne das Ich erklären? Genügt nicht die Erfahrungswissenschaft mit ihrer experimentellen Methode? Ihr gegenüber erwies sich nämlich die von Hegel und Schelling entwickelte Naturlehre als esoterische Spekulation vom inneren Wesen der Dinge. Sie bot keine kausal-reale Erklärung der Phänomene, durch die diese dann technisch reproduzierbar würden. Die Naturphilosophie der Idealisten Hegel und Schelling wird heute auch von den Universitätsphilosophen kaum noch gelesen und gelehrt, obwohl sie für ihre Autoren das Wichtigste war: Aufhebung der Entfremdung des Ich von der Natur.

Der Positivismus glaubt emphatisch an die Erfahrungswissenschaft, und zwar zweifach: 1. Ihre Methode ist für alle Erkenntnisgewinnung überhaupt maßgeblich. 2. Sie ist die Grundlage für den sozialen Fortschritt. Gesellschaft und Erkenntnisgewinnung entwickeln sich nämlich parallel und im Gleichschritt.

Giambattista Vico

Auguste Comte (1798–1857), allgemein als Begründer des Positivismus (der Ausdruck stammt von Saint-Simon) bezeichnet, hat dafür sein Drei-Stadien-Gesetz, ganz ähnlich dem von **Giambattista Vico** (1668–1744), wonach der ›corso‹ (Aufstieg) der Völker das Zeitalter der Götter, der Heroen und der Menschen durchläuft. Comtes Gesetz gilt für die Vernunft wie für die Gesellschaftsentwicklung. Im ersten, theologischen Stadium werden alle Phänomene theologisch, also durch göttliche Mächte erklärt. Die Gesellschaft ist entsprechend theokratisch und kriegerisch organisiert. Im zweiten, metaphysischen Stadium werden alle Phänomene durch abstrakte Ideen und Ursachen erklärt und die Gesellschaft ist durch einen juristischen Machtapparat organisiert. Im dritten, positiven Stadium, gibt es nur noch erfahrungswissenschaftliche Erklärungen, auch für gesellschaftliche Phänomene. Exakte Prognosen sind möglich. Soziologie entsteht und mit ihr ein wohlgeordnetes Gesellschaftsleben. Später meinte Comte, dazu sei noch eine »Religion der Menschheit« nötig, ein Kult des »großen Wesens«. Tatsächlich fand Comte mit seiner dem Katholizismus sehr ähnlichen Religionslehre ziemlich großen Anklang. Seine Anhänger, also eigentlich »Wissenschafts-Gläubige«, verehrten Comte selbst als Heiligen. Die positivistische Kirche Comtes besteht in Brasilien heute noch.

Auguste Comte, Portrait von A. Etex im Musée Comte, Paris

Auguste Comtes Grab auf dem Pariser Friedhof Père-Lachaise. Die drei Hauptwerke Comtes sind auf dem Grabstein wie drei Kinder Comtes verzeichnet.

John Stuart Mill

Comte fordert die naturwissenschaftliche Methode auch für die Gesellschaftswissenschaft, die Soziologie. **John Stuart Mill** (1806–1873) folgt ihm, zeigt aber, dass die Gesellschaftswissenschaft wegen der besonderen Art ihres Gegenstandes nicht dieselbe Sicherheit und Präzision erreichen kann wie die Naturwissenschaft. Viel später, Mitte des 20. Jh., entwickelte die sog. Frankfurter Schule, die mit ihrer Idee der herrschaftsfreien Gesellschaft an Karl Marx und mit der Idee einer Therapie gesellschaftlicher Pathologien an Sigmund Freud orientiert ist, die sog. kritische Theorie, wonach Gesellschaftstheorie nicht politisch neutral sein könne. Sie sei selbst ein Element der Selbstemanzipation der Gesellschaft. Es entspann sich der sog. Positivismusstreit, bei dem Anhänger Poppers bzw. des kritischen Rationalismus gegen Habermas die objektwissenschaftliche Methode und politische Neutralität der Soziologie verteidigten.

Schon Vico hatte die Geschichte zum eigentlichen Feld der menschlichen Erkenntnis erklärt, weil der menschliche Geist am besten das verstehen könne, was er selbst gemacht habe: »Tat-Sachen«. Und das sind gerade nicht die ›positiv‹ erkennbaren physikalische Phänomene. Sie können nur von außen erklärt, nicht, wie in der Geschichts- und Gesellschaftswissenschaft, von ›innen‹ verstanden werden. Das ist im Wesentlichen schon die These der Hermeneutik (was Auslegungskunst besagt; griech. *hermeneuein* = interpretieren). Die Gegenüberstellung von Erklären und Verstehen ist typisch für diese Denkrichtung, deren Hauptvertreter **Friedrich Daniel Ernst Schleiermacher** (1768–1834) und **Wilhelm Dilthey** (1833–1911) sind. Kennzeichnend für jenes ›innere‹ Verstehen ist das Vicosche Sichbeziehen des Geistes auf sich selbst in seinen Produkten, nun hermeneutische Zirkel genannt, sowohl bei der Auslegung von Texten (insbesondere der Bibel) als auch von historischen ›Tatsachen‹.

Der Zirkel besagt: Für das Verstehen eines Einzelnen bedarf es eines Vorverständnisses des Zusammenhangs, in dem es sich befindet. Und für dieses Vorverständnis muss man schon einzelne Teile verstanden haben. Im 20. Jh. erklären Martin Heidegger und Hans-Georg Gadamer die Hermeneutik zur Philosophie schlechthin, weil alles Wissen auf Verstehen beruhe. Philosophie ist dann die Lehre von der Selbstauslegung des Menschen in geschichtlicher Situation. Das Kantsche Ich als Bedigung möglicher Erfahrung wird gewissermaßen in die historische Lebensgemeinschaft eingebettet, aus der heraus es die Welt auslegt.

Die Freiheitsstatue vor New York.
Mit Charles Sanders Peirce betritt die Philosophie gewissermaßen erstmals amerikanischen Boden.

Jede Erkenntnis hat eine soziale Dimension, d.h. setzt eine Kommunikationsgemeinschaft voraus, die sich allgemeinverständlicher Zeichen bedient und allgemeine Zustimmung (Konsens) erheischt für das, was als wahr gelten kann. Das ist eine der grundlegenden Thesen des amerikanischen (von Peirce, Dewey, James, Mead und anderen vertretenen) Pragmatismus.

Nach **Charles Sanders Peirce** (1839–1914) gibt es keine überhistorischen Bedingungen der Möglichkeit der Erfahrung (sog. Aprioris). Wahrheit ist stets immer nur das, was man als solche verabredet auf Grund ihrer Bewährung und Bestätigung in der menschlichen Handlungswelt. Wahr ist, was die Handlungsmöglichkeiten erweitert, was Prognosen ermöglicht, was Probleme löst. Es gibt keine historischen Notwendigkeiten, keine einzig richtige Methode. Alles bleibt offen. Leitbild ist die Demokratie als offene Lernform. Philosophie ist kein Religionsersatz mehr, indem sie die absolute Wahrheit und Erlösungswissen sucht. Die Pragmatisten sind allerdings durchweg selbst religiös und haben ihre Philosophie nur als Instrument diesseitiger Orientierung und d.h. lebenspraktischen Nutzens. »Möglichst viel Glück für möglichst viele!« heißt ihr Programm.

William Blake, *Der Alte der Tage*, Frontispiz aus *Europe, a prophecy*, 1794, Tate Gallery, London.
Auf Blakes Bild sehen wir Urizen, den saturnischen Schöpfergott, der das ›tumbe Runde‹ erzeugt, den umzirkelten Käfig, in dem der Mensch herumläuft, wenn seine Vernunft von ihrem Zentrum, der Imagination, abgeschnitten ist. In seinem epischen Gedicht *Europa, eine Prophezeiung* beschreibt Blake, wie das Licht des Reiches Urizens, des definierenden und fixierenden Verstandes (eine Perversion des europäischen Geistes), von Amerika aus in die Weingärten Frankreichs eindringt und die Dichter zum blutigen Kampf aufruft.

Peirce bindet die menschliche Vernunft an die Sprache bzw. ein Inventar von Zeichen. Zeichentheorie ist der Kern seiner Philosophie. Sie sorgt für eine semiotische (zeichentheoretische) Transformation der (Kantschen) Erkenntniskritik, eine semiotische Fundierung der Logik und eine grundsätzliche Neuorientierung der Philosophie, die allerdings erst in der 2. Hälfte des 20. Jh. auch in Europa und besonders in Deutschland durchschlagend wirksam wird. Der Pragmatismus ist heute *die* moderne Philosophie schlechthin.

In Deutschland wurde der amerikanische Pragmatismus erst durch den Heidelberger Philosophischen Weltkongreß 1908 bekannt. Er stieß zunächst auf heftigen Widerstand, erkannte man in ihm doch das angeblich typisch amerikanische Nützlichkeitsdenken. Das Nützliche zum Wahren zu erklären erschien als Angriff auf die abendländische Kultur und besonders auf das deutsche Geisteswesen. Außerdem fänden sich die Grundideen alle schon bei Schopenhauer und Nietzsche, sagte man. Aber die Überwindung der Subjektphilosophie (Auflösung des Subjekts in Lebensvollzügen) stand auch hier an. Scheler und Heidegger übernahmen pragmatistische Ideen. Für den aufkommenden Nationalsozialismus erfüllte der Pragmatismus, gekappt um seine intersubjektiv-sozialen Züge, alsbald die Funktion einer aktivistischen Ideologie. Arnold Gehlen verband in seiner Anthropologie, die den Menschen als handelndes Wesen herausstellte, den Pragmatismus mit einer autoritären Theorie der Institutionen. Und Hugo Dingler gründet in seinem Buch *Ergreifung des Wirklichen* Erkenntnis auf Praxis. Sicher sind für ihn nur Willensaussagen und Handlungsanweisungen. Erst nach dem Zweiten Weltkrieg, in den 60er Jahren, kam es mit Habermas' *Universalpragmatik* und Apels semiotischer *Transformation der Transzendentalphilosophie* zu einer vorurteilsfreien Rezeption des amerikanischen Pragmatismus, besonders von Peirce und George Herbert Mead.

Charles Sanders Peirce

Marx, Feuerbach und Stirner

Wie Vico und Comte stellt sich auch **Karl Marx** (1818–1883) die Geschichte als einen in Stadien ablaufenden Prozess vor. Dessen treibende Kraft sieht er in der Selbstvergegenständlichung des Menschen durch Arbeit. Er übernimmt von Hegel die Idee einer Entwicklung durch Entzweiung und Aufhebung der Entzweiung, oder durch Entäußerung und Vereinnahmung. Das ist das ›dialektische‹ Bewegungsprinzip. Im Marxismus spricht man von »These, Antithese, und Synthese«. Nach Hegels Worten ist das aber nur das »geistlose Schema«, das Kant für den Zusammenhang seiner drei Kritiken sowie für die Abteilungen der Kategorien und die Unterscheidung der Vernunftideen benutzt hat. Marx meint nun im *Kapital I*, die Dialektik sei nichts Geistiges wie bei Hegel, sondern das Bewegungsprinzip des Materiellen, wobei der Geist dessen Widerspiegelung ist. Entfremdung und ihre Aufhe-

Karl Marx schreibt in seiner Abhandlung *Zur Kritik der Hegelschen Rechtsphilosophie*: »Die Religion ist der Seufzer der bedrängten Kreatur, das Gemüt einer herzlosen Welt, wie sie der Geist geistloser Zustände ist. Die Aufhebung der Religion als des illusorischen Glücks des Volks ist die Forderung seines wirklichen Glücks. ... Es ist zunächst die Aufgabe der Philosophie, die im Dienste der Geschichte steht, nachdem die Heiligengestalt der menschlichen Selbstentfremdung entlarvt ist, die Selbstentfremdung in ihren unheiligen Gestalten zu entlarven. Die Kritik des Himmels verwandelt sich damit in die Kritik der Erde, die Kritik der Religion in die Kritik des Rechts, die Kritik der Theologie in die Kritik der Politik.«

bung sieht Marx als etwas Materielles, nämlich Verlust der eigenen Vergegenständlichung, d.h. der Arbeitsprodukte als entfremdeter Arbeit, und Wiederaneignung, d.h. Genuss der Früchte der eigenen Arbeit.

Marx hat dabei den eigenen Nachwuchs (lat. *proles*) im Sinn, so dass sein Ökonomismus nicht weniger mystisch wird wie Hegels von ihm als mystisch apostrophierte Dialektik, nämlich sexual-mystisch. Die sexuelle Aneignung eigener sexueller Produkte zwecks sexueller Selbstfortzeugung ist Marx' Grundidee, sein Prinzip des menschlichen Gattungslebens. Auf Grund dieser Sexualmythologie unter der Parole ›Genuss der Früchte der eigenen Arbeit‹ konnte Marx' Philosophie noch effektiver popularisiert werden als die Hegels. Ist doch der vitale Kern aller gesellschaftlicher Utopien die sexuelle Befreiung oder, mit dem Utopisten **Charles Fourier** (1772–1837), die neue Liebesordnung und neue Liebeswelt (*Le nouveau monde amoureux*).

Um Hegels und/oder Marx' Philosophie zu verstehen, muss man sich um die Ängste, Obsessionen und Glückserfahrungen dieser Autoren kümmern, von denen sie ausgingen und die ihr Leben prägten. Sie haben diese immer wieder benannt und beschrieben, auch in den Hauptwerken selbst, die den fertigen Heilsplan bringen (vgl. z.B. Hegels Fragmente über *Volksreligion und Christentum* oder die 400 Seiten Gedichte, die Marx hinterlassen hat).

Mit seiner Verwandlung des Hegelschen Idealismus in einen Materialismus knüpft Marx an **Ludwig Feuerbach** (1804–1872) an, an dessen Religionskritik. Feuerbach erklärt in seinem Buch von 1841, *Das Wesen des Christentums*, dass Gott nur der personifizierte Gattungsbegriff des Menschen sei, sein Wesen, sein Innerstes. Gott sollte nicht im Jenseits, sondern im Diesseits gesucht werden: als der Mensch selbst, so wie er sich wünscht, zu sein. Der Mensch soll an sich selbst glauben, soll sich sein an den Himmel projiziertes Wesen wieder aneignen, die Selbstentfremdung aufheben im Sinne der Hegelschen Dialektik-Figur der Entzweiung und Wiedervereinigung oder Versöhnung. Feuerbach setzt also die Menschengattung an die Stelle Gottes. Er fordert, dass sich die Philosophie ins menschliche Elend zu begeben habe, um den Menschen aus dem Morast, in dem er versunken ist, herauszuziehen. Die Religion als Gottesglaube ist Ausdruck dieses Elends, ist – wie Marx und Engels dann sagen – »Opium des Volkes«. »Die Aufhebung der Religion als des illusorischen Glücks des Volkes ist die Forderung seines wirklichen Glücks«, schreibt Marx im Sinne Feuerbachs. Feuerbach sieht, wie Marx auch, den Grund des Elends im Geschlechterverhältnis. Feuerbach fordert die Aufnahme der Frau »in die Gemeinschaft des Geistes«, denn sie sei das »lebendige Kompendium der Moralphilosophie«. Er fordert die Aufnahme des Weiblichen in die Wesensbestimmung des Menschen oder in das Göttliche. Der neuere Feminismus (z. B. Luce Irigaray) beruft sich auf Feuerbach. – Marx wünscht die Rückkehr zu einem natürlichen (im Rousseauschen Sinne gutartigen) Geschlechterverhältnis durch die Auflösung der kapitalistischen, warenproduzierenden Gesellschaft. Für diese ist nämlich die Frau der Prototyp der Ware, weshalb Marx und

Ludwig Feuerbach, Stich, 1876.
Studium in Berlin bei Hegel, dann Privatdozent in Erlangen. In seinem ersten Buch *Gedanken über Tod und Unsterblichkeit* leugnet er die Unsterblichkeit. Obzwar anonym erschienen, war mit diesem Buch eine weitere akademische Karriere ausgeschlossen.

St. Petersburg im März 1917 bei Ausbruch der Russischen Revolution. Marx' 11. These über Feuerbach lautet: »Die Philosophen haben die Welt nur verschieden interpretiert, es kömmt darauf an, sie zu verändern.« »Und in welchem Sinne soll die Welt verändert werden?«, wird man fragen? »Etwa die Welt in Brand setzen, wie Jesus, der sagt (Lukas 12, 52 f), er sei gekommen, um Feuer auf die Erde zu werfen, und er wäre froh, wenn es schon brennen würde?« – Natürlich soll die Welt nur im Sinne der marxistischen Interpretation der Welt, wonach der Kapitalismus ihr Untergang ist, verändert werden.

Engels in ihrem *Kommunistischen Manifest* von 1844 diese Gesellschaft als die der Prostitution bezeichnen. Der Kommunismus schafft den Frauentausch ab. Für Marx selbst bedeutet das, auch den Wegtausch des weiblichen Nachwuchses (= *proles*), wie er dem Inzesttabu entspricht und wie er bislang überall Prinzip der Gesellschaft war, aufzugeben und eine neue Art von Gesellschaft zu bilden.

Der Kommunismus schafft die Entfremdung der Arbeit ab, so heißt es. Was das eigentlich bedeutet, zeigen Marx' Ausführungen im *Kapital I*. Prototyp der entfremdeten Arbeit ist, wie Marx nicht müde wird zu wiederholen, die »geronnene« Verausgabung der Begattungskraft, die »Gallerte« oder die »schleimige Masse« unnützen Spermas. Die Wiedergewinnung des Menschen soll durch die proletarische Revolution erfolgen, in der die gesamte Gesellschaft zunächst aufgelöst und dann durch nicht entfremdete Arbeit neu geschaffen wird. In der Aufhebung des Proletariats und Bildung des neuen Menschen verwirklicht sich die Philosophie, schreibt Marx. Aber auch dies: »Das Proletariat kann sich nicht aufheben ohne die Verwirklichung der Philosophie.«

In der späteren marxistischen Philosophie, besonders in der Sowjetunion und in Deutschland, wiederholt sich in gewisser Weise das Schicksal der mittelalterlichen Philosophie, die sich der Religion fügen musste. Philosophie oder Vernunft muss sich nun dem Glauben an das kommunistische Evangelium fügen: die Verlautbarungen von Marx und Engels. Man liest sie nur oberflächlich oder gar nicht. Was wahr ist, weiß man vorweg.

Über keinen Philosophen haben Marx und Engels soviel Worte verloren wie über **Max Stirner** (1806–1856). Max Stirners *Der Einzige und sein Eigentum* von 1844 ist die erste existenzialistische Ich-Philosophie. Auf Fjodor Dostojewskij, Friedrich Nietzsche, Max Ernst oder Jean-Paul Sartre hat sie gewirkt. Ihre nihilistische Radikalität ist umwerfend. »Ich hab' Mein Sach' auf Nichts gestellt«! Unter diesem Motto aus Goethes

Max Stirner, Zeichnung von Friedrich Engels aus dem Gedächtnis, fast 50 Jahre nach ihrer Begegnung in Berlin.

Gedicht *Vanitas* und mit der Widmung »Meinem Liebchen Marie Dänhardt« wettert Stirner los gegen Hegel und Feuerbach, gegen ihre Bestimmung des Einzelnen durchs Allgemeine, durch das Wesen, durch die Idee. »Was soll nicht alles Meine Sache sein! Vor allem die gute Sache, dann die Sache Gottes, die Sache der Menschheit!«, schimpft Stirner. Es reicht ihm nicht, dass der Mensch Gott getötet hat, dann aber (mit Feuerbach) den Menschen an dessen Stelle setzte. Fort mit »dem Menschen«, ruft Stirner. »Der Mensch muss sterben, damit ich sei. Fort mit jeder Sache, die nicht ganz und gar meine Sache ist. Meine Sache ist keine allgemeine, sondern ist – *einzig*, wie ich einzig bin. Mir geht nichts über Mich!«

Aber wie weit kommt man mit diesem »schöpferischen Nichts«, dem endlichen, sterblichen Ich, das Alles ist? »Ich bin« bedeutet »Ich verzehre mich«, weiß Stirner. Ich muss alles aus mir selbst machen. Stirner gesteht: Möglich, dass ich aus mir sehr wenig machen kann; dies Wenige ist aber Alles und ist besser, als was ich aus mir machen lasse durch die Gewalt anderer, durch die Dressur, die Sitten. Was Stirner selbst aus sich gemacht hat, lässt sich nicht ablesen aus dem, was er »geworden« ist. Im Vergleich mit allen anderen bekannten Philosophen ist das nichts. Eine erfolglose Milchhandlung hat er betrieben, ein paar Rezensionen und Repliken auf seine Kritiker geschrieben, sonst kein eigenes Buch mehr, nur noch Übersetzungen, z. B. von Adam Smith. Die Ehe missglückte und blieb kinderlos. Der schriftliche Nachlass ging verloren oder wurde vernichtet. Kein Bild gibt es von ihm. Engels zeichnete sein Profil aus der Erinnerung – 50 Jahre nach ihrer Begegnung in Berlin. Fünfzigjährig starb Stirner aus Bayreuth 1856 in Berlin an einem Karbunkel im Nacken. Max Stirner: ein Pseudonym. Sein wirklicher Name war Kaspar Schmidt. Ein ärmliches Leben? Ein ärmliches Ich? – »Für mich hat die armselige Sprache kein Wort«, schreibt Stirner in einer Antwort auf seine Kritiker, u. a. Feuerbach. »Weil

2. Hälfte des 19. Jh.
1851 Erste Weltausstellung in London
1852 Napoleon III. Kaiser Frankreichs
1853 Krimkrieg
1859 Schlacht bei Solferino, 30 000 Tote; Gründung des Roten Kreuzes
1864 Krieg um Schleswig-Holstein; Bürgerkrieg in USA
1866 Mit den neuen Zündnadelgewehren siegen die Preußen bei Königgrätz über die Österreicher, die größte Schlacht des Jahrhunderts! Über 30 000 Tote
1871 Deutsch-Französischer Krieg; Proklamation Wilhelms I. zum dt. Kaiser; Vernichtung der Pariser Kommune, 20 000 Tote
1872 Kulturkampf Bismarcks gegen Kirche und Zentrum
1874 Im Deutschen Reich gilt nur noch die standesamtliche, nicht die kirchliche Ehe
1878 Verbot sozialistischer Vereine
1888 Der neue, von C. F. Benz gebaute dreirädrige Motorwagen kostet 3000 Mark und fährt 16 Stundenkilometer; Daimler bringt einen vierrädrigen Wagen heraus; Hertz weist elektromagnetische Wellen nach
1889 Eiffelturm erbaut
1895 Röntgen entdeckt die X-Strahlen
1897 Entdeckung des Elektrons
1900 Erfindung des Kinematographen; die beiden Curies entdecken die Radioaktivität

der Inhalt des Einzigen kein Gedankeninhalt ist, darum ist er auch undenkbar und unsagbar, weil aber unsagbar, darum ist er, diese vollständige Phrase, zugleich keine Phrase. Der Einzige ist die aufrichtige, unleugbare, offenbare Phrase; er ist der Schlussstein unserer Phrasenwelt, dieser Welt, in deren Anfang das Wort war.« Stirner: Ironie und Vollendung der Philosophie! »Der vielleicht klarste und schärfste Verstand aller Zeiten und Völker«!, entgegnet sein Biograph John Henry Mackay denen, die Stirner beschimpften – als »Mittelmaß« (Jürgen Habermas), »Psychopath« (Carl Schmitt), »hohlster und dürftigster Schädel unter den Philosophen« (Karl Marx).

Schopenhauer, Nietzsche und Kierkegaard

Arthur Schopenhauer (1788–1860) ist der erste bedeutende atheistische Philosoph deutscher Sprache noch vor Stirner. Aber sein Nihilismus ist buddhistisch gebrochen: Sein Nichts ist Erlösung. Es bedeutet schon zu Lebzeiten Klarsicht, Einsicht ins Wesen der Welt durch Kontemplation. Denn Kontemplation ist Stilllegung des auf Leben und Fortzeugung drängenden Willens, welcher nach Schopenhauer der Grund der Welt ist. Auf diese Weise weiß Schopenhauer alles, ähnlich wie Hegel. Und er insistiert mit Penetranz und Polemik auf der absoluten Wahrheit seiner Weltsicht. Kants Wahrheit, »die Welt ist meine Vorstellung«, ist Schopenhauers Ausgangspunkt. Er findet sie in der indischen Philosophie (seit 1801 liegen Sanskrittexte durch Duperrons Übersetzung auf Französisch vor) bestätigt, in der Lehre vom Schleier der Maja, die die Welt der Vielheit, der Individuation in Raum und Zeit, zum Schein erklärt. Hinter den Schleier der Erscheinungswelt »blicken« wir, wenn wir des Weltwillens gewahr werden, dessen Objektivation wir, wie jede andere Kreatur, sind. Dieses Gewahrwerden ist das Gefühl des Mitleids beim Leid anderer. Und Leben ist wesentlich Leiden, Verbrauch der Individuen beim Kampf ums Dasein und um Fortzeugung. Nur Mitleiden ermöglicht unegoistisches oder selbstloses und d. h. für Scho-

Portrait des 31-jährigen Schopenhauer von Ludwig Sigismund Ruhl, um 1818

penhauer moralisches Handeln. Es stellt gleichsam den eigenen, egoistischen Willen ab. Die Urbilder (oder die platonischen Ideen) der Willensobjektivationen erkennen wir kontemplativ, d.h. bei meditativ abgestelltem Willen, in der Kunst, besonders in der Musik.

Diese einfache übersichtliche Konzeption der »Welt als Wille und Vorstellung« hatte erst verspätet, nach dem Scheitern der 48er-Revolution, ihre Wirkung, besonders auf Künstler und Literaten wie Richard Wagner, Leo Tolstoi oder Thomas Mann, aber auch auf Philosophen wie Friedrich Nietzsche und Ludwig Wittgenstein, und vor allem auf Sigmund Freud, der im »Willen« Schopenhauers sein »Unbewusstes« entdecken konnte.

Als nachhaltig, nämlich die heutige evolutionäre Erkenntnistheorie hervorbringend, erwies sich auch die naturalistische Wende, die Schopenhauer der Kantschen Erkenntnistheorie gab. Die Wende besteht darin, dass Schopenhauer das Kantsche Erkenntnisvermögen (das transzendentale Ich) mit dem Gehirn als Erkenntnisapparat identifizierte. Die Welt, wie wir sie sehen, die sog. Vorstellungswelt, ist demnach ein Gehirnerzeugnis. Dann stehen wir allerdings vor einem Paradox, das Schopenhauersche Gehirnparadox. Es bedeutet: Die Vorstellungswelt ist ein Produkt des Gehirns und das Gehirn zugleich ein Teil der vorgestellten Welt. Man kann sich vor diesem Paradox in einen hypothetischen Realismus flüchten, das macht die heutige evolutionäre Erkenntnistheorie. Man nimmt dann an, es gäbe eine reale Welt, nämlich das Weltall mit seinen Sternen und diesem Planeten Erde darin, auf diesem dann die Evolution der Lebewesen bis hin zum Menschen, in dessen Bewusstsein sich nun vermöge

Flöte spielender Satyr, attischer Teller des Epiktetos in der Bibliothèque Nationale, Paris.
Der moderne »Bildungsmensch«, als welchen sich die Bürgersprösslinge präsentieren, scheut sich, im Satyr seinen Vater anzuerkennen. Ihm ruft Nietzsche zu: »Du lügenhafte Brut! Wir kennen euch trotzdem, wir wissen doch was ihr seid, verschämte Schattenbilder der Satyrn, verlegene und entartete Sprösslinge, die ihre Väter verleugnen. Denn hier stehen sie, eure wackeren Väter, eure behaarten und geschwänzten Ahnherrn! Wir sind die Wahrheit und ihr seid die Lüge.«

seines Gehirns die Welt gewissermaßen selbst abbildet. Die sinnliche Abbildung durch die Wahrnehmung ist dabei nur eine beschränkte, z. B. verschieden von der Wahrnehmungswelt einer Fledermaus oder einer Zecke. Aber die Naturwissenschaft mit ihrer Erweiterung unserer Erfahrungsmöglichkeit durch Instrumente, die dann auch z. B. Ultraschall registrieren, liefert dem Menschen eine mehr und mehr vollständige Erfahrung von der Realität.

Diesen hypothetischen Realismus finden wir auch bei dem meistzitierten Philosophen überhaupt, dem in Röcken als Pastorensohn geborenen **Friedrich Nietzsche** (1844–1900). Er erklärt in seiner kleinen Schrift von 1873 *Über Wahrheit und Lüge im außermoralischen Sinne*, die Vernunft sei nur eine Weise, wie eine bestimmte Art von Lebewesen, der Mensch, sich durchsetzt, und dass die »klugen Tiere« bald aussterben könnten, wenn sie ihren Trieb zur Wahrheit nicht in Frage stellen und nicht die Kunst, die Verklärung, die Illusion, die Lüge, über die Wahrheit setzen.

In seinem Buch von 1872 *Die Geburt der Tragödie aus dem Geiste der Musik* sieht er die Welt an sich – also das, was Schopenhauer in seinem Hauptwerk *Die Welt*

Edvard Munch, *Friedrich Nietzsche*, 1900, Thielska Galleriet, Stockholm

als Wille und Vorstellung den Willen nannte – in Dionysos, dem griechischen Gott des Rausches, der Auflösung der Individuation und des Irrationalen, repräsentiert, und die Erscheinungswelt, die Schopenhauer Vorstellung nannte, in Apollon, dem griechischen Gott des Traumes, der Individuation und des Rationalen. Er plädiert für die Wiederkehr der dionysischen Weltsicht, der Tragödie – aus dem Geiste der Wagnerschen Musik.

Als Nietzsche diese beiden Schriften verfasste, stand er ganz im Banne der Persönlichkeit Richard Wagners, der ein Anhänger Schopenhauers war. Nietzsche hatte bereits als 25-Jähriger eine Professur für Klassische (d. h. griechische und lateinische) Philologie in Basel bekommen und pflegte regen Kontakt zu Richard und Cosima Wagner, die damals nahe bei Luzern wohnten. Allerdings kam es doch bald zum Bruch der Freundschaft, nicht zuletzt wegen Wagners Verherrlichung der Keuschheit in der Oper *Parzival*. Nietzsche hatte sich durch seinen Freund Paul Rée, der ein Buch über den *Ursprung der moralischen Empfindungen* geschrieben hatte, seinem Problem zugewandt, das bis zuletzt seine Philosophie bestimmte: dem Problem der Moral, insbesondere der christlichen sinnen- oder dionysosfeindlichen Sexualmoral, in der, anders als in der früheren griechischen Kultur, die homosexuelle Liebe verteufelt wird. In seinen nun folgenden Werken, angefangen mit *Menschliches, Allzumenschliches. Ein Buch für freie Geister*, das dem Ehepaar Wagner überhaupt nicht mehr gefiel, stellte er dem moralischen

Max Ernst, *Birth of Comedy (Geburt der Komödie)*, 1947, Museum Ludwig, Köln.
Die Geburt der Tragödie ist der Titel von Nietzsches erstem Buch. Der Titel des Bildes von Max Ernst spielt darauf an. Max Ernst hatte als Philosophiestudent mit Begeisterung *Die fröhliche Wissenschaft* von Nietzsche gelesen. Das erste Stück des ersten Buches handelt von der wie Ebbe und Flut abwechselnden Geburt von Tragödie und Komödie. Auf die Zeit der Komödie wartet Nietzsche, auf die Zeit des Lachens über das Dasein, auf die Zeit der großen Befreiung und Unverantwortlichkeit jenseits von Gut und Böse. Er schreibt: »Einstweilen ist es noch ganz anders, einstweilen ist die Komödie des Daseins sich selber noch nicht ›bewusst geworden‹, einstweilen ist es immer noch die Zeit der Tragödie, die Zeit der Moralen und Religionen.«

Nietzsche schildert in *Jenseits von Gut und Böse* Jesu Martyrium als sein eigenes: »Das Martyrium des unschuldigsten und begehrendsten Herzens, ... das Liebe, Geliebtwerden und Nichts außerdem verlangte, mit Härte, mit Wahnsinn, mit furchtbaren Ausbrüchen gegen Die, welche ihm Liebe verweigerten. ... Wer so fühlt, wer dergestalt um die Liebe weiß, sucht den Tod.«

Menschen den »freien Geist« gegenüber. In dem Hauptwerk *Also sprach Zarathustra* wird dieser zu einem neue Werte verkündenden Übermenschen jenseits von Gut und Böse. Die alten Werte des Wahren, Schönen und Guten bieten den Menschen keine Perspektiven mehr, meint Nietzsche. Er unternimmt deshalb eine Umwertung der Werte, wobei er allerdings auf so schauerliche Ideale wie Cesare Borgia zurückgreift. Er preist in seinem Buch *Morgenröte. Gedanken über die moralischen Vorurteile* im Gegensatz zu den bisherigen Werten des Wohlbefindens, der Wissbegier, des Friedens, des Mitleidens und der Arbeit die Grausamkeit, die Verstellung, die Rache, den Wahnsinn als Tugend. Denn das seien die ehemals geltenden, durch die spätere Kultur, besonders das Christentum, verdeckten und unterdrückten eigentlichen, beim früheren kriegerischen Menschen noch zu findenden Charaktere des Menschen, die den Menschen der Zukunft wieder auszeichnen sollten.

Lou von Salomé, Paul Rée und Friedrich Nietzsche, Foto von Jules Bonnet, Luzern 1882. Nietzsche hatte die Gruppe so arrangiert: Die beiden Herren ziehen den Wagen mit der Peitsche schwingenden Frau darauf. In *Also sprach Zarathustra* (Teil 1, 18. Rede) heißt es: »Du gehst zu Frauen? Vergiss die Peitsche nicht!«

Diese Werke Nietzsches seit seiner Abkehr von Wagner und damit auch von Schopenhauer bestehen, mit Ausnahme der etwas systematischer gehaltenen *Genealogie der Moral,* aus Tausenden von Aphorismen, kleinen bis zu drei Seiten langen Abhandlungen und Hunderten von Gedichten. Diese

Alfred Kelsner, *Sog in den Abgrund.*
In diesem Gemälde des ›Weltraumkünstlers‹ Kelsner verschlingt ein Schwarzes Loch ein ganzes Planetensystem. Nietzsche schreibt in seiner Abhandlung *Über Wahrheit und Lüge im außermoralischen Sinne*: »In irgend einem abgelegen Winkel des in zahllosen Sonnensystemen flimmernd ausgegossenen Weltalls gab es einmal ein Gestirn, auf dem kluge Tiere das Erkennen erfanden. Es war die hochmütigste und verlogenste Minute der ›Weltgeschichte‹: aber doch nur eine Minute. Nach wenigen Atemzügen der Natur erstarrte das Gestirn, und die klugen Tiere mussten sterben. – So könnte jemand eine Fabel erfinden und würde doch nicht genügend illustriert haben, wie kläglich, wie schattenhaft und flüchtig, wie zwecklos und beliebig sich der menschliche Intellekt innerhalb der Natur ausnimmt.«

Produktionsweise seiner Schriften entsprach seinem unsteten und von chronischer Krankheit (Migräne und extreme Sehschwäche) gezeichnetem Leben nach der Aufgabe der Baseler Professur. Jahrelang war er fast jeden dritten Tag völlig arbeitsunfähig. Immer wieder begab er sich auf Reisen, pendelte zwischen Naumburg, wo Mutter und Schwester lebten, der Schweiz und Italien hin und her. Die letzten zehn Jahre verbrachte er geistig umnachtet wieder bei Mutter und Schwester.

Ein unglückliches Leben hatte auch der in Kopenhagen geborene **Sören Kierkegaard** (1813–1855). Wie Nietzsche, vermochte er es nicht, »ein Mädchen glücklich zu machen«. Das schrieb er wörtlich so 1841 an seine Braut Regine Olsen und löste damit die Verlobung. So wie sich bei Nietzsche alles um die unerlaubte und vermeintlich unmögliche homoerotisch-dionysi-

Hugo Höppener, genannt Fidus, *Lichtgebet*, Aquarell, 1913.
»Gott ist tot« und mit ihm »unsere ganze europäische Moral«, verkündet der ›tolle Mensch‹ in Nietzsches *Fröhlicher Wissenschaft*. »Wir Philosophen und *freien Geister* fühlen uns bei der Nachricht, dass der *alte Gott tot* ist, wie von einer neuen Morgenröte angestrahlt; unser Herz strömt dabei über von Dankbarkeit, Erstaunen, Ahnung, Erwartung – endlich erscheint uns der Horizont wieder frei.«

sche Existenz dreht, so dreht sich bei Kierkegaard alles um seine unmögliche Verbindung mit Regine. Seine Bücher nach 1841, nach seiner Dissertation über den Begriff der Ironie, sind allesamt Reflexionen über seine Impotenz. Beider Existenzen sind unmöglich oder verpfuscht. Denn Existenz bedeutet Liebe. Die Beschaffenheit der Existenz, so führt Kierkegaard 1846 aus, ist die Beschaffenheit der Liebe, wie Platon sie im *Symposion* beschreibt. Eros ist eine Synthese des Unendlichen und Endlichen, des Ewigen und Zeitlichen und daher beständig strebend. Entsprechend ist Kierkegaards Existenz, so schreibt er, selbst ein ebenso pathetisches wie komisches Streben.

Kierkegaards einziger Gegenstand ist sein Leben, seine Existenz. Seine Philosophie ist Autobiographie – wie bei Nietzsche auch. Er versucht, sein Leben zu erkennen, um es zu überwinden. Sein einziges Problem heißt: »Wie werde ich gläubig?« »Hätte ich Glauben gehabt, wäre ich bei Regine geblieben«, schreibt er in sein Tagebuch. Das einzige, was ihn retten kann, ist das Absurde, nämlich zu glauben, dass er Regine wiedergewänne – »kraft des Absurden, auf Grund dessen, dass bei Gott alles möglich ist.« – Albert Camus wird sich später auf Kierkegaard beziehen in seinem *Mythos von Sisyphos*.

Wieso kommt Kierkegaards Denken allgemeine Bedeutung zu? Geht es darin denn nicht nur um sein Problem, sein Geheimnis, das er nicht müde wird immer wieder ausdrücklich zu verbergen und dadurch anzuzeigen, wo es sich befindet? Leo Schestow meint: Das Geheimnis Kierkegaards oder Nietzsches (also Impotenz und Homosexualität), sollte sich nicht, weil es allenthalben verspottet und verleumdet wird, wie ein Dieb in der Nacht verbergen. Ihm gebührt vielmehr der höchste Ehrenplatz unter den Wahrheiten. Denn: Dies Private und Intime, die existenzielle Betroffenheit, gestatten ein Denken in den Kategorien des Lebens. Kierkegaard sagt es so: Auch durch lebenslange Beschäftigung mit Logik wird man nicht selbst zur Logik, sondern »existiert selbst in anderen Kategorien.« Kierkegaard unterscheidet drei Existenzweisen: die ästhetische, die ethische und die religiöse, je nachdem man nach Genuss strebt, oder unabhängig vom Äußeren nach moralischen Maßstäben lebt, oder im Glauben. – Heidegger nennt später in seiner Existenzphilosophie solche Kategorien des Existierens ›Existenziale‹. Sein existenzielles Denken heißt dann »Hermeneutik« (Auslegung) des Daseins.

Kierkegaard ist der Begründer solcher Existenzphilosophie, die den Menschen nicht von außen beschreibt, sondern von innen auslegt. Er schreibt: Der Denker, der vergisst, ein Existierender zu sein, macht den Versuch, mit dem Menschsein aufzuhören und selbst zu einem Buch oder einem objektiven Etwas zu werden. Das Dasein spottet dessen, der im Begriff ist, rein objektiv werden zu wollen. Die einzige Wirklichkeit, um die ein Existierender nicht bloß weiß, ist seine eigene Wirklichkeit, dass er da ist; und diese Wirklichkeit ist sein absolutes Interesse. Alles wesentliche Erkennen betrifft die Existenz. Nur das Erkennen, das sich wesentlich zur Existenz verhält, ist wesentliches Erkennen. Nur das ethi-

Sören Kierkegaard, 23-jährig, Holzschnitt, Königliche Bibliothek Kopenhagen.
Sören Kierkegaard lernt in diesem Alter Regine Olsen kennen, verlobt sich drei Jahre später (1840) mit ihr und löst nach einem Jahr die Verlobung. Ab 1843 produziert er bis zu seinem Tode 1855 unter Pseudonymen seine Bücher – sämtlich über seine Entlobung.

Kierkegaards unter Pseudonym erschienene Werke
Entweder–Oder von Victor Eremita (1843)
Die Wiederholung von Constantin Constantius (1843)
Furcht und Zittern von Johannes de Silentio (1843)
Philosophische Brocken von Johannes Climacus (1844)
Der Begriff Angst von Vigilius Hafniensis (1844)
Stadien auf dem Lebensweg von Hilarius Buchbinder (1845)
Abschließende unwissenschaftliche Nachschrift zu den philosophischen Brocken von Johannes Climacus (1846)
Die Krankheit zum Tode von Anti-Climacus (1849)
Einübung ins Christentum von Anti-Climacus (1850)

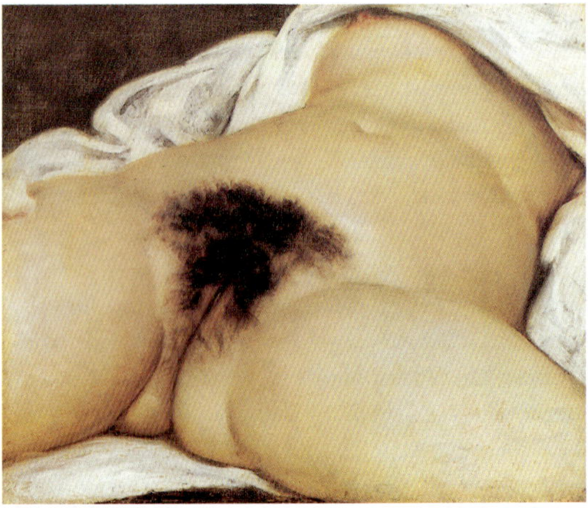

Gustave Courbet, *L'origine du monde (Der Ursprung der Welt)*, 1866, Musée d'Orsay, Paris.
Die Angst vor der Sexualität als Angst um den Geist bestimmte Kierkegaards Philosophie.

sche und ethisch-religiöse Erkennen ist daher wesentliches Erkennen.

Kierkegaard ist auch ein Kassiker der protestantischen Theologie. Sein Glaubensverständnis entspricht dem von Tertullian und Luther: »Ich glaube, weil es absurd ist. Denn glauben heißt den Verstand verlieren.« Seine religiöse Grunderfahrung ist die Angst vor der Sünde. Sie hält ihn gefangen, denn diese Angst vor der Sünde bringt die Sünde erst hervor. Die augustinische Lehre von der Erbsünde – dass der Mensch notwendig von Geburt an verderbt sei – ist sein Dogma. Davon handelt seine Schrift *Der Begriff Angst* von 1844. Die Sinnlichkeit oder das Sexuelle gilt ihm als der eigentliche Gegenstand der Sünde. Denn das Sexuelle ist der Ausdruck für jenen ungeheuren Widerspruch, dass der unsterbliche Geist als Geschlecht *(genus)* bestimmt ist. Kierkegaards Angst ist die Angst vor der Geistlosigkeit im Sexuellen. Eine weibliche Ohnmacht nennt er sie. Also Angst vor der (weiblichen) Sexualität. Er beschreibt sie als Schwindel der Freiheit, der ihn schuldig werden, d. h. seine Sinnlichkeit als sündhaft erscheinen lässt: »So ist die Angst der Schwindel der Freiheit, der entsteht, indem der Geist die Synthese setzen will und die Freiheit nun hinab schaut in ihre eigene Möglichkeit und da die Endlichkeit ergreift, um sich daran zu halten. In diesem Schwindel sinkt die Freiheit ohnmächtig um. Weiter kann die Psychologie nicht kommen und will es auch nicht. Im selben Augenblick ist alles verändert, und indem die Freiheit sich wieder aufrichtet, sieht sie, dass sie schuldig ist. Zwischen diesen Augenblicken liegt der Sprung, den keine Wissenschaft erklärt hat oder erklären kann.«

Kierkegaards privates Problem (der Sprung zwischen Erschlaffung und Erektion), bei dem ihm offenbar weder die psychologische noch medizinische Wissenschaft helfen konnte, wird zur Metapher für das existenzielle Grundproblem des Menschen, das darin bestehen soll, eine Synthese aus Endlichem und Unendlichem, aus Körper und Geist zu sein.

Kierkegaards Adaption anderer biblischer Geschichten (wie die Hiobs, dem alles genommen wird, oder Abrahams, der sein Liebstes opfert) für die Darstellung seines Problems mit Regine grenzt an Zynismus. Er präsentiert sich, unter Pseudonym natürlich, in seinem Buch *Die Wiederholung* als ein neuer Hiob, dem die Braut genommen wurde. Und in dem Buch *Furcht und Zittern* als ein neuer Abraham, der sein Liebstes opfert. Dort schreibt er: »Der ethische Ausdruck für das, was Abraham tat, ist, dass er Isaak morden wollte, der religiöse ist, dass er Isaak opfern wollte; aber in diesem Widerspruch liegt gerade die Angst.« – Man ersetze Abraham durch Sören und Isaak durch Regine!

Kierkegaards neurotische Angst vor der Wirklichkeit war stärker als die Angst vor dem Tode, schreibt Arnold Künzli in seinem Buch *Die Angst als abendländische Krankheit*. Kierkegaard starb, als nach 17 Jahren das vom Vater ererbte Vermögen erschöpft war und er sich weder Sekretär noch Diener mehr halten konnte. Zerrüttet an Leib und Seele durch maßlose Attacken gegen Journalisten, Pfarrer, Kirche und Staat, von den Leuten verachtet und gehasst, brach er 1855 auf der Straße zusammen. Er wollte in den Augen der Welt als Märtyrer erscheinen.

Lorenzo Ghiberti, *Opferung Isaaks*, 1401–02, Bronze, 53,3 x 42 cm, Museo Nazionale del Bargello, Florenz.

Die Psychoanalyse wurde im letzten Jahrzehnt des 19. Jh. von dem 1856 in Freiberg (Tschechien) geborenen und 1939 (nach der Vertreibung durch die Nazis) in London gestorbenen Arzt Sigmund Freud in Wien begründet. Es handelt sich um eine Theorie und Technik, die dazu dient, Art und Wirkungsweise der psychischen (seelischen) Kräfte zu studieren und zu beeinflussen. Entscheidend ist die Annahme des Unbewussten (oder des Es) als Teil des Psychischen außer dem Bewussten (d.h. außer dem Ich, das übrigens, anders als das Es, auch zuweilen, in Ohnmacht und Schlaf, wegbleiben kann) und die Annahme einer Kraft, die dafür sorgt, dass es unbewusste Vorstellungen gibt: die Verdrängung. Freud fand in der psychoanalytischen Technik Mittel, diese widerstrebende Kraft aufzuheben und die betreffenden Vorstellungen bewusst zu machen. Neurosen schienen für Freud durch das Vorwalten wirksamer unbewusster Vorstellungen bestimmt. Durch Bewusstmachen waren sie demnach zu beseitigen, d.h. verloren ihre Wirksamkeit. Entsprechend erklärte Freud die Phänomene des Traumes und der Hysterie durchs Unbewusste.

Freud sah sich mit seiner Entdeckung des Unbewussten als ein zweiter Kant. Die Korrektur, die Kant an der äußeren Wahrnehmung gemacht hat, dass sie subjektiv bedingt sei und dass hinter ihr das unerkennbare Ding-an-sich stünde, machte er nun für die innere oder Selbst-Wahrnehmung. So wie nach Kant die Dinge an sich nicht so zu sein brauchen, wie sie uns erscheinen, so braucht auch das Psychische, also das innere Objekt, nicht so zu sein, wie es uns erscheint, meint Freud. Ganz so unerkennbar wie Kants Dinge an sich sei das innere Objekt allerdings nicht, meinte Freud. In dessen Erkenntnis und Behandlung bestehe schließlich die ganze Psychoanalyse als Theorie und Technik der seelischen Kräfte.

Die Philosophen des 20. Jh. haben diesen neuen Kant der Selbstwahrnehmung, also Sigmund Freud, nur spärlich rezipiert und meist so getan, als gäbe es ihn gar nicht. Hatten sie Angst vor der Psychoanalyse der Philosophie, die ihre philosophischen Vorstellungen womöglich auf verdrängte Wünsche, auf Neurosen und Ängste, zurückführen würde?

Tatsächlich vergleicht Freud die Philosophie, neben Kunst und Religion, mit der Neurose. »Die Neurosen zeigen einerseits auffällige und tiefreichende Übereinstimmungen mit den großen sozialen Produktionen der Kunst, der Religion und der Philosophie. Andererseits erscheinen sie wie Verzerrungen derselben. Man könnte den Ausspruch wagen, eine Hysterie sei ein Zerrbild einer Kunstschöpfung, eine Zwangsneurose ein Zerrbild einer Religion, ein paranoischer Wahn ein Zerrbild eines philosophischen Systems.« Der Neurotiker, so erklärt er, wendet sich von der Wirklichkeit ab, weil er sie – ihr Ganzes oder Stücke derselben – unerträglich findet, und ersetzt sie durch eine Wahnwelt. Macht der Philosoph es nicht auch so?

Religion, Kunst und Philosophie hatte Hegel schon als »Selbstbefriedigungen des absoluten Geistes« bezeichnet, gewissermaßen als Selbsttherapien des Geistes. Nietzsche vermutete, dass hinter der Logik und Philosophie physiologische Forderungen stünden, dass Philosophie bisher ein »Missverständnis des Leibes« gewesen sein könnte. Freud konnte an Nietzsches Versuche psychoanalytischer Aufklärung anknüpfen. Allerdings hat er – vielleicht zum Dank – Nietzsches Philosophie selbst von einer psychoanalytischen Aufklärung verschont.

Edvard Munch, *Sphinx (Selbstportrait)*, 1909, Munch-Museet, Oslo.
Munch identifiziert sich hier mit dem Mutter-Angst-Tier Sphinx des Ödipus und auch mit dem Medusenhaupt, dessen Anblick Erstarrung und Impotenz beschert. Für Freud bildet der Ödipuskomplex, d. h. das inzestuöse Verlangen (die Verliebtheit in die Mutter und die Eifersucht auf den Vater) den Kern aller Verdrängungen (des Mannes). In der unzulänglichen Bewältigung des Ödipuskomplexes sieht er den Grund für seelische Störungen und Neurosen.

Das 20. Jh.
1900 Max Planck begründet die Quantenphysik
1903 Erfindung des Flugzeuges
1905 Einsteins spezielle Relativitätstheorie
1914 Erster Weltkrieg
1917 Russische Revolution
1919 Vertrag von Versailles
1933 Machtergreifung Hitlers
1936 Spanischer Bürgerkrieg
1939 Zweiter Weltkrieg
1945 Erste Atombomben
1949 Gründung der Nato
1950 Koreakrieg
1952 Fernsehen in Deutschland
1953 Arbeiteraufstand in Ost-Berlin
1954 Algerienkrieg
1956 Ungarnaufstand
1957 Sputnik
1959 Castro in Kuba
1961 Gagarin im All; Bau der Berliner Mauer
1964 Vietnamkrieg
1966 Kulturrevolution in China
1967 Israels Sechs-Tage-Krieg; Farbfernsehen in Deutschland
1968 Sog. Studentenrevolution, Prager Frühling und sein Ende
1969 Menschen auf dem Mond
1980 Computerisierung; Iran und Irak im Krieg
1982 Falklandkrieg
1986 Tschernobyl
1987 Afghanistankrieg
1989 Wiedervereinigung Deutschlands
1991 Golfkrieg; Ende

Was das 20. Jh. prägte, lässt sich wie folgt andeuten: Es waren die beiden verheerenden Weltkriege, die beiden Ideologien Faschismus und Kommunismus mit ihren Hauptakteuren Hitler und Stalin, schließlich der Ost-West-Gegensatz mit der atomaren Bedrohung der Menschheit, ein rasanter wissenschaftlich-technischer Fortschritt in der Physik, der Medizin und Biologie, der die Industriegesellschaften in eine bald weltumspannende Informationsgesellschaft verwandelt, und die ökologische Krise, d. h. die absehbare Erschöpfung der Lebensgrundlagen der Menschheit durch Raubbau an der sog. Natur bei ständig wachsender Weltbevölkerung. Die Philosophie dieser Zeit wandte sich zwar neuen Themen wie der Wissenschaftstheorie, der Logik, der Sprachanalyse und der Gesellschaftstheorie zu, blieb aber doch weitgehend von den großen Außenseiterphilosophen des 19. Jh., Marx, Nietzsche und Kierkegaard, bestimmt. Marx stand hinter dem für sozialistische Staaten obligatorischen sog. Dialektischen Materialismus. Auf Marx beriefen sich Lenin und Stalin, die mit ihren Terrorsystemen Marx' Utopie der klassenlosen Gesellschaft und des allgemeinen Glücks durchsetzen wollten. Nietzsche stand besonders hinter der von Frankreich ausgehenden Postmoderne. Auf ihn (zumindest in Vertretung durch seine Schwester Elisabeth Förster-Nietzsche, die für eine entsprechende Interpretation Nietzsches sorgte) berief sich auch Hitler für seine Realisierung von Nietzsches Idee des Übermenschen im germanischen Herrenmenschen. Kierkegaard stand hinter der Existenzphilosophie, die um die Mitte des Jahrhunderts als die Philosophie ihres Zeitalters galt.

Existenzphilosophie

Die Existenzphilosophie in ihrer Ausprägung durch Jean-Paul Sartre und Albert Camus, der Existenzialismus, war um die Mitte des 20. Jh. in Westeuropa nicht nur theoretisch, sondern auch praktisch ›in‹: Eine Philosophie als Lebensform, eine Weltanschauung. Ihr Zentrum ist Paris, Place St. Germain des Près. – Angefangen hat sie eigentlich mit Kierkegaard, denn alle Existenzphilosophen des 20. Jh. waren von Kierkegaard beeinflusst oder erkannten sich zumindest in ihm wieder, soweit sie bereits ohne ihn ihr Konzept entwickelt hatten – wie z. B. Gabriel Marcel und Leo Schestow. Kierkegaard hatte sich gegen Hegel gewandt, weil in dessen vom Weltgeist regierten System für den Einzelnen, den individuellen Menschen (also Stirners Einzigen) kein Platz und kein Sinn war. Diese Wendung hatte schon der späte Schelling gemacht, dessen Vorlesungen Kierkegaard in Berlin gehört hatte. Schelling spricht auch erstmals von ›Existenz‹ und dem ›reinen Dass‹, von dem seine positive Philosophie ausgeht. Darauf hat **Hannah Arendt** (1906–1975) in ihrer Schrift von 1946 *Was ist Existenzphilosophie?* hingewiesen und auch darauf, dass Karl Jaspers mit seiner *Psychologie der Weltanschauungen* 1919 das erste Buch der neuen Schule, genannt Existenzphilosophie, vorgelegt hat. Philosophie bestimmt er als Existenzerhellung. Sie geht von Grenzerfahrungen aus, ist Appell an die eigene Lebenskraft, und kritisiert die Weltanschauungen, die vermeintlich den Sinn des Seins erfasst haben, aber doch nur mythologische Gebäude sind, in die hinein der Mensch Schutz suchend vor den eigentlichen Fragen der Existenz flüchtet.

Die Existenzphilosophie ist die Philosophie des in einer völlig erklärten Welt sich verloren vorkommenden Individuums. Hannah Arendt schreibt: »Zu dieser erklärten Welt befindet sich der Einzelne in dauerndem Widerspruch, weil seine ›Existenz‹, nämlich die reine Faktizität seines Existierens in seiner ganzen Zufälligkeit (dass ich gerade *ich* bin und niemand anderes, dass ich gerade *bin* und nicht nicht bin) weder von der Vernunft vorhergesehen noch von ihr in etwas rein Denkbares aufgelöst werden kann.« Diese Existenz ist aber gerade das einzige, dessen ich gewiss sein kann, weshalb es die Aufgabe des Menschen ist, subjektiv zu werden. Dieses Subjektivwerden geschieht im Erleben

der Sowjetunion; Internet
1992 Jugoslawienkrieg; Ende der Apartheid in Südafrika
1993 Israel und Palästinenser auf Friedenskurs
1994 Hutu gegen Tutsi in Afrika
1999 Euro-Währung

Oscar Wilde, Foto von Napoleon Sarony, New York, um 1880.
Wilde schreibt in *Die Seele des Menschen unter dem Sozialismus*: »Über dem Portal der antiken Welt standen die Worte: ›Erkenne dich selbst‹. Über dem Portal der neuen Welt wird stehen: ›Sei du selbst‹.«

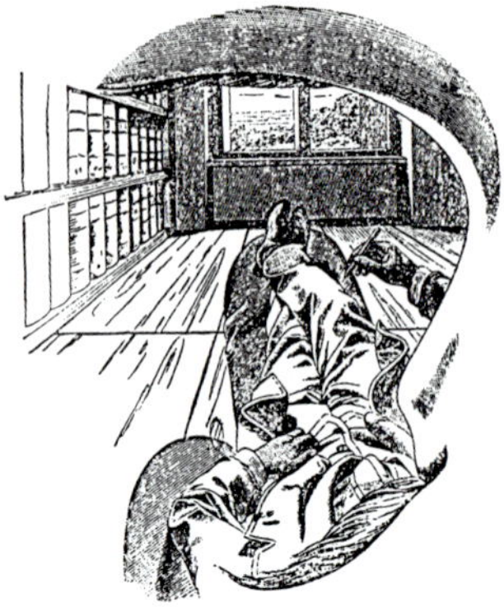

Ernst Machs *Selbstportrait* aus seinem Buch *Die Analyse der Empfindungen und das Verhältnis des Physischen zum Psychischen* von 1886.

von Grenzsituationen (wie Karl Jaspers sagt), z. B. in der Angst oder im Gedanken an den Tod, weil der Mensch sich da aus der Welt und dem alltäglichen Leben herauslöst. Mit dem Gedanken, einmal nicht mehr zu sein, verliert sich das Interesse an dem, was ist. Das angstbesetzte Nichts nichtet, wie Heidegger sich ausdrückt, das vorgegebene Sein. Die objektive Wahrheit der Wissenschaft ist nun uninteressant, ist unwesentliches Wissen. Das wesentliche Wissen betrifft das, was mich interessiert: meine Existenz. Subjektive Wahrheiten, wie die Freiheit des Menschen, die Unsterblichkeit der Seele oder die Einheit der Welt, können, wie Kant schon zeigte, nicht objektiv erkannt werden, sie können aber ergriffen werden. Heidegger nennt solche Wahrheiten »Existenziale«. Ich muss sie ergreifen, um im emphatischen Sinne zu existieren. Ich gebe mir dann selbst meine Bestimmungen. Oder, wie Sartre sagt, bin ich das, wozu ich mich mache. Dass ich bin (Existenz), geht insofern dem, was ich bin (Essenz), voraus.

Martin Heideggers (1889–1976) Beitrag zur Existenzphilosophie ist in seinem Buch von 1927, *Sein und Zeit*, enthalten, das eigentlich einem weiteren Problem gilt: der Seinsfrage. Sein ist jeweils Sein eines Seienden. Das All des Seienden kann gemäß bestimmter Grundbegriffe in Sachgebiete für Wissenschaften eingeteilt werden: Natur, Geschichte, Sprache, Mathematik u.s.w. Woher kommen aber die Grundbegriffe? Welches Seinsverständnis liegt ihnen zugrunde? Solches Fragen heißt Ontologie. Es ist Sache der Philosophie seit Platon und Aristoteles. Heidegger nimmt es auf. Er sieht die Wissenschaften als Verhaltungen des Menschen, die auch die Seinsart des Menschen haben, die er Dasein nennt. Seinsverständnis gehört zum Dasein, ist seine ontische Auszeichnung gegenüber Seiendem, das nicht selbstreflexiv ist, wie ein Stein z. B. Anders als dem Stein geht es dem Menschen in seinem Dasein um sein eigenes Sein. Und das heißt Existenz. Heidegger versteht sie als eine Möglichkeit des Daseins, es selbst oder nicht es selbst zu sein. Wissenschaften sind Seinsweisen des Daseins, in denen es sich zu anderem Seiendem verhält, das es nicht selbst ist. Ihre Ontologien (Grundbegriffe) sind fundiert und motiviert im Dasein, das deshalb erst einmal selbst zum Thema gemacht werden muss, um dann u. a. die Wissenschaften vom daseinsfremden Seienden zu verstehen. Die Analyse des Daseins ist Heideggers Existenzphilosophie oder auch Anthropologie. Sie ist also gedacht als Fundamentalontologie mit Hinblick auf die wissenschaftliche Welterklärung als einer bestimmten Seinsweise des Daseins. Heideggers Methode ist die phänomenologische, von seinem Lehrer Edmund Husserl entwickelte Methode mit dem Motto »Zu den Sachen selbst!« Ihr Sinn ist die Auslegung oder Interpretation des Seins des Daseins. Folgendes kommt, kurz gesagt, dabei heraus:

Grundstruktur des Daseins ist die Sorge, welche allem alltäglichen Besorgen in der Welt zugrundeliegt, denn das Dasein ist nicht einfach so, sondern es geht ihm in seinem Sein um es selbst. Diese Rückbezüglichkeit des Daseins kann »existenziell« ergriffen werden. Und das ist auch alles, was von der Macht des Menschen und seiner Freiheit (bei Kant) verblieben ist, schreibt Hannah Arendt 1946 in einem kritischen Rückblick. Sie war während der Abfassung von *Sein und Zeit* Heideggers Geliebte und philosophische Gesprächspartnerin, ohne die er, wie er ihr schreibt, die Arbeit nicht zustande gebracht hätte. In ihrem Buch *The human condition* (Chicago 1958) gibt sie die Antwort auf Heideggers Bestimmung der menschlichen Situation durch Gegensatz. Statt des Heideggerschen »Vorlaufens auf den Tod« als äußerste Möglichkeit des Selbstwerdens, ist für Arendt das Geborensein, wie sie sagt: die »Gebürtlichkeit«, die oberste Bedingung menschlichen Handelns. Anstelle

Edvard Munch, *Der Schrei*, 1893, Nasjonalgalleriet, Oslo.
»Die Angst, die eine Urstimmung allen Menschseins ist, spielt im Leben und Denken des modernen Menschen eine ganz besondere, übergroße Rolle«, schreibt Arnold Künzli in seinem Buch *Die Angst als abendländische Krankheit*.

Hannah Arendt, um 1926.
Nach Pythagoras und Theano, Abaelard und Héloise, Jean-Paul Sartre und Simone de Beauvoir sind im Jahre 2000 Martin Heidegger und Hannah Arendt »das prominenteste Liebespaar der Philosophiegeschichte« – so heißt es jedenfalls in der Werbung für den Roman *Martin und Hannah* der französischen Philosophin Catherine Clément.

von Heideggers solipsistischer »Jemeinigkeit«, wonach Dasein je meines ist, vertritt sie Pluralität, und statt seiner Warnung vor der »Verfallenheit ans Man« oder an die Durchschnittlichkeit, durch die das Selbst in die Botmäßigkeit der anderen gerät, adelt sie die Öffentlichkeit. Gegen Heideggers Nicht-zu-Hause-sein in der Welt setzt sie die Liebe zur Welt (*amor mundi*).

Indem Heidegger die Frage nach dem Sinn des Seins durch die für ihn anscheinend ursprünglichere nach dem Sinn des Selbst ersetzt, gerät er in eine Sackgasse. Das Selbst in seiner absoluten Isolierung ist sinnlos. Nicht isoliert, ist es kein Selbst mehr, ist es verfallen in der Alltäglichkeit des Man. Das Ideal des Selbst ist Gott, bei dem (in der früheren Ontologie) Essenz und Existenz zusammenfallen: das An-und-für-sich-Sein, das zugleich An-sich und Für-sich ist. Sartre sagt es am Schluss seines existenzphilosophischen Hauptwerkes *Das Sein und das Nichts*: »Jede menschliche Wirklichkeit ist eine Leidenschaft oder Passion, das Für-sich in ein An-sich zu verwandeln. Diese Passion ist die Umkehrung der Leidenschaft Christi, denn der Mensch richtet sich als Mensch zugrunde, damit Gott entstehe. Aber die Idee Gottes ist widerspruchsvoll, und wir richten uns umsonst zugrunde; der Mensch ist eine nutzlose Leidenschaft.«

Würde man Gott im Himmel lassen und ihn nicht fürs Selbstsein adaptieren und auf die Erde holen, wäre es besser? – Ins Dasein geworfen (statt geboren im Mitsein mit anderen) bleibt Heidegger nichts, als der nichtige Grund seiner Nichtigkeit zu sein. In der Entschlossenheit, dennoch das zu werden, was der Mensch auf Grund seiner Nichtigkeit nicht sein kann, ein Selbst, erkennt der Mensch, dass Dasein als solches schuldig ist. Nicht einmal die Freiheit des Selbstmordes (wie dann bei Albert Camus) hat der Mensch bei Heidegger, nur die zu sich selbst.

Das »schuldig« hört das Dasein als Ruf des Gewissens. Dasein ist Freisein für den Ruf, Bereitschaft für

Überlebende des KZ Dachau empfangen jubelnd ihre Befreier. Die Vertreibung und millionenfache Ermordung der Juden durch Nazi-Deutschland war ein Kulturbruch sonder gleichen in der europäischen Geschichte. Mit den Juden scheint auch der Geist aus Deutschland weitgehend vertrieben und ins Land der Befreier, nach USA, ausgewandert zu sein.

das Angerufenwerden. »Das Dasein ist rufverstehend hörig seiner eigensten Existenzmöglichkeit«, so Heidegger. Der Gewissensruf holt das Dasein zurück aus dem Man, das ihn von der Wahl seiner Möglichkeiten entlastet hatte, für ihn gewählt hatte, auf das es sich in seiner Uneigentlichkeit verließ. Die Modifikation des Man selbst zum eigentlichen Selbstsein muss sich als Nachholen einer Wahl vollziehen. »Im Wählen der Wahl ermöglicht sich das Dasein allererst sein eigentliches Seinkönnen.« So kann es im Mitsein mit anderen existieren. Das Geschehen solchen Daseins nennt Heidegger dann Geschick. Es ist Geschehen der Gemeinschaft, des Volkes. Diese Fundierung der isolierten Subjekte in Volk und Erde, wie sie Heidegger schon in *Sein und Zeit* und dann ganz emphatisch in späteren Vorlesungen unternimmt, kann, so urteilt Hannah Arendt mit Recht, nur dazu dienen, die ausschließlich sich selbst wollenden Selbste in einem Über-Selbst zu organisieren, um die in der Entschlossenheit ergriffene grundsätzliche Schuld irgendwie in die Praxis umzuleiten.

Heidegger konnte sich so auch ganz selbstverständlich für den Nationalsozialismus engagieren. Als es November 1933 darum ging, dass man sich für Hitler ent-

Aufruf Heideggers an die Deutschen Studenten 1933: »Die nationalsozialistische Revolution bringt die völlige Umwälzung unseres deutschen Daseins.«

Freiburg i. Br., den 3. November 1933 | Nummer 1

Deutsche Studenten

Die nationalsozialistische Revolution bringt die völlige Umwälzung unseres deutschen Daseins.

Prof. Dr. Martin Heidegger, Rektor

An Euch ist es, in diesem Geschehen die immer Drängenden und Bereiten, die immer Zähen und Wachsenden zu bleiben.

Euer Wissenwollen sucht das Wesentliche, Einfache und Große zu erfahren.

Euch verlangt, dem Nächstbedrängenden und Weitestverpflichtenden ausgesetzt zu werden.

Seid hart und echt in Euerem Fordern. Bleibt klar und sicher in der Ablehnung.

Verkehrt das errungene Wissen nicht zum eitlen Selbstbesitz. Verwahrt es als den notwendigen Urbesitz des führerischen Menschen in den völkischen Berufen des Staates. Ihr könnt nicht mehr die nur „Hörenden" sein. Ihr seid verpflichtet zum Mitwissen und Mithandeln an der Schaffung der künftigen hohen Schule des deutschen Geistes. Jeder muß jede Begabung und Bevorzugung erst bewähren und ins Recht setzen. Das geschieht durch die Macht des kämpferischen Einsatzes im Ringen des ganzen Volkes um sich selbst.

Täglich und stündlich festige sich die Treue des Gefolgschaftswillens.

Unaufhörlich wachse Euch der Mut zum Opfer für die Rettung des Wesens und für die Erhöhung der innersten Kraft unseres Volkes in seinem Staat.

Nicht Lehrsätze und „Ideen" seien die Regeln Eures Seins.

Der Führer selbst und allein ist die heutige und künftige deutsche Wirklichkeit und ihr Gesetz. Lernet immer tiefer zu wissen: Von nun an fordert jedwedes Ding Entscheidung und alles Tun Verantwortung.

Heil Hitler!

Martin Heidegger, Rektor

Rudolf Augstein und Martin Heidegger am 23.9.1966.
In dem Gespräch vom September 1966, das im Spiegel erschien, sagte Heidegger: »Die Philosophie wird keine unmittelbare Veränderung des jetzigen Weltzustandes bewirken können. ... Nur noch ein Gott kann uns retten. Uns bleibt die einzige Möglichkeit, im Denken und Dichten eine Bereitschaft vorzubereiten für die Erscheinung Gottes oder für die Abwesenheit des Gottes im Untergang.«

scheiden und zugleich seine »Wahl« des Austritts Deutschlands aus dem Völkerbund bestätigen sollte, hatte Heidegger dafür die Begründung parat: in seiner Daseins-Philosophie aus *Sein und Zeit,* speziell in seiner Lehre vom Nachholen einer Wahl als Selbstwahl. In seiner Rede vom 11.11.1933 (Hitler schriftlich überreicht als *Bekenntnis der Professoren ... zu Adolf Hitler und dem nationalsozialistischen Staat)* heißt es: »Deutsche Lehrer und Kameraden! Deutsche Volksgenossen und Volksgenossinnen! Das deutsche Volk ist vom Führer zur Wahl gerufen; der Führer aber erbittet nichts vom Volke, er gibt vielmehr dem Volke die unmittelbarste Möglichkeit der höchsten freien Entscheidung, ob das ganze Volk sein eigenes Dasein will, oder ob es dies *nicht* will. ... Diese letzte Entscheidung greift hinaus an die äußerste Grenze des Daseins unseres Volkes. Und was ist diese Grenze? Sie besteht in jener Urforderung alles Seins, dass es sein eigenes Wesen behalte und rette.«

Nach dem Krieg, zunächst noch belegt mit Lehrverbot, deutet Heidegger das »Dasein« um. Es ist nun nicht mehr das Dasein selbst, das sich entwirft und das Sein schafft, sondern das Sein lichtet sich im Dasein. Es schickt dieses Dasein in die »Ek-sistenz« (das Heraus-stehen). Umgeben von Wald steht es gleichsam in einer Lichtung oder Öffnung. Ein gefundenes Fressen für Psychoanalytiker. Heidegger verwandelt den zur Todesentschlossenheit vom Führer-Vater aufgerufenen Sohn in den Sohn der Mutter, des Seins. Früher hörte er ins Nichts hinein, jetzt auf die Mutter. Der Muttermund ruft ihn ins Sein. Höriges Denken, nennt Heidegger nun die Philosophie des genital resignierenden Muttersohnes. Dieses Denken ist Danken. Ein behutsames Entbergen im Unterschied zu einem rücksichtslosen Entbergen und Gebären, wie Heidegger das im seinsvergessenen technischen, auf Machbarkeit setzenden Denken sieht, für das die Natur zum »Gestell« wird. Für Heideggers höriges Denken ist sie ein Uterus. In seinem Buch von 1954, *Das Ding*, ist der Prototyp des Dings ein Krug, ein himmlisch Umschließendes, also Uterus, Höhle, gefasste Leere, Lichtung. Den Guss des Kruges beschreibt er als Gottesdienst und Hochzeit. – Die feministische Philosophie von Luce Irigaray hat hieran angeknüpft.

Wolfgang Mattheuer, *Der übermütige Sisyphos*, Holzschnitt von 1973. »Es gibt kein Schicksal, das durch Verachtung nicht überwunden werden könnte«, schreibt Albert Camus in seinem *Mythos von Sisyphos*.

Albert Camus (1913–1960) und **Jean-Paul Sartre** (1905–1980) schrieben ihre Existenzphilosophien (*Der Mythos von Sisyphos* und *Das Sein und Nichts*) im von Hitlers Soldaten besetzten Paris. Beiden geht es, wie Heidegger, um die Selbstwahl des Menschen. Im Mittelpunkt bei Sartre steht der als Freiheit existierende Mensch. Er ist, wozu er sich erwählt und macht. Sisyphos, der Held Camus', ist »der rebellische Prolet der Götter«, der seine ausweglose Lage kennt. Sein Dasein ist eine nutzlose Leidenschaft. Er wälzt den Stein auf den Berggipfel hinaus, der da nicht liegen bleibt und wieder herunter rollt. Immer wieder macht er das. Es ist sein Schicksal. Aber er macht aus dem Schicksal eine menschliche Angelegenheit, ohne Götter. »Der Kampf gegen Gipfel vermag ein Menschenherz auszufüllen. Wir müssen uns Sisyphos als einen glücklichen Menschen vorstellen.« So endet Camus' Mythos, in dem er statt einer Rechtfertigung Gottes eine Rechtfertigung der Welt versucht – als schön absurd. An anderer Stelle, in seinen Tagebüchern, heißt es: Allein die Keuschheit vermag der Welt einen Sinn zu verleihen. Vielleicht ist sie der Stein, der auf dem Gipfel nicht liegen bleibt. Was er mit der

27.11.1972: Jean-Paul Sartre und Michel Foucault demonstrieren im Pariser Viertel Goutte d'Or zur Unterstützung von Immigranten.

Simone de Beauvoir und Jean-Paul Sartre, 1970.

proletarischen Arbeit vergleicht, wäre die Arbeit an sich selbst (»keine Frauen mehr!«) – um Willen des literarischen Werkes.

Sartre pflegte mit Simone de Beauvoir, die mit ihrem Buch *Das andere Geschlecht* den philosophischen Feminismus begründete, eine rational geplante und konstruierte Liebe, zu der ein ausgeklügeltes System für sexuelle Beziehungen mit anderen gehörte. Die sexuelle Begierde spielt eine besondere Rolle in Sartres Beschreibung des Mit-Seins mit anderen. Denn dieses ist grundsätzlich Konkurrenz und Kampf der einzelnen: Für-sich-Sein gegen Für-sich-Sein. Die Hölle, das sind die anderen! Der Blick des anderen enthüllt mich in meiner Faktizität, dem Objektsein, raubt mir die Welt, die ich als nicht-Objektives, als Für-sich-Sein, entworfen habe. Liebende sind endlos hin und her gerissen zwischen Sadismus und Masochismus, der Objektivierung des Anderen und dem Objektwerden für den Anderen, denn die Begierde ist der kannibalische Versuch, »mich der freien Subjektivität des Anderen durch seine Für-mich-Gegenständlichkeit hindurch zu bemächtigen.« In der Begierde mache ich mich zu Fleisch in der Gegenwart des Anderen, um mir das Fleisch des anderen anzueignen. Mein Bewusstsein ist dann verklebtes, im Leib verfangenes Bewusstsein. In der Wollust der Ekstase ist die Begierde auch schon zu Ende. Reflexives Bewusstsein von Lust tritt ein. Insofern ist die Begierde selbst die Stelle, wo Für-sich-Sein und An-sich-Sein wenigstens für ein paar Momente zusammenkommen und wo die entsetzliche Dialektik von Herrschaft und Knechtschaft ruht.

Albert Camus. Leidenschaftliche Bejahung des Lebens und Widerstand gegen Tod, Krieg und Besatzung kennzeichnen das kurze Schriftstellerleben des im kolonialen Algerien aufgewachsenen Literaturnobelpreisträgers.

In seinem zweiten Hauptwerk *Kritik der dialektischen Vernunft* von 1960 verbindet Sartre Existenzialismus mit Marxismus. Er meint, »dass eine sozialistische Volksdemokratie die Voraussetzung dafür bildet, dass

Laputa, die schwebende Insel in *Gullivers Reisen* von Jonathan Swift (Ausgabe Leipzig, ca. 1910), ist Sinnbild der den Menschen vorschwebenden Utopien. Oder Vorbild für Roland Emmerichs Film *Independence Day*?

der Existenzialismus von den einzelnen gelebt werden kann. Als Sartre 1980 starb, war die öffentliche Anteilnahme ungeheuer. 50 000 Menschen folgten seinem Sarg. Die Trauer, so meint nach 20 Jahren Thomas Assheuer, »galt einem Anthropologen der Freiheit, der etwas vom zerrissenen Leben, vom Reflexionsschicksal des modernen Bewusstseins verstanden hatte, was übrig bleibt, wenn nichts mehr bleibt.«

Drei Jahre zuvor war **Ernst Bloch** (1885–1977) gestorben. Der Titel seines dreibändigen Hauptwerkes *Das Prinzip Hoffnung* wurde zum geflügelten Wort. Wie Sartre war er Marxist und hatte wie er das Problem, nicht nur seiner eigenen, sondern der Philosophie überhaupt noch eine Existenzberechtigung zu geben, sollte es doch nach Marx nicht mehr um kontemplative Interpretation der Welt, sondern um ihre praktische Veränderung gehen. Bloch verstand seine Philosophie als begriffene Hoffnung und Gewissen des Morgen, als Parteilichkeit für eine Zukunft, in der es keine Entäußerung und Entfremdung mehr gibt, dafür aber

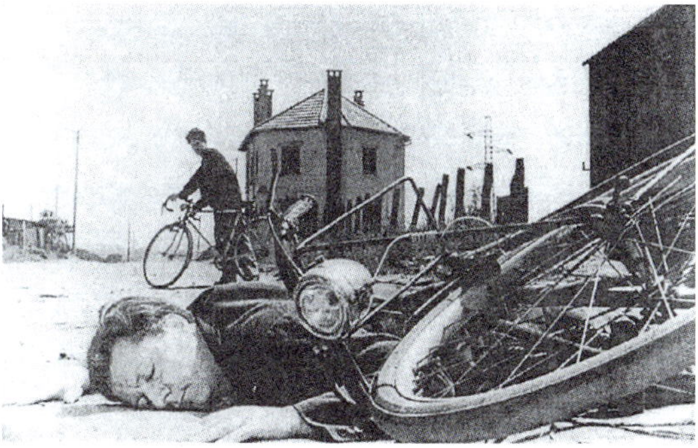

Foto aus dem Film *Das Spiel ist aus* von Jean-Paul Sartre (Regie Jean Delannoy) aus dem Jahre 1947.
Sartre sagte darüber in einem Interview des *Figaro*, April 1947: »Mein erster Film, *Das Spiel ist aus*, wird nicht existenzialistisch sein. Ganz im Gegenteil: der Existenzialismus lässt keineswegs zu, dass das Spiel jemals aus ist. Noch nach unserem Tod setzen sich unsere Handlungen fort. Wir leben in ihnen weiter, selbst wenn sie sich oft ganz entgegengesetzt, in Richtungen entwickeln, die wir nicht gewollt haben. Das ist historische Evidenz. Mein Szenario ist ganz vom Determinismus geprägt, weil ich der Meinung war, dass es mir schließlich auch einmal erlaubt sein müsste zu spielen. Meine Legende endet im Grunde schlecht. Der Existenzialismus dagegen ist eine optimistische Lehre.«

reale Demokratie. Erst in ihr entstünde, so schreibt Bloch im Schlusssatz seines *Prinzip Hoffnung*, »in der Welt etwas, das allen in die Kindheit scheint und worin noch niemand war: Heimat.«

Edmund Husserl. Er schreibt in seinem Buch *Philosophie als strenge Wissenschaft* von 1911: »Die Philosophie, ihrem historischen Absehen nach die höchste und strengste aller Wissenschaften, sie, die den unverlierbaren Anspruch der Menschheit auf reine und absolute Erkenntnis vertritt (und was damit untrennbar Eins ist: auf reines und absolutes Werten und Wollen), vermag sich nicht zu wirklicher Wissenschaft zu gestalten.« Das soll nun mit seiner Phänomenologie anders werden.

Phänomenologie

Die Phänomenologie, eine Hauptströmung der Philosophie im 20. Jh., wurde von **Edmund Husserl** (1859–1938) begründet. Aber eigentlich ist ihr Begründer Descartes. In seinen *Meditationen* suchte er den archimedischen Punkt, auf den man bauen kann, auf dem man sicheres Wissen gründen kann. Er fand ihm im ›Ich denke‹ oder ›Ich stelle vor‹ als dem einzigen, an dem nicht zu zweifeln ist. So auch Husserl, der mit dem Titel *Cartesianische Meditationen* seiner Pariser Vorträge von 1928 seinen Anschluss an Descartes demonstriert. Husserl gewinnt das Ich als reines Bewusstsein durch Abblendung der Welt, was er mit einem Ausdruck der antiken Skepsis »Epoché« nennt: der Seinsthesis sich enthalten. Epoché bedeutet auch Umkehr, nämlich, wie bei Descartes, Aufgabe aller bisher geltenden Auffassungen und Meinungen. Das natürliche Bewusstsein und mit ihm alle objektive Wissenschaft betreiben »thetische Existenzialsetzungen von Dinglichkeiten mit Raum, Zeit und Kausalität«. In der phänomenologischen Einstellung sind sie ausgesetzt, angehalten. Die phänomenologische Arbeit besteht nun in der Analyse der Phänomene, des im Bewusstsein unmittelbar Gegebenen. Das meint Husserls Ruf »Zu den Sachen selbst!«, den Heidegger, Sartre oder Merleau-Ponty befolgten. Husserl will eine originäre Psychologie, eine Phänomenologie des Bewusstseins anstatt einer Naturwissenschaft vom Bewusstsein, die seiende Gegenstände naiv voraussetzt, auf die die Erfahrung als Bewusstsein trifft. Dennoch ist die Phänomenologie empirische Wissenschaft. »Sind die Phänomene als solche keine *Natur*, so haben sie ein in unmittelbarem Schauen fassbares und adäquat fassbares *Wesen*«, schreibt Husserl in seinem Buch *Philosophie als strenge Wissenschaft* von 1910.

Seine Wissenschaft nennt er darum auch »Wesensschauung«. Sie soll Wissenschaft von den Wurzeln aller Dinge sein, die Kant in den synthetisch-apriorischen Sätzen (den Grundsätzen des reinen Verstandes) fand. Husserl behauptet in seinen *Ideen zu einer reinen Phänomenologie und phänomenologischen Philosophie* von 1913, dass man diese Wahrheiten erschauen könnte, weil Gattungen und Arten (Platons Ideen) anschaulich gegeben oder durch eidetische Variation (in der Phantasie durch Veränderung) herausgeschaut werden könnten, z. B. das Rot. Aber das geht nicht immer oder nicht ganz. Rot lässt sich nicht so geben, dass es nicht auch immer ein bestimmtes Rot wäre.

Die Einladung zu den Pariser Vorträgen 1928 hatte **Leo Schestow** (1866–1938) vermittelt. Er verstand sich als Husserls Antipode. Für Schestow ist Philosophie nicht Reflexion, welche die Wirklichkeit einem Verhör unterzieht und in den unmittelbaren Gegebenheiten des Bewusstseins die Wahrheit sucht, sondern ist Überwindung dessen, was unserem Verstand als unüberwindlich erscheint. Für Gott ist nichts unmöglich! Dieses Kierkegaardsche Fazit aus der Heiligen Schrift ist die Botschaft der Philosophie Schestows: »Nicht über die das ›Gegebene‹ einem Verhör unterziehende Vernunft, sondern über die den Schöpfer anrufenden Tränen führt der Weg zu den wahren Anfängen, den Ursprüngen, den Wurzeln aller Dinge.«

Husserl, jüdischer Herkunft wie Schestow, setzt auf die Vernunft, nicht den Glauben, um für sich einen festen Halt zu finden. Seine ›strenge Wissenschaft‹ hat religiösen Charakter. In den *Logischen Untersuchungen* von 1900/1 wendet er sich gegen den Psychologismus oder Relativismus, gegen den Satz des Protagoras »Der Mensch ist das Maß aller Dinge«. Nein, die göttliche Vernunft ist es! Die Denkgesetze sind unabhängig vom faktischen Vorkommen der Denkvorgänge, keineswegs Ausdruck von psychischen Gesetzlichkeiten. Logik ist nichts Irdisches, Zeitliches. Er schreibt: »Um der Zeit willen dürfen wir die Ewigkeit nicht preisgeben, um unsere Not zu lindern, dürfen wir nicht Not und Nöte

Leo Schestow.
In seinem Buch *Potestas Clavium oder Die Schlüsselgewalt* von 1926 schreibt er: »Die Philosophie muss irre sein wie unser ganzes Leben.«

unseren Nachkommen als ein schließlich unausrottbares Übel vererben ... Weltanschauungen können streiten, nur Wissenschaft kann entscheiden und ihre Entscheidung trägt den Stempel der Ewigkeit.« Weltanschauungen entstanden aus Not, weil die Lebensnormen schwankend wurden und die Philosophie noch nicht strenge Wissenschaft war. Sie soll es werden, um zeitlose Werte zu begründen, was Generationen dauern kann. Das ist Husserls Hoffnung, aus der heraus er einen gewaltigen Berg phänomenologischer Untersuchungen produzierte, an deren Aufbereitung und Herausgabe (in den *Husserliana*) schon mehrere Generationen von Husserlforschern arbeiten.

Max Scheler (1874–1928), Begründer der philosophischen Anthropologie in Deutschland, gab der Husserlschen Phänomenologie eine anthropologische Wendung, indem er die phänomenologische Reduktion (Epoché) als typisch menschliche Fähigkeit der Distanzierung von Umwelt, Gefühlen und Trieben und Fähigkeit der Ideenbildung (Ideierung) auffasste.

Maurice Merleau-Ponty, Autor der *Phänomenologie der Wahrnehmung.*

Auch **Maurice Merleau-Ponty** (1908–1961), Studienfreund und lange Zeit politisch-publizistischer Weggefährte Sartres, folgt Husserls Weisung »Zu den Sachen«, d. h. zu den Bewusstseinsgegebenheiten. Seine *Phänomenologie der Wahrnehmung* beschreibt das unmittelbare Zur-Welt-Sein, die (gegenüber der experimentellen Erfahrung) vorgängige Vertrautheit mit der Welt durch unseren Leib. Merleau-Ponty erweist den Leib als Subjekt der Wahrnehmung. Nicht strenge Wissenschaft vom Ewigen hat er im Sinn, sondern Kommunion mit der Welt. So kann er auch die existenzialistische Isoliertheit des Menschen überwinden: »Niemals schweben wir frei im Nichts. Immer sind wir in der Fülle, im Sein, so wie ein Gesicht auch in gänzlicher Ruhe, auch im Tode noch immer dazu verurteilt ist, etwas auszudrücken (es gibt erstaunte, friedliche, diskrete Tote), und wie auch das Schweigen noch eine Modalität der Tonwelt ist. ... Meine Freiheit ist so wenig ständig mit sich allein, dass sie vielmehr niemals ohne Mittäter ist, ihr unaufhörliches Vermögen des Entzuges stützt sich auf mein universales Engagement in der Welt. Meine Freiheit liegt nicht diesseits meines Seins, sondern vor mir, bei den Dingen.«

Hermann Schmitz

Hermann Schmitz (*1928), der Merleau-Ponty zustimmt, vermisst allerdings bei ihm eine »konsequente, diskussionsfähige Theorie«, also strenge Wissenschaft. Er liefert sie nach – in einem gigantischen Unternehmen, dem *System der Philosophie*, das nach über 20-jähriger Ausarbeitung 1980 in fünf Bänden (zehn Büchern) vorliegt. Er hat dafür die phänomenologische Methode Husserls übernommen, aber auch erheblich verändert, nämlich von ihren überzogenen Ansprüchen und ihrer Künstlichkeit (absolute Wahrheit und Wesensschau, Einschränkung auf unmittelbare Selbsterfahrung und Ausgang von einer sog. Lebenswelt, Dogma vom Bewusstsein als intentionales) befreit, so dass er seine neue Phänomenologie auch naive Phänomenologie nennen kann. Schmitz, so schreibt Jens Soentgen in seiner Einführung in die *Neue Phänomenologie* (*Die verdeckte Wirklichkeit*), ist »stets bemüht, seine Begriffe zu ›erden‹, das heißt, sie mit Erfahrungen, die jeder kennt, zu verbinden.« Schmitz setzt bei der ursprünglichen, unwillkürlichen Lebenserfahrung an, um hier das »Unverfügbare« in der eigenen Überzeugung und der Überzeugung möglichst vieler anderer herauszuschälen. Er sieht Bewusstsein nicht wie Husserl allein nach dem Modell der Willensakte als Subjekt, das sich in Akten oder sog. Intentionen (Vorstellen, Meinen) auf etwas richtet (etwas intendiert). Denn so erleben wir uns nicht, außer in Willensakten. Unsere Gedanken kommen, Erinnerungen rühren an, Schwermut erfüllt uns, Neid steigt in uns auf, u.s.w.

Schmitz geht vom leibhaftigen In-der-Welt-sein aus. Er schreibt in *Subjektivität* von 1964: »In meiner Analyse des leiblichen Befindens setze ich mir – soviel ich

Hermann Schmitz, Begründer der Neuen Phänomenologie, schreibt im letzten Band seines *Systems der Philosophie*: »Kommunikation ist in unserer Zeit ein Modewort bis an den Rand des Erträglichen. Darin ... verrät sich eine Überschätzung der ... Einstellung der Menschen auf einander. ... Menschen sind aber wichtig als Medien der Darbietung von etwas, das an und mit ihnen geschieht, dem sie dienen oder sich widersetzen können, nicht dadurch, dass sie sich wichtig nehmen.«

sehe, zum ersten Mal in der Weltliteratur – das Ziel, ein abgerundetes Begriffssystem allein auf das Zeugnis des eigenleiblichen Spürens zu gründen, also dessen, was der Mensch, wie man sagt, am eigenen Leibe spürt.« Die grundlegenden aus der Analyse des Leiblichen gewonnenen Kategorien sind: »Enge, Weite, Engung, Weitung, Spannung, Schwellung, Intensität, Rhythmus, privative Engung, privative Weitung, Richtung, protopathische Tendenz, epikritische Tendenz, Leibinselbildung, Leibinselschwund.« Schmitz' systematische und unglaublich differenzierte Analyse aller Dimensionen menschlichen Lebens (z. B. auch des Rechtswesens, der Kunst, des Wohnens und der Liebe) haben nicht den Sinn bloßen Erkennens, sondern den der Entdeckung oder Wiederentdeckung von Lebensformen, die im Zuge der Entwicklung einer durchweg patriarchalischen Gesellschaft verdeckt und unterdrückt wurden. Das europäische Denken, so erklärt Schmitz in seiner *Neuen Phänomenologie* von 1980, hat bisher einseitig einen der Welt des Mannes zuzuordnenden Lebensstil begünstigt und gezüchtet. In dieser Welt gibt es vor allem Dinge und Körper, umfassende Organisationen, transzendierende Hoffnungen und Ansprüche, Utopien, in deren Diensten das Leben verbraucht und die Natur überlistet wird. Der nach dem Bild des Männlichen sich stilisierende Mensch verlor mehr und mehr die Fähigkeit, seinen Lebenswillen in der Gegenwart zu verankern. Die dazu Anlass gebenden Möglichkeiten der Betroffenheit und des Gestaltens galten als weiblich, d. h. sie wuchsen tatsächlich geschichtlich der Frau zu, so dass die Leibphilosophie hier eine Emanzipation des Weiblichen befördern hilft. Schmitz hat sein System der Leibphilosophie deshalb auch flankiert mit Arbeiten zur Geschichte der europäischen Philosophie von Parmenides bis Heidegger, die in ihrem Umfang, ihrer Originalität, ihrem Kenntnisreichtum und ihrer Diffenziertheit ohnegleichen sind.

Der Mathematiker und Philosoph Bertrand Russell (rechts unten sitzend) bei einer »Anti-Atom«-Demonstration 1961.

Analytische Philosophie

Die Philosophie in den angelsächsischen Ländern ist vorwiegend analytische Philosophie. Sie verbindet Empirismus mit mathematischer Logik (Kalkül, System von Regeln und Zeichen für logische Ableitungen). Sie trennt sich vom pythagoräisch-platonischen Ideal der ewigen Wahrheiten und der synthetisch-apriorischen Erkenntnis (Metaphysik), denn sie hält die Mathematik (Arithmetik), die dieses Ideal vorgab, für eine Form der Logik (wie bei Leibniz schon), also für nicht-synthetisch (wie bei Kant, der den arithmetischen Sätzen eine Beziehung zur Zeit unterstellte). Die logische, deduktive Erkenntnis sei verbale Erkenntnis, schreibt **Bertrand Russell** (1872–1970). Ein großer Teil der Philosophie lässt sich durch logische Analyse ihrer Aussagen auf Syntax reduzieren. Sowohl Anselms Gottesbeweis als auch der Monismus des Parmenides beruhen auf der Vieldeutigkeit des Wortes »ist« in der ›natürlichen‹ Sprache. »Ist« kann viererlei bedeuten: Existenz, Beziehung der Identität, Klassenzugehörigkeit, Klassenunterordnung. Verwechslung oder Ineinssetzung führt zu Scheinproblemen und falscher, überflüssiger Metaphysik.

Die analytische Philosophie beruft sich auf Logik als wissenschaftliche Sprache. Die bahnbrechende Arbeit dazu ist **Gottlob Freges** (1848–1925) *Begriffsschrift, eine der arithmetischen nachgebildeten Formelsprache des reinen Denkens* von 1879. Sie erweitert die aristotelische Syllogistik, löst dort nicht formulierbare Probleme durch symbolische Wiedergabe von Sprachausdrücken (vgl. S. 44). Freges Arbeit über *Die Grundlagen der Arithmetik* von 1884 machte, wie Russell schreibt, alle Philosophie der Zahl vor Frege »zu einem Konglomerat von ›Unsinn‹ in des Wortes strengster Bedeutung«, weil sie einen grammatischen Fehler machte. Sie verwechselte, was Frege unterscheidet und auseinander hält: die Zahl (z. B. 3) als Anzahl von Anzahlen (Gattung aller Dreiheiten) mit der Anzahl einer gegebenen Dreiheit (bloße Anzahl).

Gottlob Frege, Foto um 1920.
Der Ahnherr der analytischen Philosophie war nicht nur ein strenger Kritiker der Alltagssprache, sondern auch ein »sprachlicher Gewalttäter« (W. Engler). Die Geisteskrankheit des Sozialismus erzeuge eine »Stinkluft, in der die Sozialdemokratie üppig wuchern kann«, schrieb er 1924 in sein politisches Tagebuch und redet den überragenden Führer herbei, der uns den vom Westen zugeführten Parlamentarismus wieder austreiben möge. Und bzgl. der Juden, »die aus Deutschland verschwinden« sollten, sucht er, der Logiker, nach einem »Kennzeichen, aus dem man sicher einen Juden erkennen kann«.

Karl Popper.
Nach Popper gibt es drei Welten: »Da gibt es zunächst die physische Welt – das Universum physischer Gegenstände; ich möchte sie die ›Welt 1‹ nennen. Zweitens gibt es die Welt psychischer Zustände, einschließlich der Bewusstseinszustände, der psychischen Dispositionen und unbewussten Zustände; diese will ich die ›Welt 2‹ nennen. Doch es gibt noch eine dritte Welt, die Welt der Inhalte des Denkens und der Erzeugnisse des menschlichen Geistes; diese will ich die ›Welt 3‹ nennen.«

Als Russell und Whitehead in den *Principia mathematica* Freges Arbeit fortführten, stießen sie auf einen Widerspruch in Freges System, die sog. Russellsche Antinomie. Sie besteht in dem Widerspruch, der in dem Begriff von der Menge aller Mengen, die sich nicht selbst enthalten, steckt. Der Widerspruch fällt auf, wenn man fragt, ob diese Menge aller sich nicht selbst enthaltenden Mengen nun eine sich selbst enthaltende Menge ist oder nicht. Ist sie nämlich eine sich selbst enthaltende Menge, so enthält sie sich nicht selbst. Ist sie eine nicht sich selbst enthaltende Menge, enthält sie sich selbst. Das lässt sich auch mit dem Katalog aller der Kataloge, die sich nicht selbst katalogisieren, veranschaulichen. Katalogisiert sich der nun selbst oder nicht? Oder man denke an den lügenden Kreter des Epimenides. Russell und Whitehead lösten das Problem durch die sog. Typentheorie mit ihrer Unterscheidung von Objekten erster und zweiter Stufe (oder Objektsprache und Metasprache) und dem Verbot ihrer Vermengung in selbstbezüglichen Aussagen. Frege befriedigte diese Lösung nicht. Er erwog eine Revision seiner logizistischen Mathematikauffassung und eine Rückkehr zu Kant, d.h. zur Bindung der Arithmetik an die (reine) Anschauung.

1892 erscheint Freges Schrift *Sinn und Bedeutung*, mit der er die Logik von der Psychologie abgrenzt, worin ihm dann Husserl folgte. Der Sinn eines Ausdrucks, z.B. ›Dreieck‹, wird unterschieden von der Vorstellung, die jemand beim Wort ›Dreieck‹ hat. Diese ist bei der jedesmaligen Vorstellung psychologisch-privat. Jener, der Sinn, kann aber Eigentum von mehreren Subjekten oder vom selben Subjekt beim jedesmaligen Vorstellen sein. Und der Sinn wird noch einmal unterschieden von der Bedeutung, die bei Ausdrücken verschiedenen Sinnes, wie ›Dreieck‹ und ›Dreiseit‹, dieselbe sein kann. Sind die Ausdrücke Sätze, z.B. ›Die Sonne ist aufgegangen‹, nennt Frege den Sinn des Satzes ›Gedanke‹. Die Bedeutung wäre dann ›das Wahre‹ oder ›das Falsche‹.

Gedanken sind objektiv, keine Bewusstseinsinhalte (Vorstellungen). Sie gehören, wie Frege in seiner Schrift *Der Gedanke* von 1918 schreibt, in ein »drittes Reich« (Platons Reich der Ideen oder Poppers dritte Welt) ewiger Wahrheiten oder Ideen, die unsinnlich sind und keines Trägers bedürfen, in dessen Bewusstsein sie (wie die Vorstellungen) vorkommen. Wieso sind sie aber doch ab und zu meine Wahrheiten, kommen sie in mein Bewusstsein? Frege meint: Sie können von einem Ich ergriffen werden, sie können dann das Bewusstsein des Subjekts und durch es die Welt verändern. Denn: sicher ist, dass ich keine bloße Vorstellung bin. D. h. nicht alles ist Vorstellung. Also können auch Gedanken an sich sein, und nicht bloß vorgestellt.

Anna Blume, *Selbst das kleinste Haus ist für seinen Bewohner noch zu groß*, 1974.
Wäre ich meine eigene Vorstellung, so wäre ich das, was sich vorstellt als das, was sich vorstellt als das, was ... Ich wäre eine rekursive Funktion f(x), eine Funktion f mit sich selbst als Argument x, also f(f(f(...))), Hülle ohne Fülle.

Die Sicherheit, dass es mich gibt und die bloße Wahrscheinlichkeit, dass es noch anderes wirklich gibt (andere Menschen und eben Gedanken, wie der Satz des Pythagoras): das ist das Zentrum von Freges Philosophie. Aber die Sicherheit des Ich ist logisch erschlichen. Alles stürzt einmal wieder im Ich zusammen. Frege behauptet, dass ich selbst nicht neben der Mondvorstellung auch ein Teil meines Bewusstseinsinhaltes sein kann, wenn ich urteile, dass ich den Mond betrachte. Denn dann hätte dieser Teil wieder ein Bewusstsein und ich wäre »ins unendlich in mir eingeschachtelt«! »Das ist doch wohl undenkbar«, meint Frege. »Ich bin nicht meine eigene Vorstellung«! »Nicht alles ist Vorgestellung. So kann ich denn auch den Gedanken als unabhängig von mir anerkennen.« Damit weist er die Russellsche Antinomie für sein eigenes *fundamentum inconcussum* (das unerschütterliche Fundament Descartes') ab. Das Ich darf keine unendliche Fraktalisierung oder Selbstabbildung sein.

Zur selben Zeit (1918/19) schreibt **Ludwig Wittgenstein** (1889–1951) seine *Logisch-philosophische Abhand-*

Ludwig Wittgenstein, Portraitaufnahme 1929 anlässlich der Verleihung eines Stipendiums des Trinity College, Oxford. Die sieben Haupt-Sätze seines *Tractatus logico-philosophicus* lauten:

1 Die Welt ist alles, was der Fall ist.

2 Was der Fall ist, die Tatsache, ist das Bestehen von Sachverhalten.

3 Das logische Bild der Tatsachen ist der Gedanke.

4 Der Gedanke ist der sinnvolle Satz.

5 Der Satz ist eine Wahrheitsfunktion der Elementarsätze.

6 Die allgemeine Form der Wahrheitsfunktion ist $[\bar{p}, \bar{\xi}, N(\bar{\xi})]$.

7 Wovon man nicht sprechen kann, darüber muss man schweigen.

Anm. zu 6: $\bar{p}$ ist die Reihe der Elementarsätze, $\bar{\xi}$ ist eine Variable daraus, N ist die wiederholt anzuwendende mehrstellige Weder-Noch-Relation zwischen Sätzen.

lung. Sie erscheint 1921 auf deutsch und dann 1922, mit einer Einleitung Russells, in englischer Übersetzung unter dem Titel *Tractatus logico-philosophicus*. Was Frege Gedanken nennt, heißt nun Sachverhalt. Der Gedanke, der wahr ist, heißt bei Frege Tatsache. Und bei Wittgenstein heißt entsprechend ein bestehender Sachverhalt Tatsache. Nur Tatsachenaussage hält er für sinnvoll. Die Aussagen seines Buches, die diese Auffassung begründen, sind unsinnig, erklärt Wittgenstein. Der Leser müsse diese Sätze überwinden, dann sehe er die Welt richtig. Sie ist alles, was der Fall ist: bestehende Tatsachen, wozu eben nicht die Dinge gehören, über die der *Tractatus* redet, z. B. die Bedingungen der Möglichkeit der Tatsachenerkenntnis. Über anderes, nicht tatsächliches muss man schweigen, z. B. die Probleme des Lebens, die noch gar nicht berührt sind, »wenn alle *möglichen* wissenschaftlichen Fragen beantwortet sind«. Wissenschaftliche Fragen werden durch Logik und Empirie beantwortet. Logik, das ist die Klasse der sinnlosen (tautologischen) Aussagen: Sie sagen nichts, sie sind analytische Sätze. Und Empirie ist Wahrnehmung, ein Vergleichen der Wirklichkeit mit dem sprachlichen Bild, der sinnvollen Aussage. Gegenstand des *Tractatus* ist die allgemeine logische Form von Sätzen über die Wirklichkeit. Das ist die allgemeine Form der Wahrheitsfunktion. Sie ist die wiederholt angewendete Weder-noch Relation (auf die sich alle Wahrheitsoperationen zurückführen lassen) auf die Elementarsätze, also eine bestimmte Folge von Ist- und Ist-nicht-Aussagen hinsichtlich elementarer (»atomarer«) Sachverhalte, von denen die Welt derjenige Teil ist, der besteht (oder: Gegenstand von Ist-Aussagen ist).

Wittgenstein verkündet: Alle Philosophie ist Sprachkritik, d. h. Eingrenzung aller Wahrheit auf das klar Sagbare, also die Naturwissenschaft. Der Rest ist Schweigen. Die Eingrenzung selbst ist allerdings beredt und zeigt Wittgensteins Grund seiner Philosophie: die unsagbare private Subjektivität.

Die Grenzen der Welt sind auch die der Sprache, der geklärten Sprache. Das Private, das Subjektive, gehört, so suggeriert Wittgenstein dem Leser, zu einer nicht intersubjektiv klärbaren Privatsprache und einer solipsistischen Welt. Wittgenstein hat aber sehr wohl darüber gesprochen bzw. geschrieben, und zwar in denselben Heften (den sog. *Geheimen Tagebüchern*), in denen er auch die ›abgeklärten‹ Sätze seines *Tractatus* aufzeichnete. Diese privaten Aufzeichnungen neben den logisch-philosophischen sind allerdings erst viel später veröffentlicht worden – und nicht von Wittgenstein selbst, der nur den *Tractatus* veröffentlichte. Im Tagebuch berichtet er von seinem Leiden, seiner homoerotischen Sehnsucht, seinen Schuldgefühlen und seiner Religiosität, seinem Judesein und dem Kriegsdienst, denn er befand sich dabei meist auf einem Kanonenboot. Das Ideal der Kristallklarheit und Kristallreinheit des *Tractatus* entspricht, durch Gegensatz und Verdrängung, der Verwerfung seiner selbst als unrein und sündhaft. Die Logik ist Bußübung. Tatsächlich hat Wittgenstein sein Philosophieren gehasst, gleichwohl aber als Fluchtweg unablässig betrieben.

Nach der Entlassung aus der Kriegsgefangenschaft, während der ihn besonders Tolstois Evangelium entzückte, fing er sein Leben neu an. Durch Erbschaft väterlicherseits war er einer der reichsten Männer Europas. Der Vater war Großindustrieller gewesen. Drei seiner Brüder hatten sich selbst getötet, ein Bruder, der Pianist, hatte den Krieg überlebt – einarmig. Ravel widmete ihm sein Klavierkonzert für die linke Hand. Wittgenstein übergab sein Vermögen den Schwestern in Wien zur Verwaltung und zur Verfügung und wurde ländlicher Volksschullehrer. Danach war er der Architekt des Hauses seiner Schwester, mit dem er der Kristallklarheit und Kälte des *Tractatus* ein Denkmal setzte, in dem keiner wohnen wollte. 1929 kehrte er nach England zurück, wohin er schon 1908 in Fortsetzung seines Ingenieurstu-

Das von Wittgenstein für seine Schwester 1926 geplante und erbaute Haus in Wien.
1931 schrieb Wittgenstein: »Die Arbeit an der Philosophie ist – wie vielfach die Arbeit in der Architektur – eigentlich mehr die Arbeit an Einem selbst. An der eigenen Auffassung. Daran, wie man die Dinge sieht. (Und was man von ihnen verlangt.)«

diums gegangen war. Dort hatte er sich der Logik und Mathematik zugewandt und Russell, seinen Lehrer, Mentor und dann Gegner kennengelernt. Denn Russell hatte gespürt, dass es Wittgenstein eigentlich nicht um Logik ging, sondern um Ethik und den Sinn des Lebens. Wittgenstein hat selbst seinen *Tractatus* als den unwichtigeren ersten Teil zu einem nichtgeschriebenen zweiten, wichtigeren Teil, der Ethik, bezeichnet. Von der Ethik handelt der Vortrag des Jahres 1929 in England. Er sagt dort, dass ein Buch über Ethik keine Tatsachenaussagen enthalten würde, sondern Sollenssätze, insbesondere solche, die den Sinn der singulären Subjektivität beträfen: sein Leben. Ein solches Buch würde (wie ein schwarzes Loch) mit einem Knall alle anderen Bücher (über Tatsachen) vernichten.

Die Nachfolgerschaft Wittgensteins hat sich allerdings darum nicht gekümmert. Wittgensteins *Tractatus* wurde als eine heilige Schrift zum Gründungsbuch des ›logischen Positivismus‹, also einer Logik und Empirismus verbindenden analytischen Philosophie. Diesen Wittgenstein des *Tractatus* und logischen Positivismus nennt man Wittgenstein I.

Nach seiner Rückkehr nach England nimmt Wittgenstein mit seinen neuen Erfahrungen als Sprachlehrer die Sprachphilosophie wieder auf. Jetzt interessiert ihn weniger die Wissenschaftssprache oder Logik, sondern die Alltagssprache, die er seine Volksschüler gelehrt hatte. Ihn interessierte, wie man sie lehrt bzw. wie man Sprache erwirbt. Diesen Wittgenstein der Alltagssprachphilosophie nennt man Wittgenstein II. 1939 erhält er einen Lehrstuhl in Cambridge. 1947 legt er sein Amt nieder.

Aber auch in seiner zweiten Phase geht es Wittgenstein eigentlich um die subjektiven Tatsachen des Erlebens. Unentwegt laboriert er an dem Satz »Ich habe Schmerzen.« – Was bedeutet er für mich, was für andere? Wie lernt ein Kind diesen Satz, die Bedeutung von »Schmerz«? Durch Sprachspiele als Lebensformen? Denn Sprechen ist immer auch Tun, betont er. Die Bedeutung eines Ausdrucks ergäbe sich aus seiner

Bernhard Johannes Blume, *Angst*, o.J.
In seinen *Aufzeichnungen für Vorlesungen über ›privates Erlebnis‹ und ›Sinnesdaten‹* 1934–36 schreibt Wittgenstein: »Diese Schmerzen nenne ich ›Zahnschmerzen‹, und ich kann ihm niemals verständlich machen, was das heißt. … Ich weiß, was ich mit ›Zahnschmerzen‹ meine, aber der andere kann es nicht wissen.« – Was meinte er mit ›Zahnschmerzen‹? Wittgenstein nahm seine Schmerzen mit ins Grab.

Rolle im Sprachspiel, seinem Gebrauch im Leben. – Wittgensteins Sprachphilosophie ist sein Versuch, zur Ruhe zu kommen, alle philosophischen (Sinn-)Probleme zum Verschwinden zu bringen, fähig zu sein, das Philosophieren (also die Therapie) abzubrechen. In den posthum herausgegebenen *Philosophischen Untersuchungen* heißt es: »Was ist dein Ziel in der Philosophie? – Der Fliege den Ausweg aus dem Fliegenglas zeigen.« Und in den *Aufzeichnungen für Vorlesungen über ›privates Erlebnis‹ und ›Sinnesdaten‹* lesen wir: »Der Solipsist flattert und flattert in der Fliegenglocke, stößt sich an den Wänden, flattert weiter. Wie ist er zur Ruhe zu bringen?«

Wittgensteins Grab in Cambridge.

Wittgenstein starb 1951. Nicht durch seine ausgesparte Subjektphilosophie oder seine Kunst des philosophischen Verdrängens und durch seine Ich-Anästhesie, sondern durch seine vom Ich ablenkende Sprachanalyse wurde er der einflussreichste Philosoph des 20. Jh. – neben Nietzsche, der allerdings ein anderes, nicht angelsächsisches, ein kontinentales Klientel hat.

Wittgensteins Sprachphilosophie wird zunächst von Austin, dann von John L. Searle als Sprechakttheorie weiterentwickelt. In dieser Theorie, die eine Reihe von Redefunktionen wie Grüßen, Versprechen, Verzichten, Taufen u.s.w. als das, was man mit Worten machen kann, herausstellt, wird allerdings die Sprache ausschließlich in derjenigen Perspektive gesehen, dass einer einem etwas sagt. Darauf hat Hermann Schmitz in seiner *Neuen Phänomenologie* hingewiesen. Er schreibt: »Kommunikation gilt als universaler oder doch zentraler Titel für die Leistung der Rede. Das unterstreicht Quines knapper Slogan: »Language is a social art.« Damit unterläuft ein Fehler: Kommunikative und soziale Leistung der Rede werden gleichgesetzt.« Denn Singen, genauer die Singrede, ist doch wohl auch eine Redeweise mit sozialer Funktion, ohne dass es hier um Mitteilung ginge. Es geht um gefühls-

Das strukturalistische Frühstück: Michel Foucault, Jacques Lacan, Claude Lévi-Strauss und Roland Barthes, Zeichnung von Maurice Henry, erschienen in *La Quinzaine littéraire* vom 1.7.1967.

mäßige soziale Integration. Und eine sprachliche Klärung (Explikation) von Erfahrungen und Orientierung von Stellungnahmen kann ohne soziale Funktion bzw. ohne Kommunikation monologisch geschehen.

Strukturalismus und Postmoderne

Verabschiedung des Menschen, Dezentrierung des Subjektes – das sind Kennzeichnungen des philosophischen Strukturalismus, der in den 60er Jahren Sartres Subjekt- und Geschichtsphilosophie ablöste. »Wir haben die Generation Sartres als eine durchaus mutige und großherzige Generation empfunden, die sich für das Leben, die Politik, die Existenz leidenschaftlich einsetzte. ... Wir jedoch haben für uns etwas anderes entdeckt, eine andere Leidenschaft, die Leidenschaft für den Begriff und für das, was ich das ›System‹ nennen möchte«, erklärt Michel Foucault 1966. Er bezieht sich auf **Claude Lévi-Strauss** (*1908) und **Jacques Lacan** (1901–1981). Der eine zeigte für die Gesellschaften und der andere für das Unbewusste, dass der Sinn, dessen Programmierer und Deuter wir für Sartre sind, nur eine Spiegelung, ein Schaum ist, dass es das anonyme System ist, was uns durchdringt und erhält. Es gibt keine wirkliche Freiheit des Denkens und auch keinen Sinn der Geschichte. Oder anders, mit dem strukturalistischen Marxisten **Louis Althusser** (1918–1990), gesagt: »Der Mensch macht die Geschichte, ohne es zu wissen.« Geschichte ist in den Strukturen gefangen.

Claude Lévi-Strauss. Links auf den Fotos Maurice Merleau-Ponty.

Lévi-Strauss hatte das Modell der linguistischen Strukturanalyse von Ferdinand de Saussure auf die Human- und Sozialwissenschaften übertragen. Er fand, dass es unbewusste Strukturen sind, die in den Subjekten wirken, dass sie wirklicher und fundamentaler sind als diese. Saussure meint, dass sprachlichen Symbolen nicht a priori Bedeutungen zugeordnet sind, sondern dass die Bedeutung eines Zeichens sich erst aus der Beziehung dieses Zeichens zu anderen Zeichen ergibt. Gegenstand der strukturalen Linguistik ist die Integration eines Zeichens in ein System oder die systematische Beziehung zwischen Zeichen. Lévi-Strauss meint nun dasselbe von den Mythen der Völker, die er als Ethnologe untersuchte. Die Mythen stellen intellektuelle Versuche dar, bestimmte in menschlichen Situationen eingebaute Widersprüche zu überwinden. Sind die Widersprüche real, erzeugt ein Mythos den anderen. So wächst ein Mythos spiralenförmig, bis der geistige Impuls, der ihn hervorbrachte, erschöpft ist. Jeder Mythos, so erklärt Lévi-Strauss, verschlüsselt und verschleiert sein Problem in Handlungen und Bildern, weil die Widersprüche real sind und es nur Pseudolösungen dafür gibt. Die Zeichen und Symbole tragen ihre Bedeutung nicht in sich selbst, sondern gewinnen sie durch Beziehung zu anderen mythologischen Zeichen. Die strukturalistische Forschung hat sich also mit der Entschlüsselung zu beschäftigen, um die mythologische Metasprache aufzudecken.

Bei Lévi-Strauss verschwindet das Subjekt zugunsten der Strukturen. Er sagt: »Ich habe nie das Gefühl meiner persönlichen Identität gehabt, habe es auch jetzt nicht. Ich komme mir vor wie ein Ort, an dem etwas geschieht, an dem aber kein Ich vorhanden ist. Jeder von uns ist eine Art Straßenkreuzung, auf der sich Verschiedenes ereignet. Die Straßenkreuzung selbst ist völlig passiv; etwas ereignet sich darauf. Etwas anderes, genauso Gültiges, ereignet sich anderswo. Es gibt keine Wahl, es ist einfach eine Sache des Zufalls.«

Dzonokwa-Maske, Museum of Anthropology, Vancouver (USA). Claude Lévi-Strauss schreibt in seinem Buch *Traurige Tropen*: »Die Welt hat ohne den Menschen begonnen und wird ohne ihn enden. Die Institutionen, die Sitten und Gebräuche, die ich mein Leben lang gesammelt und zu verstehen gesucht habe, sind die vergänglichen Blüten einer Schöpfung, im Verhältnis zu der sie keinen Sinn besitzen; sie erlauben bestenfalls der Menschheit, ihre Rolle im Rahmen dieser Schöpfung zu spielen.«

Jim Morrison.
Die Portrait-Skulptur am Grab Morrisons auf dem Pariser Friedhof Père-Lachaise ist heute dort nicht mehr vorhanden. »The End« hieß Morrisons Song in dem Film *Apocalypse now* über den Vietnamkrieg. Der Protest gegen diesen Krieg (Russell initiierte 1966 in Stockholm das Vietnam-Tribunal, an dem auch Sartre teilnahm) kennzeichnet eine ganze Generation. Eines ihrer Idole war Jim Morrison.

Hat Lévi-Strauss in seiner strukturalen Anthropologie das Subjekt von außen entleert, so macht Lacan das – in Anschluss an Freud – von innen. Er erklärt: Da ich nicht über mein Unbewusstes verfüge, kann ich kein autonomes Subjekt sein. Das Unbewusste ist als vom Bewusstsein getrennt gesetzt. Es hat, von außergewöhnlichen Umständen abgesehen, keinen Zugang zum Bewusstsein. Lacan sagt das gegen Sartre, der Subjekt und Bewusstsein unlöslich verbunden sieht. Für Lacan ist das Unbewusste wie eine Sprache strukturiert, die durch uns hindurch spricht, wenn wir zu sprechen meinen. Sartre widerspricht: Zumindest für die Sprache des Linguisten bedürfe es eines sprechenden, linguistischen Subjekts. Er sieht einen Rückfall in den Positivismus, nicht den der Tatsachen, sondern jetzt den der Zeichen. So auch bei Althusser, wenn er den Menschen von den Strukturen bedingt sein lässt. Ist denn der Mensch nicht auch immer über die Strukturen hinaus? Bei ihnen stehen zu bleiben ist für Sartre »ein logischer Skandal«. Er definiert: »Der Philosoph ist derjenige, der versucht, dieses Überschreiten zu denken«. – Aber ist das Denken frei? Foucault meint: nein. Man denkt immer innerhalb eines anonymen und zwingenden Gedankensystems. Und wenn er nun das System denkt, dann werde er schon von einem System hinter dem System gezwungen, ohne es zu kennen, dass er aber in dem Maße zurückweisen würde, indem er es bzw. es sich entdeckt.

Michel Foucault (1926–1984) repräsentiert die neue, sich von Sartre absetzende Philosophengeneration, die sog. Zweite Generation. Wer ist das? »Man frage mich nicht, wer ich bin«, bittet Foucault. Nun, zumindest ist er ein Nietzscheaner und: Er ist anders. Wie Nietzsche ist er auf der Suche nach neuen Lebensformen, die gerechtfertigt sind durch neue Weltinterpretationen. Denn nach Nietzsches Lehre des Perspektivismus beruhen verschiedene Lebensformen auf verschiendenen Interpretationen. Entsprechend definiert Foucault Philosophie als Verschiebung und Transformation der Denkrahmen und Modifizierung der Werte, um anders sein zu können, »um anders zu werden als man ist.« Philosophie ist eine Bewegung, so schreibt er, mit deren Hilfe man sich »von dem frei macht, was für wahr gilt, und nach anderen Spielregeln sucht.« Seine Rationalitätskritik gilt dem »Recht auf Anderssein«. Er kritisiert die Ausgrenzung von Lebensformen. Er thematisiert das als Ausgrenzung des Anderen, der Vernunft, des Wahnsinns, durch die Vernunft. Mit dem Buch *Wahnsinn und Gesellschaft* von 1961 wird er berühmt. Sein Hauptwerk heißt *Sexualität und Wahrheit*.

Michel Foucault im Jahre 1966, nach dem Erscheinen seines Buches *Die Ordnung der Dinge*.

Foucault war anders, nämlich homosexuell wie Nietzsche, wie Wittgenstein. »Eine gewisse Paranoia der Kontrolle gegenüber, die ein Großteil seines Lebens bestimmt hatte«, so bemerkt Richard Sennet, »verließ ihn, als er im Sterben lag.« Er starb, 57-jährig, an Aids. In seinen letzten, von der tödlichen Krankheit bestimmten Jahren wandte er sich in Fortführung seiner Arbeit über *Sexualität und Wahrheit* der Philosophie als Lebensform in der griechisch-römischen Antike, insbesondere der Stoa, zu. Foucault fragt: Wie, warum und in welcher Form ist die sexuelle Aktivität als moralischer Bereich konstituiert worden? Er meint, die Griechen hätten gewisse Ratschläge erlassen, wie man die Sexualität meistern könne. *Der Gebrauch der Lüste* und *Die Sorge um sich* heißen Foucaults letzte Bücher. Sie gelten einer asketisch-epikureischen Ethik der Existenz, dem Leben als Entwurf, als Kunstwerk. War er damit nicht jener Sartreschen Position wieder nahe, die er früher bekämpft hatte? – Sicher. Er hatte sich zu seinem Anderssein bekannt,

Aristokratisches Liebespaar beim Gelage, Fresko, 5. Jh. v. Chr., Archäologisches Nationalmuseum, Paistum. In seinen letzten Büchern, *Der Gebrauch der Lüste*, *Die Sorge um sich* und *Geständnisse des Fleisches*, die seine mit *Der Wille zum Wissen* begonnene *Geschichte der Sexualität* abschließen, beschreibt Foucault die Lebens- und Liebestechniken in der griechischen Antike als »Selbstpraktik« und »Selbstbildung«. Er selbst hatte sein Glück in der *gay community* im sonnigen Kalifornien gefunden, als ihn Aids dahinraffte.

Er ist tot und er wird sterben, Foto von Alexander Gardner, 1865. Roland Barthes schreibt in seinem Buch *Die helle Kammer* dazu: »Im Jahre 1865 versuchte der junge Lewis Payne den amerikanischen Außenminister ... zu ermorden. Alexander Gardner hat ihn in seiner Zelle photographiert; er wartet auf den Henker. Das Photo ist schön, schön auch der Bursche: ... er wird sterben. Ich lese gleichzeitig: das wird sein und das ist gewesen; mit Schrecken gewahre ich eine vollendete Zukunft, deren Einsatz der Tod ist. ... Das Kinderfoto meiner Mutter vor Augen, sage ich mir: sie wird sterben: ich erschaure ... vor einer Katastrophe, die bereits stattgefunden hat. Gleichviel, ob das Subjekt, das sie erfährt, schon tot ist oder nicht, ist jegliche Photographie diese Katastrophe.«

und die Paranoia der Überwachung und Bestrafung war verschwunden. Er fand die Ruhe jenes »glücklichen Findelkindes«, von dem er in seiner Antrittsvorlesung spricht.

Angefangen hatte er ganz anders, mit einer Analyse der Macht und der Ohnmacht des Einzelnen. Seine Antrittsvorlesung *Die Ordnung des Diskurses* 1971 am Collège de France (dem höchsten Karriereziel eines französischen Gelehrten) nennt das Thema seiner Philosophie: Die Prozeduren der Reglementierung, Ausschließung und Unterdrückung, die zu den sozialen Systemen (Institutionen) des Wissens (Diskursen) gehören. Er tritt mit dieser Antrittsvorlesung natürlich selbst in einen solchen Diskurs ein, obwohl er nichts mit jenen Repressionen zu tun haben möchte. »Wie ein glückliches Findelkind« möchte er vom Diskurs, der eine ruhige, tiefe und unendlich offene Transparenz bilden sollte, getragen werden. So heißt es zu Anfang seiner Antrittsvorlesung. Foucault sagt sich dann selbst die beruhigende Antwort der Institution vor. Er formuliert sie wie eine Double-bind-Beziehungsfalle: »Sieh' doch, wie lieb ich dich habe, ich könnte dich auch fallen lassen!« (Sagt die Mutter zum Kind, das sie mit dem Arm aus dem Fenster hält.) Dies legt Foucault dem Diskurs, den er betritt, in den Mund: »Du brauchst vor dem Anfangen keine Angst zu haben; wir alle sind da, um dir zu zeigen, dass der Diskurs in der Ordnung der Gesetze steht; dass man seit jeher über sein Auftreten wacht; dass ihm ein Platz bereitet ist, der ihn ehrt, aber entwaffnet; und dass seine Macht, falls er welche hat, von uns und nur von uns stammt.«

Die Macht, so lehrt nun Foucault, ist zentrumslos überall, in der Familie, im Körper, in der Moral, in der Sprache. Sie ist auch schöpferisch, sie hat das Wissen, das Macht ist. Die Geschichte der Vernunft ist die der Wissenschaften als ›herrschenden‹ Diskursen. Hinter den Diskursen steht immer der

Roland Barthes

›Wille zur Macht‹ (Nietzsche), Wille zur Realitätsbemächtigung und zum Ausschluss des Anderen. Seine Wissenschaft davon nennt Foucault Archäologie des Wissens. Sie fragt nach den Bedingungen dafür, dass eine bestimmte Wissenschaft gebraucht wird. Er sieht einen Kampf um die Wahrheit als dem »Ensemble der Regeln, nach denen das Wahre vom Falschen geschieden und das Wahre mit spezifischen Machtwirkungen ausgestattet wird.«

»Die Welt ist Wille zur Macht und nichts außerdem«, hatte schon Nietzsche verkündet.« Er verstieg sich genau so wie Foucault zu einer mystischen Metaphysik der Diskurse. Ähnliche existenzielle Geheimnisse waren ja der Motor und Projektor ihrer Philosophie. So auch bei **Roland Barthes** (1915–1980), der sechs Jahre nach Foucault seine Antrittsvorlesung am Collège de France (im Fach Semiologie oder Zeichenlehre) hielt. »Das Objekt, das von aller menschlichen Ewigkeit her Macht hat, ist die Rede oder genauer, ihr bindender Ausdruck: die Sprache«, heißt es da. Denn, so meint Barthes mit dem Linguisten Roman Jakobson: Ein Idiom ist weniger durch das definiert, was es zu sagen erlaubt, als durch das, was es zu sagen zwingt. Und er weist sogleich auf das ihm existenziell Wichtigste: der Ausschluss des Neutrums oder Bisexuellen durch die erzwungene Unterscheidung des Maskulinen und Femininen in der französischen Sprache (obwohl le und la nichts mit dem Sex, dem Geschlecht, zu tun haben. Es sind Artikel, denn Geschlecht meint hier Art, Sorte.) und der Ausschluss affektiver Unentschiedenheit durch das Entweder-Oder von tu und vous. »Sobald die Sprache hervorgebracht wird«, erklärt Barthes, »und sei es im tiefsten Inneren des Subjektes, tritt die Sprache in den Dienst einer Macht.« Wie ihr ausweichen? Durch die Kunst, die Literatur als Utopie der Sprache. Hier findet er seinen Freiraum für ein anderes Sprechen und ein anderes Subjekt. Alle Klassenbarrieren und Ausschließlichkeiten werden niedergerissen, alle Sprachen vermengt. Kein Ge-

Max Weber, laut Karl Jaspers »der größte Deutsche unseres Zeitalters«, war *der* Diagnostiker der Moderne. In seinem berühmten Buch *Die protestantische Ethik und der Geist des Kapitalismus* zeigte er die Bedeutung des religiösen Rationalismus, d.h. der reformatorischen Weltauslegung, die das Diesseits entzauberte oder entsakralisierte und die mit dem Berufsgedanken das alltägliche Leben mit dem Jenseitsschicksal verband, für die Entstehung des modernen Betriebskapitalismus: Im Berufserfolg und Gelderwerb bewährt sich der je eigene Gnadenstand.

setzesterror mehr. »Das Subjekt gelangt zur Wollust durch die Kohabitation der Sprachen.« So heißt es in seinem Buch von 1973 *Die Lust am Text*.

Die Postmoderne

Problemlose Vielfalt der Lebensformen oder -stile, die ja nach Wittgenstein Sprachspiele sind, proklamiert die Postmoderne, sofern damit Lyotards Philosophie gemeint ist. **Jean-François Lyotard** (1934–1998) hatte 1979 die Programmschrift *Das postmoderne Wissen* verfasst, wobei er den in amerikanischen Architekturdebatten bereits gängigen Begriff ›postmodern‹ aufnahm, welcher Vielfalt der Stile (Codes) bzw. Stilelemente in einem Objekt bedeutet, mindestens Zweiheit eines elitären und eines populären Codes. Dieser Begriff aus der Ästhetik angewendet auf das Wissen, die Sprachspiele, die Diskurse bedeutet: Ästhetisierung der Vernunft. Alle Denkformen, Interpretationen, Sprachspiele sind möglich. Oder wie es **Karl Feyerabend** (1924–1994) formulierte: »Anything goes«. Er, wie Lyotard, macht damit einen Befund **Max Webers** (1864–1920) geltend, der zu Anfang des Jahrhunderts einen nicht mehr synthetisierbaren Pluralismus und Widerstreit letzter Sinngebungen in der okzidentalen Gesellschaft konstatierte. Es gibt keinen umfassenden, maßgebenden Metadiskurs, keine »großen Erzählungen« mehr »wie die Dialektik des Geistes (Hegel), die Hermeneutik des Sinns (Heidegger), die Emanzipation des vernünftigen oder arbeitenden Subjekts (Marx)«, schreibt Lyotard in seiner Studie. Das soziale Band kann

Jean-François Lyotard

nicht mehr durch eine gemeinschaftlich akzeptierte Erzählung geknüpft werden. Das soziale Leben ist ein Ensemble von Zügen in Sprachspielen, die nirgendwo ihre Legitimation haben. Die terroristischen Aktionen der RAF und Roten Brigaden und ihre Manifeste in den 70er Jahren kann man als Reanimationsversuche für den marxistischen Legitimationsdiskurs, als Verlängerungsfrist für die sterbende große Erzählung sehen.

Piazza d'Italia von Charles Moore, 1978, New Orleans, Lousiana (USA), ein Beispiel postmoderner Architektur, die sich hemmungslos vergangener Stile bedient.

Jürgen Habermas (*1929) möchte die ehemals religiös formulierte Einheit der Vernunft wiederfinden und sichern: mit Vernunft! Trotzig und tautologisch formuliert er: »Die Vernunft hat dem Willen zum Vernünftigen noch nicht entsagt.« An die Stelle des ehemals religiösen Grundkonsenses tritt bei Habermas der Konsens einer nicht verdinglichten, idealiter herrschaftsfreien kommunikativen Alltagspraxis. »Die bannende Kraft des Heiligen wird zur *bindenden* Kraft kritisierbarer Geltungsansprüche zugleich sublimiert und veralltäglicht«, schreibt Habermas in *Theorie des kommunikativen Handelns* von 1981. Die bürgerliche Gesellschaft bildet dann eine Öffentlichkeit, die am vernünftigen Gespräch zwischen grundsätzlich allen Bürgern orientiert ist. Dadurch wäre die Gesellschaft einer Selbstkritik und Selbstheilung, d. h. Auflösung ihrer pathologischen Strukturen, fähig. Hierfür übernimmt Habermas von Freud das Modell der Selbstemanzipation durch Gesprächstherapie, und knüpft an Horkheimers Idee einer kritischen Theorie an. Gesellschaft wird so zum gemeinschaftlichen Leben emanzipierter Subjekte, getragen vom ›heiligen Geist‹ des herr-

Jürgen Habermas

El Greco, *Die Ausgießung des Hl. Geistes*, 1604–14, Museo del Prado, Madrid. Wie ist Verständigung oder wahrer Konsens möglich? fragt sich Habermas. Antwort: Durch »Vorgriff auf die ideale Sprechsituation«, d.h. durch unser Vertrauen auf den heiligen Geist bzw. durch diesen selbst.

schaftsfreien Gespräches. Ihre Basis ist die (noch) nicht entfremdete, vor der Kolonisierung (Verdinglichung) durch die Systeme (Rechtswesen, Wissenschaft, Erziehungssystem, Geldwirtschaft, Politik) bewahrte Lebenswelt. Die kontrafaktische oder utopische Bezugnahme auf eine unbegrenzte Kommunikationsgemeinschaft ersetzt das Ewigkeitsmoment der Wahrheit durch die Idee eines offenen, aber zielgerichteten Interpretationsprozesses. Das schreibt Habermas in *Texte und Kontexte* zu Max Horkheimers Satz: »Einen unbedingten Sinn zu retten ohne Gott ist eitel«.

Niklas Luhmann (1927–1998) betrachtet Gesellschaft als Kommunikationssystem mit vielen mehr oder weniger selbständigen Subsystemen. Kommunikation bezieht sich dabei immer nur auf sich selbst. Die Subjekte oder Menschen mit ihrem Körper und ihrer Psyche gehören nicht mit zum System. Sie bilden

Beobachtung 2. Ordnung. (Nach einem Motiv von Honoré Daumier in *Les Paysagistes.)* Luhmanns Beobachter des Beobachters ist eine tragische Figur. Ihm ist die Welt abhanden gekommen. Er beobachtet nur, wie ein anderer beobachtet, wie ein anderer beobachtet, wie ein anderer beobachtet, wie ... Aber er sieht nicht, wie er selbst beobachtet. Das kann nur ein anderer beobachten, der auch nicht beobachten kann, wie er beobachtet. Und so weiter. D.h.: Jeder hat seinen blinden Fleck. Und außer diesem gibt es nichts zu sehen.

die Umwelt des Systems oder der Gesellschaft. Luhmann kann sich sogar vorstellen, dass die Kommunikation weiterläuft, auch wenn es längst schon keine Menschen mehr gibt. Wissen und Vernunft befindet sich nicht in Köpfen oder Psychen, sondern in Büchern, Datenspeichern oder im Internet. Das Verschwinden des Subjekts ist im Buddhismus ein religiöses Ideal. Luhmann hat aus seiner Sympathie mit dem Buddhismus keinen Hehl gemacht. Das eine Auge, das alles sieht, Gott, gibt es nicht mehr, nicht mehr die eine Wahrheit und den Blick aufs Wirkliche. Stattdessen nur mehr Beobachtung von Beobachtung, selbstreferentielle, rekursive Beobachtung.

Karl Raimund Popper (1902–1994) hat in seinem Buch *Die offene Gesellschaft und ihre Feinde* einen ›vernünftigen‹ Kompromiss gefunden: den Glauben an die Vernunft, den man irrational, nämlich unbegründet, nennen mag. Argumente, das habe schon Sokrates gesehen, können kaum je eine Frage endgültig lösen, erst recht nicht die nach der Vernünftigkeit der Vernunft. Ein umfassender Rationalismus ist jedenfalls unmöglich. Denn was das Leben lebenswert macht, ist die Einzigartigkeit unserer Handlungen und Erfahrungen, die Subjektivität, das lässt sich methodisch-rational nicht fassen. Aber an die Vernunft kann man glauben, d.h. für Popper: an die rationale Einheit der Menschen und an die offene Gesellschaft, insbesondere aber ihre wissenschaftliche Einstellung. Sie ist dem alten sokratischen und christlichen Glauben an die Brüderlichkeit aller Menschen und an intellektuelle Ehrlichkeit und Verantwortlichkeit verdankt. Der Irrationalismus und nicht der Rationalismus muss für die Feindschaft der Nationen und für Aggression verantwortlich gemacht werden.

Bild aus dem Film *1984* nach der Novelle von George Orwell *1984* aus dem Jahre 1949. Orwell beschreibt in seinem Buch eine geschlossene Gesellschaft, einen Polizei- und Überwachungsstaat. Er ist nach K. R. Popper das Schlimmste, was einer Gesellschaft passieren kann. Poppers 1938 bis 1942 in Neuseeland geschriebenes Buch *Die offene Gesellschaft und ihre Feinde*. Band I: *Der Zauber Platons*, Band II: *Falsche Propheten: Hegel, Marx und die Folgen* verteidigt die offene westliche, »gemäßigt demokratische (bürgerliche) Gesellschaft«. Es richtet sich gegen Hitler und Stalin und deren Vordenker wie Hegel, Marx und sogar Platon. Denn Platon, schreibt Popper, war der »erste große politische Ideologe, der in Klassen und Rassen dachte und Konzentrationslager vorschlug.«

Unter dem Titel *Philosophie jetzt!* hat **Peter Sloterdijk** (*1947) in den 90er Jahren eine Lesebuchreihe zur abendländischen Philosophiegeschichte herausgegeben, um, als »Gegengift gegen die fundamentalistische Versuchung«, das Buch des europäischen philosophischen Wissens von neuem aufzuschlagen und darin zu lesen – »soweit die Kürze des Lebens es uns erlaubt, solche aufwendigen Wiederholungen zu wagen.« (Dieser Schnellkurs könnte vielleicht den Aufwand vermindern und damit auch das Ablebensrisiko.) Die fundamentalistische Versuchung, von der Sloterdijk spricht, bezieht sich auf das verlorene metaphysische Fundament, auf seine Re-Installation. Die moderne Welt hat es nämlich aufgegeben, Wissen und Handeln in der Idee eines höchsten Gutes zu fundieren. »Der dominierende technologische Pragmatismus der Neuzeit gewann freie Bahn erst, nachdem die Hemmungen, die einem grenzenlosen moralischen und physischen Experimentieren im Wege standen, beiseite geräumt oder zumindest entkräftet waren«, schreibt Sloterdijk. Die Ermächtigung zum unbegrenzten Projektieren wurde aber bezahlt mit der Entdeckung einer innerweltlichen Bodenlosigkeit. Der Fundamentalismus nun flieht zurück zu den alten Grundlagen, ruiniert damit aber die von Haltlosigkeit befallenen Gesellschaften durch die Drogen der falschen Gewissheit. Denn er weiß ja auch nicht weiter, weiß nicht, wie man

Peter Sloterdijk.
In seiner *Kritik der zynischen Vernunft* (1983) schreibt Sloterdijk: »Der Traum, dem ich folge, ist der, den sterbenden Baum der Philosophie noch einmal blühen zu sehen – in einer Blüte ohne Enttäuschung, übersät mit bizarren Gedankenblumen, rot, blau und weiß schimmernd in den Farben des Anfangs, wie damals im griechischen Frühlicht – als die *theoria* begann und als, unglaublich und plötzlich wie alles Klare, das Verstehen zu seiner Sprache fand. Sind wir kulturell wirklich zu alt, um solche Erfahrungen zu wiederholen?«

mit den Umbrüchen in den Wissens- und Kommunikationsverhältnissen in der eben entstehenden »telematischen Weltzivilisation« leben kann. »Viele Anzeichen sprechen dafür«, meint Sloterdijk, »dass die gegenwärtigen Generationen durch einen Weltformbruch hindurchgehen, der an Tiefgang und Folgenreichtum mindestens ebenso bedeutsam ist, wie jener, welcher vor 2500 Jahren die klassische Philosophie provozierte. So könnte ein Studium jenes alten Bruches auch die Verständigung über den aktuellen inspirieren.«

Es könnte allerdings sein, dass die Philosophie ihre Zeit zwischen den beiden Brüchen bereits gehabt hat, d. h. dass ihre Zeit nun zu Ende geht. – Wohin geht die Philosophie? 1999 erschien das Buch *Quo vadis, Philosophie? Antworten der Philosophen. Dokumentation einer Weltumfrage.* Es möchte »den Ausgangspunkt für eine reale Internationalisierung der Studieninhalte der Philosophie bilden.« Vom Ende der Philosophie ist hier keine Rede. Befragt wurden nämlich 100 Berufs-, d. h. Universitätsphilosophen aus aller Welt, darunter auch neun Frauen. Gefragt wurde nach den für die Philosophie im Allgemeinen und für den Befragten im Besonderen bedeutsamsten und prägenden historischen Ereignissen des 20. Jh., nach den wichtigsten und am meisten zukunftsträchtigen Denktraditionen oder Werken des 20. Jh. und schließlich nach der Zukunft der Philosophie. Die Zukunftsfrage lautete: »Welche Aufgaben würden Sie als prioritär für die philosophische Reflexion zu Beginn des 21. Jahrhunderts betrachten?« – Durchweg lagen die Antworten auf der Linie, die in der Antwort des Philosophen **Otto Apel** (*1922) so formu-

Quo vadis, Philosophie? Jean-Paul Sartre, *das* Philosophen-Foto des 20. Jh.

liert wurde: »Eine planetare Verantwortungsethik für eine ›multikulturelle Weltgesellschaft‹.« Ziele sind dabei die »Humanisierung des Cybermenschen«, der Helden des 21. Jh., durch die Wiedereinsetzung der Grundideen politischer Theorie und Praxis und auch die Rettung von »Flora, Fauna und genetischer Substanz des Menschen« durch eine »neue wahrhaftige und moralisch bindende Beziehung zur Menschheit als dem Stamme«. Die Philosophie der Zukunft will demnach praktische Philosophie sein, will der Menschheit helfen, unter den sich rasant verändernden Umständen und d.h. mit den neuen technischen Mitteln zu leben und zu überleben. Sie will selbstlos sein. Das eigene Leben des Philosophen tritt da ganz in den Hintergrund. Keiner nannte als philosophische Aufgabe die delphische Weisung, unter der die Philosophie einst antrat: »Erkenne dich selbst!« Ist es vielleicht doch mit der Philosophie schon im 21. Jh. zu Ende?

Allerdings haben bei besagter Umfrage doch zwei Philosophen das Bewusstsein als das eigentliche Problem der Philosophie genannt: Davis Bell und Manfred Frank. Ich bin auch dieser Meinung. Bewusstseinsphilosophie schließt jene eben genannten Ziele der praktischen Philosophie nicht aus. Bewusstsein ist etwas Leibliches und als solches immer affektiv bestimmt durch das, was Schopenhauer Willen nannte, oder Trieb, Begehren. Zeugungs- oder Lebenswille. Freud sagt Eros. Bewusstsein und Vernunft sind durch und durch vom Lebens- oder Zeugungswillen bestimmt oder besessen. Die Bewusstseinsphilosophie hat hier die Neuro- und Genbiologie einzubeziehen, sie sollte Anthropologie des Bewusstseins sein. Und sie hat ihre eigene Psychoanalyse zu betreiben, indem sie sich selbst aus dem (Zeugungs-)Willen heraus versteht.

Das »Ei der Philosophen«, darin der Retortenmensch der Alchemie, der Homunculus, hier als Merkur.

Die Sexualität des Bewusstseins, d.h. seine Affektivität und ›Lebensbesessenheit‹, die es natürlich immer schon gab, hat es heute mit einer neuen Situation zu tun: mit einer von der Sexualität, d.h. der Kopulation der Geschlechter,

Michael Royen, *Edward White,* 1980.
Der erste Versuch, die außerirdische Welt zu erreichen, wurde, so berichtet die Bibel in dem Kapitel *Genesis 11* über den Turmbau zu Babel, durch die Götter gestoppt. Die Menschen, die damals über eine allen verständliche Sprache verfügten, begannen mit dem Bau eines Turmes, dessen Spitze den Himmel erreichen sollte. Die Götter verwirrten daraufhin die Sprache der Menschen. In unserer Zeit haben wir wieder eine Einheitssprache gefunden, das Englische. Wir bauen wieder mit vereinten Kräften, Russen wie Amerikaner und Europäer, um die Erde verlassen zu können – und in den Himmel zu gelangen.

auf die das sexuelle Erkennen zielt, getrennten biotechnischen Lebensreproduktion. Bald schon wird es von ›verantwortungsvollen und vermögenden‹ Eltern keine ›natürlich‹ gezeugten und ausgetragenen Kinder mehr geben.

Ebenso einschneidend für das menschliche Bewusstsein wie die Veränderungen bei der Lebensweitergabe sind die bei der Lebenserhaltung. Sexualität und Tod prägen unser Bewusstsein. Besonders durch die Fortschritte in der Genetik und Neurobiologie werden einerseits unsere Krankheiten und unser Ableben immer genauer prognostizierbar und andererseits wird unser Leben immer weiter fortsetzbar, heute schon durch Organtransplantation (einschließlich Hirntransplantation) und künstliche Organe, bald durch nanotechnische Reparatur der Organe und Körperteile Stück für Stück, Molekül für Molekül. Dabei spürt man, dass die Menschen schwerlich leben können, wüssten sie ihr Sterbedatum. Ebensowenig könnten sie mit der Möglichkeit ewigen Lebens leben. Wüssten

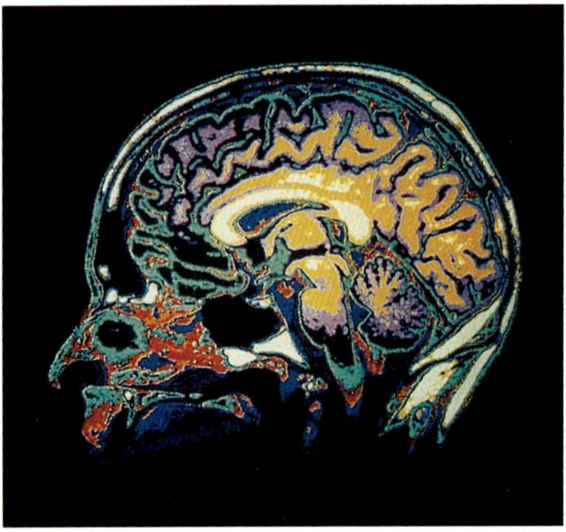

Wer denkt und fühlt – das Gehirn oder die Seele?

sie, dass sie ein ewiges Leben zu verlieren haben, wenn sie getötet würden, womit anders würden sie ihr ewiges Leben verbringen als mit Maßnahmen gegen das Getötetwerden? – Das anthropotechnische Wissen ist ein Wissen vom Leben, das uns womöglich hindert, ›human‹ zu leben. War also das biblische Essen vom Baum der Erkenntnis nicht tatsächlich Ausschluss vom Baum des Lebens, Verlust des Paradieses unwissenden Lebens?

Was wird aus den Religionen? Erwächst aus ihnen ein revolutionäres oder reaktionäres Potential gegen die moderne Gesellschaft? – Schließlich gibt es noch ein drittes außer Sex und Tod, was unser Bewusstsein bestimmt: Transzendenz, ein Jenseits oder Gott. Denn Bewusstsein ist Bewusstsein vom möglichen Ganzen des Daseins, der Welt. Bewusstsein befindet sich insofern auf dem Platz Gottes gegenüber der Welt, jenseits ihrer. Aber körperlich wie wir sind, bleiben wir faktisch, leibhaftig immer darin – auch wenn wir uns auf Raumfahrt begeben. Allerdings bringen uns die extraplanetaren Ausflüge und Aktivitäten doch zugleich näher zu diesem Gott, diesem Gegenüber der Welt, auch wenn wir erst der Erdkugel uns gegenüber befinden. In den monotheistischen Religionen wird den Menschen eine Identifikation mit einer (mit dem eigenen Bewusstsein identischen) Instanz absoluter Übersicht und auch Macht angeboten, indem diese projektiv mit einer autoritären Person besetzt wird: Gottvater, Jahwe, Allah. Wie, wenn auch hier die Informationstechnologie bald für einen realen Gott sorgt, der die Geschicke, Gedanken und Taten der Menschen leitet?

Philosophie der Zukunft jetzt – das ist Science-fiction. Der Mensch der Zukunft ist der künstliche

Mensch, der von Menschen gemachte Mensch. Unser eigenes Bewusstsein, also Bewusstsein überhaupt, wird lernen müssen, sich als Bewusstsein einer Maschine, als gemachtes und doch in seinem faktischen Sein unhintergehbares, in sich geschlossenes Dasein zu verstehen. – »eXistenZ« ist der Titel eines Films von David Cronenberg, 1999, der die Verbindungen von Mensch und Maschine in Menschencomputern zum Thema hat. Mit solchen Verbindungen hat man längst begonnen. Bereits heute werden Organe und Gehirne mit nicht-biologischer Intelligenz aufgerüstet oder repariert (bei bestimmten Seh- und Hörstörungen). Bald werden Kleinstcomputer (Nanobots) von der Größe einer Zelle unsere Gehirnfunktion verbessern. Man wird mit ihnen das Gehirn erkunden, Synapse für Synapse abtasten, Transmitter für Transmitter, und ein Gehirn kopieren können. Das prognostiziert Ray Kurzweil in seinem Buch von 1999 *Homo S@piens – Leben im 21. Jahrhundert*. Mit solchen Kleinstcomputern wird man virtuelle Realität erzeugen. Wir werden Milliarden von Nanobots als künstliche Neuronen in unser Gehirn schicken, die sich an jedem einzelnen, von unseren Sinnesorganen herkommenden Nervenstrang festsetzen. »Wenn wir reale Realität erleben wollen, dann halten die Nanobots still. Für das Erlebnis virtueller Realität unterbrechen sie die Zufuhr realer Reize und setzen künstliche Signale an ihre Stelle.« Im 21. Jh. wird das World Wide Web aus virtuellen Begegnungsstätten bestehen, die genauso real sind wie jeder Ort der Welt. Der Mensch ist unterwegs zu einer neuen Existenz: »Wenn das Spiel wirklicher wird als die Wirklichkeit, beginnt die eXistenZ.« Muss also die Philosophie der Zukunft nicht eXistenZ-Philosophie sein?

Cyberfrau Lara Croft, Core Design. Vielleicht bestimmen bald Roboter mit ihrem Aussehen das Aussehen der Menschen, dann nämlich, wenn die Fähigkeiten der von uns geschaffenen Wesen die unseren übersteigen und der Mensch, wie es Günther Anders in seinem berühmten Buch *Die Antiquiertheit des Menschen* beschreibt, mit seinem Aussehen altmodisch geworden ist. Womöglich lassen wir uns dann zum Roboter liften.

Glossar

Absolutismus Anspruch auf Alleinherrschaft

Agnostizismus Lehre von der Unerkennbarkeit des wahren Seins

Allquantor für alle x gilt

Analytische Philosophie vorwiegend angelsächsische Sprachphilosophie, ersetzt Vernunftkritik durch Sprachkritik

Animismus Glaube an Naturbeseeltheit und Geister (lat. *animus* = Geist, Seele)

Anthropologie Lehre vom Menschen (griech. *anthropos* = Mensch)

Antinomie Unvereinbarkeit zweier gültiger Sätze

Apathie Leidenschaftslosigkeit

Asket tötet Begierden und überwindet Laster (griech. *asketos* = Büßer)

axiomatisch auf Axiomen (ohne Beweis einleuchtenden Lehrsätzen) beruhend

Corpus Gesamtwerk, eigentl. Körper

Determinismus Bestimmtheit des Willens von äußeren Ursachen

Dialektik Widerspruchslogik, mit der man zur Wahrheit kommt durch Widerspruch und Synthese von Widersprechendem und Widersprochenem

dianoetisch den Verstand betreffend

Differentialrechnung untersucht die Eigenschaften von Funktionen auf der Grundlage des Grenzwertbegriffs

Diskurs Gespräch

Eidetik Fähigkeit bildlicher Veranschaulichung von Erinnertem (griech. *eidos* = Bild)

Emanation (bei Plotin) Ausfluss aus dem Einen ohne Substanzverlust desselben

Entelechie Fähigkeit, sich nach der ursprünglich angelegten Form zielstrebig zu entwickeln (griech. *telos* = Ziel, Zweck)

Enthymen bzgl. seiner Voraussetzungen unvollständiger Schluss

Epoché Anhalten, Aussetzen (bei Husserl: der Seinsthesis)

Ethik Theorie der Moral

Eucharistie Altarsakrament, Abendmahl (Verzehr von Fleisch und Blut Christi)

Eudämonismus Ethos der Glückseligkeit

Existentialismus betont den Vorrang der Existenz (des Seins, der Selbstbegegnung des Menschen) vor der Essenz (dem Wesen, der Selbstdefinition des Menschen)

Existenzquantor es gibt mindestens ein x

Formalismus hält die Mathematik für ein Spiel mit Symbolen

Frankfurter Schule in den 20er Jahren aus dem Frankfurter Institut für Sozialforschung hervorgegangene Denkrichtung, vertreten durch Horkheimer, Adorno, Marcuse und Habermas

Genealogie Herkunftskunde

geozentrisch mit der Erde im Mittelpunkt

Gnosis das einer Elite vorbehaltene Wissen von göttlichen Geheimnissen

hedonistisch mit der Lust (griech. *hedoné* = Lust, Freude) als Prinzip

heliozentrisch mit der Sonne als Mittelpunkt

Hellenismus Epoche Alexanders und seiner Nachfolger

Hermeneutik Auslegungskunst

Hierarchie Aufbau in verschiedenen Rangstufen (in Plotins Ideenhierarchie Seinsstufen oder Hypostasen)

Idealismus sieht die Ideen oder das Denken für das allein Wirkliche an

Illumination Erkenntnis durch Erleuchtung

Interaktion wechselseitige Beeinflussung von Individuen

Intuitionismus verzichtet auf die Allgemeingültigkeit des Satzes vom ausgeschlossenen Dritten und den unkritischen Umgang mit dem Unendlichen in der Mathematik

Kanoniker nach einem Kanon (= Regel) lebender Geistlicher, Chorherr

Kategorischer Imperativ unbedingter Befehl der praktischen Vernunft zum Handeln nach verallgemeinerbaren, als Naturgesetz denkbaren und wollbaren Maximen

Kirchenvater Kirchenschriftsteller mit dem päpstlich verliehenen Titel *Pater Ecclesiae*

Kopula Verbindung, bes. die zwischen Subjekt und Prädikat

Leviathan im biblischen Buch Hiob erwähntes Seeungeheuer, bei Hobbes Allegorie des Staatswesens

Linkshegelianer nehmen die Ausführungen Hegels über die bürgerliche Gesellschaft und deren Aufhebung als Beschreibung der bestehenden Verhältnisse und unmittelbare Anweisung für eine zu leistende politische Praxis

Logos Rede

Magie Beschwörung von geheimnisvollen Kräften

Materialismus nimmt materielle Vorgänge als Grundlage allen Seins und Bewusstseins an

Metaphysik Lehre von den letzten, über die Erfahrung hinaus liegenden Gründen

Mimikry (schützende) Nachahmung

Monade das Einfache, Unteilbare, auch Atom

Monismus Lehre, die alles Sein auf ein einheitliches Prinzip zurückführt

Moral die der gesellschaftlichen Praxis zugrunde liegenden, als verbindlich akzeptierten und eingehaltenen ethisch-sittlichen Normen oder Normensysteme des Handelns

Mysterium was verschwiegen wird. Gemeint ist der in Kultfeiern erlebte unaussprechliche Heilsgehalt (griech. *myein* = die Augen schließen)

Mystik Erfahrung einer anderen, als heilig qualifizierten Wirklichkeit, unendlich größer als das empirische Ich, durch Einheit oder Vereinigung mit ihr

Mythos letztgültiges Wort oder Erzählung, die die Existenz und Geschichte der Welt und der Menschen auf das Handeln göttlicher Wesen, deren Wirken im Himmel, auf der Erde und in der Unterwelt zurückführt

Neuplatonismus von Plotin begründete Weiterführung der Platonschen Ideenlehre

Nirwana völlige Ruhe

Ontologie Seinslehre

ontologisch das Seiendsein (Existieren) betreffend. Der ›ontologische Gottesbeweis‹ nimmt nach Ansicht Kants das Sein (wirkliches Vorkommen im Unterschied zum bloßen Gedachtsein) als Merkmal eines Begriffs oder als reales Attribut (Prädikat), was es aber nicht ist

Pantheismus Allgottlehre. Gott ist unpersönlich und mit der Welt identisch

Paradoxie unauflösbar widersprüchliche Aussage, z. B. die des Kreters Epimenides »Ich lüge jetzt«

Parapsychologie Psychologie der okkulten Phänomene

Patristik die Lehre der Kirchenväter

Peripatetiker Schüler des Aristoteles (nach der Promenade *peripatos*)

Perspektivismus Lehre, wonach es keine standpunktfreie Erkenntnis gibt

Phänomenologie Erscheinungslehre, Beschreibung des unmittelbar Gegebenen

Positivismus gründet Wissen allein auf Tatsachen, sinnliche Wahrnehmung und Erfahrung

Postmoderne nach Lyotard die gegenwärtige Epoche des Zerbrechens der großen Rahmenerzählungen zur Wissensrechtfertigung und -zusammenfassung bzw. des Freiwerdens der partikularen und heterogenen Sprachspiele

Potentialität Möglichkeit, die zur Wirklichkeit werden kann

Prädestination Vorherbestimmung

pragmatisch der Praxis des Lebens entsprechend und dem praktischen Nutzen dienend

Pragmatismus Lehre, nach der sich das Wesen des Menschen im Handeln ausdrückt und nach der Denken und Handeln dem praktischen Leben dienen sollen

Privation Beraubung, Entziehung

Ratio Vernunft

Rationalismus Lehre von der vernünftigen Beschaffenheit der Welt, vernunftgemäßes Denken

Realität Dinglichkeit

Religion von lat. *religio* = gewissenhaftes, genaues, wiederholtes Lesen und Befolgen

Rhetorik Lehre von der Redekunst

Scholastik mittelalterliche Philosophie im Dienste der Theologie

Semiotik Zeichenlehre, betrifft nach Peirce die syntaktische Beziehung der Zeichen untereinander, die semantische zwischen Zeichen und Bezeichnetem und die pragmatisch-hermeneutische zwischen Zeichen und Interpret

Sensualismus Rückführung aller Erkenntnis auf Sinnesdaten

Skeptizismus prinzipieller Zweifel an der Möglichkeit wahrer Erkenntnis und gerechtfertigter Werturteile

Solipsismus Lehre von der Einzigkeit des Bewussthabers, d.h. meiner selbst (lat. *solus ipse* = allein ich)

Sophisten altgriechische berufsmäßige Weisheitslehrer, die praktische Philosophie und Rhetorik unterrichteten

Sprachspiel Wittgensteins Bezeichnung für die lebensweltliche Kontextabhängigkeit der Sprache im Unterschied zur Sprache als Zeichensystem. Beispiele: Fluchen, Beten, Danken, Befehlen

Stoa nach einer Wandelhalle benannte Philosophenschule, von Zenon aus Kiton um 300 v. Chr. begründet

stoisch frei von Leidenschaften und Affekten

Strukturalismus humanwissenschaftliche Methoden, bewusstseinsunabhängige und ungeschichtliche Ordnungen in menschlichen Verhaltensweisen und Äußerungen zu untersuchen

Sublimierung Steigerung ins Erhabene

Substanz das Beharrende, Bestehenbleibende

Syllogismus Vernunftschluss

Teleologie Lehre von der allgemeinen, auf Zweck (griech. = *telos)* bezogenen Prozessualität in Natur und Geschichte

Theodizee Rechtfertigung des lieben Gottes angesichts des Übels in der Welt

Theosophie Gottesweisheit, mystisch-spekulative Lehren, die philosophische Begriffe in religiöse Anschauungen umsetzen

Thesis/Antithesis Setzung/ Entgegensetzung

Topik Lehre von der Zusammenstellung von Gesichtspunkten (griech. *topos* = Ort)

transzendent über alle Erfahrung hinaus

transzendental die Bedingungen der Möglichkeit der Erfahrung betreffend

transzendentales Subjekt (oder Ich) allgemeines, in allen Einzelsubjekten manifestiertes Ich

Transzendentalphilosophie Wissenschaft von den Bedingungen der Möglichkeit objektiver Erfahrung und Willensbestimmung

Universalienstreit kommt den allgemeinen Begriffen (Universalien) Realität zu oder nicht?

Upanischaden altind. philos.-relig. Schriften, Geheimlehren

Utilitarismus Nützlichkeitsphilosophie, wonach der Zweck menschlichen Handelns der Nutzen des einzelnen und der Gemeinschaft ist

Voluntarismus Lehre, wonach der Wille Prinzip des Seins und des Lebens ist, speziell die Lehre vom Primat des göttlichen Willens vor der Vernunft

Vorsokratiker griechische Philosophen, die vor Sokrates' Todesjahr 399 v. Chr. lehrten

Wissenschaftstheorie hat die Wissenschaften und ihre Methoden zum Gegenstand

Zeichentheorie s. Semiotik

Philosophenverzeichnis

Abaelard, Peter (1079–1142), franz. Scholastiker, Hauptwerk: *Ethik oder Das Buch ›Erkenne dich selbst‹.*

Adorno, Theodor W. (1903–1969), Mitbegründer der ›Frankfurter Schule‹, schrieb während des Krieges im amerikanischen Exil zusammen mit Max Horkheimer *Dialektik der Aufklärung.* Das Buch handelt vom Umschlagen der Aufklärung in den Mythos dessen, was der Fall ist, d. h. in den Positivismus.

Albertus Magnus (1206/7–1280), deutscher Naturforscher und Theologe der Scholastik in Köln und Paris, schrieb u. a. die *Summe über die Geschöpfe.*

Althusser, Louis (1918–1990), franz. Marxist, schrieb *Für Marx*

Anaxagoras (500–427 v. Chr.), Vorsokratiker aus Ionien, versuchte, den Dualismus des Parmenides zwischen Sein und Werden bzw. Wahrheit und Meinung zu überwinden.

Anaximander (610–546 v. Chr.), ion. Naturphilosoph, erklärte das Grenzenlose *(apeiron)* zum Anfang von allem. Gilt als Erfinder der Sonnenuhr.

Anaximenes (2. Hälfte 6. Jh. v. Chr.), ion. Naturphilosoph, hielt die Luft für das Merkmal alles Lebendigen: Gott ist Luft.

Anders, Günther (1902–1992), schrieb *Die Antiquiertheit des Menschen.* Bd.1: *Über die Seele im Zeitalter der zweiten industriellen Revolution.* Bd.2: *Über die Zerstörung des Lebens im Zeitalter der dritten industriellen Revolution.*

Anselm von Canterbury (1033–1109), Mönch aus Aosta, später Erzbischof von Canterbury, berühmt wegen seines von Kant entkräfteten ontologischen Gottesbeweises.

Antisthenes (450–370 v. Chr.), Schüler des Sokrates und Vertreter einer sokratischen Ethik.

Apel, Karl Otto (*1922), Sprachphilosoph, bekannt durch seine Diskursethik: Moralische Normen werden im freien Diskurs aller Teilnehmenden und Betroffenen bejaht, Konflikte lassen sich durch Diskussion ausräumen.

Arendt, Hannah (1906–1975), dt.-am. Theoretikerin des Politischen, schrieb *Vita activa oder vom tätigen Leben.*

Aristoteles (384–322 v. Chr.), Universalgelehrter, bestimmte mit seinen Klassifikationen und Begriffsprägungen die gesamte nachfolgende Philosophie, dominierte insbesondere die Scholastik. Schrieb für seinen Sohn Nikomachos die *Nikomachische Ethik.*

Augustinus, Aurelius (354–430), Kirchenlehrer, berühmt für seine Zeitanalyse und sein Konzept einer linearen Heilsgeschichte. Hauptwerk: *Bekenntnisse (Confessiones).*

Austin, John Langshaw (1911–1960), ist mit seiner *Theorie der Sprechakte (How to Do Things With Words)* der Hauptvertreter der analytischen Sprachphilosophie.

Averroes (1126–1198), islam. Arzt, Jurist und Theologe aus Córdoba. Kommentierte Aristoteles. Die Averroisten (u. a. Siger von Brabant) hatten ihre theologischen Gegner in den Thomisten und wurden von diesen besiegt.

Avicenna (980–1037), islam., mystisch-theosophischer Gelehrter, bestimmte über Jahrhunderte die Geistesgeschichte Irans und die europäische Medizin.

Bachelard, Gaston (1884–1962), Wissenschaftshistoriker, schrieb eine *Psychoanalyse des Feuers* und das Hauptwerk *Die Bildung des wissenschaftlichen Geistes.*

Bacon, Francis (1561–1626), auch Staatsmann, sorgte mit seinem Werk *Instauratio magna (Große Erneuerung der Wissenschaften)* tatsächlich für eine neue Auffassung der Wissenschaft als Kunst der Entdeckung aus der Erfahrung.

Bacon, Roger (1214–1292), brit. Franziskaner, Doctor mirabilis, Naturphilosoph in Konflikt mit seinem Orden bzw. kirchlicher Lehrmeinung.

Barthes, Roland (1915–1980), Strukturalist, Zeichentheoretiker, macht den Textkonsumenten auch zum Textproduzenten im Sinne des Titels seines Buches *Das semiologische Abenteuer.*

Bataille, Georges (1897–1962), franz. Bibliothekar, erotischer Erzähler, schrieb über Hegel, Nietzsche, Mystik, Kunst, Ökonomie und Erotik (z. B.: *Die Tränen des Eros*).

Bateson, Gregory (1904–1980), am. Anthropologe, Kommunikations- bzw. Systemtheoretiker. Hauptwerk: *Ökologie des Geistes.*

Bergson, Henri (1859–1941), dominierte mit seiner spiritualistischen Lebensphilosophie *(élan vital)* und Neubegründung der Metaphysik zu Anfang des 20. Jh. die franz. Philosophie.

Berkeley, George (1685–1753), irischer Bischof, Wahrnehmungspsychologe. Konzipierte mit seinem Grundsatz *esse est percipi (Sein ist Vorgestelltwerden)* einen radikalen Idealismus, der die Materie oder das Sein der Dinge außer uns leugnet.

Bloch, Ernst (1885–1977), linker Utopiker. Hauptwerk: *Das Prinzip Hoffnung.*

Bodin, Jean (1529–1596), Rechtsgelehrter und Staatsmann, mit seinen *Sechs Büchern über den Staat* neben Hobbes Haupttheoretiker des Absolutismus.

Boethius, A. M. T. Severinus (480–524), röm. Staatsmann, mit seinem Werk *Der Trost der Philosophie* war er der letzte Klassiker und erste Scholastiker.

Böhme, Jakob (1575–1624), Schuster, erleuchteter Mystiker und Theosoph. Schrieb *Aurora oder Morgenröte im Aufgang.*

Bruno, Giordano (1548–1600), Dominikaner, führte als ketzerischer Naturphilosoph ein Emigrantenleben fast überall in Europa bis zu seinem Tod auf dem Scheiterhaufen.

Camus, Albert (1913–1960), franz. Schriftsteller, durch sein Buch *Der Mythos von Sisyphos* dem Existenzialismus zuzurechnen.

Carnap, Rudolf (1891–1970), lehrte als logischer Positivist in seinem Buch *Scheinprobleme in der Philosophie* die Überwindung der Metaphysik durch logische Sprachanalyse.

Chomsky, Noam (*1928), Linguist. Mit der Annahme eines genetischen Fundamentes der Sprache belebte er die Theorie angeborener Universalien wieder und entwickelte die generative Grammatik.

Cioran, Émile M. (1911–1995), rumän.-franz. Schriftsteller, Aphoristiker auf den Spuren Pascals und Nietzsches. *Vom Nachteil geboren zu sein, Gevierteilt, Auf den Gipfeln der Verzweiflung,* so lauten die Titel einiger seiner Bücher.

Clemens von Alexandria (150–215), zum seligen Presbyter bekehrter Heide. Bekannt wurde er besonders durch seine *Stromateis (Teppiche aus gnostischen Anmerkungen nach der wahren Philosophie).*

Comte, Auguste (1798–1857), Begründer der empirischen Soziologie und nach seiner Erleuchtung Stifter einer Religion der Menschheit. Wird als Heiliger verehrt.

Demokrit (460–371 v. Chr.), neben Leukipp Begründer des Atomismus. Erklärte das Gewissen als innere Willensmotivation zum Prinzip der Ethik.

Descartes, René (1596–1650), begründete die Subjekt- oder Vernunftphilosophie der Neuzeit mit dem Buch *Meditationen über die Erste Philosophie* und beförderte die Wissenschaftstheorie mit seiner *Abhandlung über die Methode des richtigen Vernunftgebrauchs und der wissenschaftlichen Wahrheitsforschung.*

Dewey, John (1859–1952), am. Pragmatist, Pädagoge und Sozialreformer.

Dilthey, Wilhelm (1833–1911), Hermeneutiker, Lebensphilosoph, bemühte sich um die Erklärung der Bedingungen der Möglichkeit gesch.-gesell. Sachverhalte in einer Kritik der historischen Vernunft.

Dingler, Hugo (1881–1954), Wissenschaftstheoretiker, begründet die Wissenschaften (Mathematik, Physik) durch eindeutig bestimmbare elementare Ideen. Hauptwerk: *Die Ergreifung des Wirklichen.*

Dostojewskij, Fjodor M. (1821–1881), Romancier. Seine *Aufzeichnungen aus dem Kellerloch* enthalten die erste radikale Vernunftkritik.

Driesch, Hans (1867–1941), Biologe und Parapsychologe, schrieb die *Philosophie des Organischen* und *Alltagsrätsel des Seelenlebens.*

Duns Scotus (1265–1308), Franziskaner aus Schottland, zuletzt in Köln, war von weitreichendem Einfluss. Seine Ethik des vernunftbestimmten Willens hat bei Kant ihre Spuren hinterlassen.

Eckhart, Meister (1260–1328), Dominikaner, deutscher Mystiker mit dem Prinzip der Seelenverschmelzung mit Gott, lehrte in Paris, Straßburg und Köln. Der Irrlehre angeklagt und verhaftet, wurde er noch posthum verurteilt.

Empedokles (495–435 v. Chr.), gemäß Aristoteles der Erfinder der Rhetorik, starb angeblich durch einen Sprung in den Äthna.

Epiktet (55–135), Stoiker, lehrte in Rom und, nach der Vertreibung durch Domitian, in der Provinz Epirus. Die Aufzeichnungen seiner Lehren in den *Diatribai (Gesprächen)* und dem *Encheiridion (Handbüchlein*, eigentlich: *Dolch, den man zur Hand hat)* waren beliebt und viel gelesen bis in die Neuzeit.

Epikur (342–270 v. Chr.), seine Schule in Athen war nach seinem berühmten Garten *(kepos)* benannt. Er erklärte die Lust *(hedoné)* als Freisein von Schmerzen zur Grundlage der Glückseligkeit *(eudaimonia)*.

Feuerbach, Ludwig (1804–1872), Linkshegelianer, Religionswissenschaftler, erkannte in der Religion das Bewusstsein des Menschen von seinem eigenen unendlichen Wesen. Hauptwerk: *Das Wesen des Christentums.*

Feyerabend, Paul Karl (1924–1994), österr. Wissenschaftstheoretiker im Umfeld des logischen Empirismus. Plädierte für Methodenpluralismus: »Anything goes« war sein Leitmotiv.

Fichte, Johann Gottlieb (1762–1814), vereinigte die theoretische und praktische Philosophie in seiner (in über 20 Fassungen vorgetragenen) *Wissenschaftslehre.*

Ficino, Marsilio (1433–1499), übersetzte und kommentierte Platon im Auftrag Cosimo de' Medicis. Hauptwerk: *Theologia Platonica.*

Foucault, Michel (1926–1984), franz. Sozialhistoriker, schrieb über Wahnsinn, Straffälligkeit und Sexualität, hielt den Menschen (das Konzept ›Mensch‹) für eine junge, bald verschwindende Erfindung.

Fourrier, Charles (1772–1837), utopischer Sozialist, will in seinem Sozialsystem die Leidenschaften befreien, um das Glück aller Menschen zu vergrößern.

Frege, Friedrich Ludwig Gottlob (1848–1925), Logiker, entwickelte eine *Begriffsschrift, eine der arithmetischen nachgebildete Formelsprache des reinen Denkens*. Seine Schrift *Über Sinn und Bedeutung* gilt als Urtext der modernen Semantik.

Gadamer, Hans-Georg (*1900), Hermeneutiker mit dem Hauptwerk *Wahrheit und Methode*, worin er der methodischen Richtigkeit der Naturwissenschaften die geisteswissenschaftliche Wahrheit entgegen stellt: Sinn- und Lebenswahrheit, die vor allem der Kunst zukommt.

Gehlen, Arnold (1904–1976), Anthropologe und Soziologe. Seine Hauptsache war die Theorie der eine Gesellschaft stabilisierenden Institutionen. Hauptwerke: *Der Mensch* und *Urmensch und Spätkultur.*

Girard, René (*1923), in seinem Hauptwerk *Das Heilige und die Gewalt* zeigt er die Gewalt auf dem Boden jeder Gesellschaft auf. Er hält den Ur- oder Gründungsmord (Lynchmord als Opferakt oder Sakrifizium) für gesellschaftskonstitutiv. In seinem Buch *Das Ende der Gewalt* verwirft er eine sakrifizielle Deutung des Neuen Testamentes: Christus bedeute das Ende von Gewalt und Sündenbockopferung.

Gorgias von Leontinoi (485–375 v. Chr.), Sophist, Begründer der Rhetorik, Agnostiker, schrieb über das *Nichtseiende.*

Grotius, Hugo (1583–1645), niederl. Wunderkind, genialer Humanist und Rechtsgelehrter, erhielt im Zusammenhang mit Religionsstreitigkeiten ›lebenslänglich‹, floh nach Paris und schrieb sein Hauptwerk *Drei Bücher vom Recht des Krieges und des Friedens.*

Habermas, Jürgen (*1929), entwickelte als Vertreter der sog. kritischen Theorie einen kommunikativen Vernunftbegriff. Er machte in seinem Buch *Erkenntnis und Interesse* eine Selbsttherapie der Gesellschaft durch dialogische Verständigung ihrer Mitglieder nach dem Modell Freudscher Psychoanalyse geltend. Hauptwerk: *Theorie des kommunikativen Handelns.*

Hegel, Georg Wilhelm Friedrich (1770–1831), erfasste in seinem System durch dialektische Begriffsverkettung alle Realität und vollführte so einen Beweis Gottes als des allerrealsten Wesens. Er lehrte: Was wirklich ist, ist vernünftig – und umgekehrt. Gilt als Vollender des deutschen Idealismus.

Heidegger, Martin (1889–1976), beschreibt in seinem Hauptwerk *Sein und Zeit* die menschliche Existenz als Geworfenheit oder Herausstehen ins Nichts und die Angst als Grundbefindlichkeit des Menschen. Im Spätwerk geht es um die Seinsvergessenheit des von der Technik bestimmten menschlichen Lebens. Er empfiehlt Andacht des Seins.

Heraklit (um 550–480 v. Chr.), ion. Naturphilosoph, mit seiner Lehre des ›Alles fließt‹ Antipode des Seins-Philosophen Parmenides.

Hobbes, Thomas (1588–1679), hielt Gott für unerkennbar und den Begriff der Seele für nutzlos. Sein Hauptwerk ist der *Leviathan oder Materie, Form und Macht eines kirchlichen und bürgerlichen Gemeinwesens.* Zur Vermeidung des Kampfes aller gegen alle erzeugen die Gesellschaftsmitglieder durch einen Gesellschaftsvertrag den sterblichen Gott Leviathan, den Staat.

Horkheimer, Max (1895–1973), Begründer der kritischen Theorie der Gesellschaft, die die Menschen als Produzenten ihrer gesamten historischen Lebensform zum Gegenstand hat.

Hume, David (1711–1776), schott. Aufklärer und Skeptiker, wendet in seinem Hauptwerk *Ein Traktat über die menschliche Vernunft* die erfahrungsorientierte Methode der Begründung auf die Gegenstände der Geisteswissenschaft an. Er macht für die Moralphilosophie die Unableitbarkeit des Sollens aus dem Sein geltend.

Husserl, Edmund (1859–1938), Begründer der Phänomenologie, will Philosophie als strenge Wissenschaft durch Wesensschau. Sie soll zeitlose Werte begründen und die Welt- und Lebensrätsel enthüllen. Das Hauptwerk *Logische Untersuchungen* widerlegt den Psychologismus, wonach die Geltung logischer Sätze auf psychischen Denkgesetzen beruht.

Hypathia von Alexandria (370–415), griech. Mathematikerin, Astronomin, Neuplatonikerin. Von Christen ermordet.

Irigaray, Luce (*1939), befasst sich im Anschluss an Freud und Lacan mit der Geschlechterdifferenz, weiblicher Identität und Sprache und mit der Entwicklung einer Ethik der sexuellen Differenz.

Jakobson, Roman (1896–1982), Linguist aus Moskau, strukturalistischer Poetikwissenschaftler in Prag und USA mit der Leitfrage: Was macht eine verbale Botschaft zu einem Kunstwerk?

James, William (1842–1910), machte mit der Publikation seiner Vorlesungen *Der Pragmatismus* den von Peirce und Dewey begründeten amerikanischen Pragmatismus, in dessen Mittelpunkt die Interessenlagen und Handlungsmotive der Menschen stehen, in Europa bekannt und wirksam.

Jaspers, Karl (1883–1969), zunächst Psychiater, wurde mit seiner *Psychologie der Weltanschauungen* 1919 zum ersten deutschen Existenzphilosophen. Philosophie ist Existenzerhellung im Ausgang von den Erfahrungen der Grenzsituationen wie Tod, Schuld, Leiden, Kampf, Zufall.

Johannes Scotus Eriugena (810–877), irischer Logiker und Neuplatonist. Hauptwerk: *Von der Einteilung der Natur.*

Jonas, Hans (1903–1993), macht in seinem Hauptwerk *Das Prinzip Verantwortung* den Versuch einer Ethik für die technische Zivilisation, indem er den Erhalt der Menschheit im Ganzen zum höchsten Wert erklärt.

Kant, Immanuel (1724–1804), zeigt in seinem Hauptwerk, *Kritik der reinen Vernunft*, die Möglichkeiten und Grenzen der reinen Vernunft (der objektiven Vernunfterkenntnis aus Begriffen) auf. Erfassbar sind die rein vernünftigen Prinzipien der objektiven Erfahrung (die Grundsätze des reinen Verstandes von der notwendigen Quantität, Empfindbarkeit und dem kausalen Zusammenhang aller objektiven Phänomene in Raum und Zeit). Nicht erkennbar sind aber die Gegenstände der Ideen von Gott, Freiheit und Unsterblichkeit. Hierbei sind wir an die reine praktische Vernunft mit ihrer Erfahrung des Übersinnlichen im Sittengesetz (kategorischer Imperativ) verwiesen. Weil wir unbedingt sittlich handeln sollen, können wir uns der Existenz Gottes und der Unsterblichkeit sicher sein.

Kierkegaard, Sören A. (1813–1855), evang. Theologe, Begründer der Existenzphilosophie mit ihrem Ausgang von Angst, Schuld und Verzweiflung als Grundbefindlichkeiten des Menschen.

La Mettrie, Julien Offray de (1709–1751), franz. Arzt und Materialist. Verwirft in seinem Hauptwerk *Der Mensch als Maschine (L'homme machine)* die Vorstellung einer Seelensubstanz (*res cogitans* des Descartes) und plädiert für Lust und Vergnügen als Ziel menschlichen Lebens.

Lacan, Jacques (1901–1981), Pariser strukturalistischer Psychoanalytiker mit der These: Das Unbewusste ist sprachlich strukturiert.

Leibniz, Gottfried Wilhelm (1646–1716), Universalgelehrter, Diplomat. Suchte in Anschluss an Raimundus Lullus nach einer universell anwendbaren Kombinatorik, einer *mathesis universalis*, erfand eine Rechenmaschine, reduzierte in seinem philosophischen Hauptwerk *Monadologie* Descartes' drei Substanzen (Gott, ausgedehnte und denkende Substanz) auf eine einzige, die denkende, vorkommend als Monade: unvergänglich, unsterblich, fensterlos wie unsere Seele. Jede Monade ist Spiegel der ganzen Welt, die selbst aus Monaden besteht, die von der göttlichen Monade in prästabilierter Harmonie gehalten werden. Leibniz hielt die Welt für die beste aller möglichen.

Lem, Stanislaw (*1921), Science-Fiction-Autor und kritischer Rationalist, der mit seinen Gedankenexperimenten, z. B. dem des Identitätstransfers von einer Person in ihre atomidentische Kopie, traditionelle philosophische Fragen klärt und im Zusammenhang z. B. mit Cyberspace neue aufwirft.

Lévi-Strauss, Claude (*1908), franz. Strukturalist. Hauptwerk ist die *Strukturale Anthropologie*.

Levy-Bruhl, Lucien (1857–1939), unterschied in seinem Hauptwerk *Die geistige Welt der Primitiven* das prälogische Denken der Naturvölker vom logischen im Abendland.

Locke, John (1632–1704), engl. Empirist, Begründer der wissenschaftlichen Philosophie, war für Gleichheit, Freiheit und Unverletzlichkeit der Person, für religiöse Toleranz, eine liberale Wirtschaftsordnung und begründete das in seinen Büchern.

Luhmann, Niklas (1927–1998), Soziologe, versteht Soziologie als reflexiv gewordene Aufklärung, die die philosophischen Probleme wie Rationalität und Erkenntnis mitbetreut. In seinem Hauptwerk *Soziale Systeme* überträgt er Maturanas Systemtheorie der Organismen auf Sinnsysteme, d. h. auf psychische Systeme und auf Kommunikationssysteme oder Institutionen.

Lukrez (97–55 v. Chr.), vertrat die epikureische Philosophie in Rom und hat uns in seinem großen Lehrgedicht *Von der Natur der Dinge* Epikurs Lehre erhalten.

Lullus, Raimundus (1232–1316), »doctor illuminatus« aus Mallorca, nach einem Bekehrungserlebnis widmete er sein Leben der Missionierung der Muslime. In seiner *Neuen Logik* konzipierte er eine Universalwissenschaft: Entfaltung aller wissenschaftlichen Grundbegriffe in Form einer Kombinatorik.

Lyotard, Jean-François (1934–1998), prägte mit seiner Schrift *Das postmoderne Wissen* den Begriff der Postmoderne durch das Zerbrechen der bisher das Wissen zusammenhaltenden Meta- oder Rahmenerzählungen (z. B. Hermeneutik des Sinns, Emanzipation der Menschheit) und durch die Befreiung der partikularen und heterogenen Sprachspiele.

Mach, Ernst (1838–1916), Physiker, Empiriokritizist. In seiner *Analyse der Empfindungen* kritisierte er den Substanzbegriff: Gegenstände sind nichts als stabile Zusammenhänge von Empfindungselementen. Grundlegend für seine Lehre ist die sog. Mach-Erfahrung: das Erlebnis der Welt samt Ich als eine zusammenhängende Empfindungsmasse.

Machiavelli, Nicolò (1469–1527), Komödienschreiber und Theoretiker des Politischen. In seinem Buch *Der Fürst (Il Principe)* diskutiert er die moralischen Eigenschaften des Fürsten und verschiedene Herrschaftstechniken unter dem Gesichtspunkt der Effizienz und Praktikabilität.

Maimonides, Moses (1135–1204), jüd. Aristoteliker und Rationalist aus Córdoba. Schrieb (auf Arabisch) das Kultbuch der jüdischen Aufklärung *Führer der Unschlüssigen.*

Marc Aurel (121–180), röm. Kaiser, Vertreter der Stoa, schrieb im Feldlager die *Selbstbetrachtungen.*

Marcel, Gabriel (1898–1973), christl. Existenzialist, Dramatiker. Ausgehend von der Erfahrung einer »zerbrochenen Welt«

fordert er einen neuen Zugang zum Sein, das sich im Zusammensein ereignet und dessen Bedingung Gott ist.

Marx, Karl (1818–1883), Journalist, Kritiker der politischen Ökonomie: Hauptwerk: *Das Kapital*, Bd.I. Verstand die kapitalistische Produktion als Produktion von Mehrwert, was Bereicherung des Kapitalisten und Verelendung des Arbeiters bedeutet.

Maturana, Humberto R. (*1928), chilen. Biologe, konzipierte die Vorstellung des geschlossenen (autopoietischen) Systems für die Organismen als Kognitionssysteme. Prägte die konstruktivistische Erkenntnistheorie und Systemtheorie.

Mead, George Herbert (1863–1931), am. Psychologe. In seinen Vorlesungen, aufgezeichnet in dem Buch *Geist, Identität und Gesellschaft. Aus der Sicht des Behaviorismus*, bestimmt er den Grundzug spezifisch menschlicher Sozialität als Steuerung über gemeinsam verbindliche Muster wechselseitiger Verhaltenserwartungen.

Merleau-Ponty, Maurice (1908–1961), franz. Phänomenologe, in seiner *Phänomenologie der Wahrnehmung* bestimmt er den Leib als Subjekt der Wahrnehmung und Wahrnehmung selbst als Kommunion, d. h. Aufnahme fremder Intention in uns.

Mill, John Stuart (1806–1873), engl. Empirist, Nationalökonom und Sozialreformer. Sein Hauptwerk *Der Utilitarismus* gilt der utilitaristischen Ethik, die die Prinzipien der Verteilungsgerechtigkeit aus dem größten Glück der größten Zahl der Gesellschaftsmitglieder ableitet.

Morus, Thomas (1478–1535), Humanist, Staatsmann mit mönchischer Lebensweise. Heinrich VIII. ließ ihn als Hochverräter exekutieren. Schrieb den Staatsroman *Utopia* (= *Nirgendsort*), in dem er Platons Idealstaat in zeitgemäßer Gestalt fortführte (Sklaven sind darin noch nicht abgeschafft!).

Nikolaus von Kues (1401–1464), Mathematiker und Kardinal, lehrte das Zusammenfallen aller Gegensätze in Gott *(coincidentia oppositorum)* und bzgl. der Gotteserkenntnis die gelehrte Unwissenheit *(docta ignorantia)*. Die Welt versteht er als die Ausfaltung der Unendlichkeit Gottes.

Nietzsche, Friedrich (1844–1900), klass. Philologe, posthum der einflussreichste Philosoph des mit seinem Todesjahr beginnenden Jahrhunderts, berüchtigt durch seine Unterscheidung der von ihm propagierten (asozialen und ›bösen‹) Herrenmoral von der (sozialen, mitleidsbestimmten oder christlichen und ›guten‹) Sklavenmoral.

Ockham, Wilhelm von (1285–1349), Franziskaner, zuletzt in München, bereitete mit seinem sog. Rasiermesser (das nur wirklich nötige Erklärungsgründe für eine Sache zulässt) eine neue, nicht-aristotelische (nicht teleologische) Naturbetrachtung vor.

Parmenides (um 540–480 v. Chr.), aus Elea. In seinem berühmten *Lehrgedicht* lässt er eine Göttin dem wissenden Mann verkünden, woran er sich halten soll: Nur Sein ist, Nichtsein und Werden bzw. Vergehen sind nicht, denn »dasselbe ist Denken und Sein«.

Pascal, Blaise (1623–1662), Mathematiker und Physiker, erfand eine Rechenmaschine und konzipierte ein öffentliches Verkehrssystem für Paris. Nach seinem religiösen Erweckungserlebnis machte er sich *Gedanken über die Religion (Pensées)* und zweifelte an der Vernunft: »Wie gern sehe ich diese stolze Vernunft gedemütigt und flehend.«

Peirce, Charles Sanders (1839–1914), am. Begründer des Pragmatismus. In seiner Schrift *Wie unsere Ideen zu erklären sind* formuliert er sein Prinzip: Unser Begriff von den gedanklich konzipierten Wirkungen des Gegenstandes eines Begriffs ist unser Begriff des Gegenstandes.

Petrarca, Francesco (1304–1374), Humanist. Ihm wurde auf dem Gipfel des Mont Ventoux, den er 1336 bestiegen hatte, klar, dass außer der menschlichen Seele nichts bewundernswert ist. »Neben ihrer Größe ist nichts groß.«

Petrus Damiani (1007–1072), Asket und Kirchenlehrer, glaubte, dass Gott Geschehenes ungeschehen machen könne.

Philon von Alexandria (25 v. Chr.–um 45 n. Chr.), verband jüd. Theologie mit griech. Philosophie und prägte das bis zu Spinoza gültige Paradigma der Vereinigung von Glauben und Vernunft – mit dem Primat des Glaubens.

Pico della Mirandola, Giovanni (1463–1494), ital. Humanist und Neuplatonist. In seinem Hauptwerk *Über die Würde des Menschen* preist er den Menschen als ein Wunderwesen (Chamäleon) zwischen Tier und Gott, das durch das tätige Leben zu Gott gelangen kann, besser aber noch durch das beschauliche, d. h. die Vision der göttlichen Dinge.

Platon (428–334 v. Chr.), alle Philosophie nach ihm scheint aus Fußnoten zu der seinigen zu bestehen (sagt Whitehead). Schrieb Dialoge, tatsächliche und fiktive Gespräche mit Sokrates, seinem Lehrer. Lehrte die Scheinhaftigkeit und Abkünftigkeit der Sinnenwelt von archetypischen Urbildern oder Ideen.

Plethon, Georgios Gemistos (1360–1452), aus Konstantinopel. Mit seinen Vorträgen in Ferrara und Florenz Erneuerer der platonischen Philosophie.

Plotin (204–270), Begründer des Neuplatonismus, lehrte eine Seinshierarchie vom höchsten guten reinen Sein bis hinunter zur finsteren bösen Materie und einen entsprechenden Auftrag der menschlichen Seele, sich von der Materie ab und dem reinen Geist zuzuwenden, zu ihm aufzusteigen und d. h. zu ihm zurückzukehren.

Popper, Karl Raimund (1902–1994), Wissenschaftstheoretiker. In seiner *Logik der Forschung. Zur Erkenntnistheorie der modernen Naturwissenschaft* behauptet er die Falsifizierbarkeit (Widerlegbarkeit an der Erfahrung durch Beobachtungssätze) als logisches Kriterium für erfahrungswissenschaftliche Theorien (Hypothesen mit dem Charakter von All-Aussagen).

Protagoras (485–410 v. Chr.), sophistischer Wanderlehrer, den Platon mit seinem *homo-mensura-Satz (der Mensch ist das Maß aller Dinge hinsichtlich dessen, dass sie sind oder nicht sind)* überlieferte.

Pyrrhon von Elis (um 360–270 v. Chr.), gründete um 300 in Athen die Schule der Skepsis: Wertung beruht auf Konvention, theoretische Urteile sind unbegründbar.

Pythagoras (6. Jh. v. Chr.), Religionsstifter und Mathematiker, Zahlenmystiker: Alle Dinge haben eine Zahl oder sind Harmonien ganzer Zahlen. Die Pythagoreer sperrten sich gegen die Anerkennung unmessbarer, irrationaler Zahlen (wie Quadratwurzel aus zwei). Deren Entdecker Hippasos wurde von ihnen der Legende nach zum Tode verurteilt.

Quine, Willard Van Orman (*1908), stellt in seinem Hauptwerk *Wort und Gegenstand* die Sprache als eine soziale Kunstfertigkeit dar. Die Beobachtung des Sprachverhaltens, das er als Reaktion auf Reizungen unseres Wahrnehmungsapparates versteht, kann seiner Meinung nach nie zu einer eindeutigen Bestimmung der Begriffsbedeutungen führen.

Rawls, John (*1921), bekannt durch seine *Theorie der Gerechtigkeit*, d. h. der Gleichverteilung gesellschaftlicher Grundgüter (Freiheiten, Rechte, Macht, Chancen, Einkommen). Die Prinzipien der Verteilung sollen unter dem ›Schleier der Unwissenheit‹, in Abstraktion von den Interessen und Fähigkeiten der Einzelnen, von diesen selbst gewählt werden. Dann entspricht die gerechte Verteilung dem allgemeinen Selbstinteresse.

Richard von St. Victor (1110–1173), schott. Augustiner-Chorherr in Paris, lehrte den mystischen Aufstieg der Seele durch Liebe.

Rosset, Clément (*1939), sieht in seiner Schrift *Das Prinzip Grausamkeit* die Philosophie weitgehend mit dem Exorzismus des Realen beschäftigt, d. h. mit dem Nachweis, dass das Reale nicht real ist und dass eine Wahrheit, weil sie grausam ist, eben falsch ist.

Rousseau, Jean-Jacques (1712–1778), franz. Sozialphilosoph und Aufklärer. Plädoyer für die Kindheit im *Emil oder über die Erziehung*, ideenmäßige Vorbereitung der franz. Revolution im *Gesellschaftsvertrag (contrat social)* und im *Diskurs über den Ursprung und die Grundlagen der Ungleichheit unter den Menschen.*

Russell, Bertrand (1872–1970), engl. Empirist, Mathematiker und Pazifist. Schrieb zusammen mit Whitehead in Erweiterung der Fregeschen Logik die *Principia Mathematica* und entdeckte die logischen Paradoxien der Mengenlehre.

Sartre, Jean-Paul (1905–1980), Schriftsteller, Existenzialist, Marxist, Atheist. Zeigt in seinem Hauptwerk *Das Sein und das Nichts* den Menschen als eine vergebliche Leidenschaft, das Sein zu konstituieren, das als sein eigener Grund der Zufälligkeit entgeht und das die Religionen Gott nennen.

Saussure, Ferdinand de (1857–1913), Begründer der strukturalen Sprachwissenschaft mit dem Hauptwerk *Grundfragen der allgemeinen Sprachwissenschaft.*

Scheler, Max (1874–1928), Sozialwissenschaftler und Phänomenologe, begründete mit seiner Schrift *Die Stellung des Menschen im Kosmos* die moderne philosophische Anthropologie.

Schelling, Friedrich Wilhelm Joseph (1775–1854), Vertreter des deutschen Idealismus, theol. Mitstudent von Hegel und Hölderlin, schloss sich der Philosophie Fichtes an, erweiterte sie naturphilosophisch und gelangte schließlich zu einer Philosophie der Offenbarung.

Schestow, Leo (1866–1938), russ.-franz. Religionsphilosoph, radikaler Vernunftkritiker. In seinem Hauptwerk *Athen und Jerusalem* setzt er der Rationalität (als Sichfügen in die Notwendigkeit) den Glauben (»nichts ist unmöglich!«) entgegen.

Schleiermacher, Friedrich Daniel Ernst (1768–1834), evang. Theologe. Entwarf in seinem Buch *Hermeneutik* eine allgemeine Verstehenslehre und legitimierte in *Der christliche Glaube* die Religion durch eine wechselseitige Ausrichtung des Gefühls auf der Grundlage des »Bewusstseins schlechtinniger Abhängigkeit«.

Schmitz, Hermann (*1928), Begründer der Neuen Phänomenologie, arbeitete ein in 10 Büchern vorliegendes *System der Philosophie* aus, dessen Basis die Erfahrung der Leiblichkeit und des Augenblicks unmittelbarer Betroffenheit ist.

Schopenhauer, Arthur (1788–1860), verbindet Kant mit Platon und der indischen Philosophie der Upanischaden. In seinem Hauptwerk *Die Welt als Wille und Vorstellung* erklärt er die Welt einerseits zum Bewusstseins- oder Gehirnphänomen, anderseits zur Objektivation des Willens, d. h. dessen, was wir an sich sind: Begehren, Lebens- oder Zeugungstrieb. Er begründet eine Ethik des Mitleids und eine Ästhetik der kontemplativen Ideenschau und der Stilllegung des Lebenswillens.

Seneca, Lucius Annaeus (um 4. v. Chr.–65 n. Chr.), Philosoph und Dichter, schrieb *Vom glückseligen Leben* und *Moralische Briefe an Lucilius*. Wurde von Nero zum Selbstmord gezwungen.

Sextus Empiricus (um 200 n. Chr.), Arzt, schrieb *Grundriss der pyrrhonischen Skepsis.*

Sloterdijk, Peter (*1947), arbeitet nach seiner *Kritik der zynischen Vernunft* an der »wahren Geschichte der Globalisierung« in seiner Trilogie *Sphären I–III.* Die beiden vorliegenden Bände mit ihren morphologischen Leitbildern der *Blase* und des *Globus* handeln von der Einbezogenheit des anderen in den Einzelnen und von der politischen Welt.

Smith, Adam (1723–1790), Moralphilosoph und Nationalökonom. Hauptwerke: *Theorie der ethischen Gefühle* und *Eine Untersuchung über Natur und Ursachen des Wohlstands der Nationen.*

Sokrates (um 470–399 v. Chr.), Lehrer Platons, Gründungsfigur der abendländischen Philosophie.

Spinoza, Baruch de (1632–1677), jüd. Linsenschleifer und Rationalist, beendete für die Philosophie das seit Philon von Alexandria gültige Paradigma der Unterordnung der Vernunft unter den Glauben oder der Harmonisierung von Vernunft und Glauben. Er wurde des Materialismus und der Gottlosigkeit bezichtigt, seine Rezeption über 100 Jahre tabuisiert. Denn Spinoza lehrte einen Pantheismus: Gott ist alles, ist die Natur *(natura naturans)*; alle Dinge sind in Gott; Ausdehnung und Denken (die zwei Substanzen Descartes') sind seine Attribute; alles geschieht nach (Natur-)Notwendigkeit.

Stirner, Max (1806–1856), setzte in seinem nihilistischen Hauptwerk *Der Einzige und sein Eigentum* an die Stelle des Allgemeinen, des Gottes, des Menschen und überhaupt des Wesentlichen das Vergängliche, das Unwesentliche, das Nichts oder eben sich selbst. Nicht weil das Ich, wie bei Fichte, alles ist, sondern weil es alles zerstört, sich selbst auflöst und nicht seiend ist. Der Inhalt des »Einzigen« ist kein Gedankeninhalt, ist »Einer, der nicht zum zweiten Male da sein, folglich nicht *ausgedrückt* werden kann«. »Der Einzige ist die aufrichtige, unleugbare, offenbare Phrase; er ist der Schlussstein unserer Phrasenwelt, dieser Welt, in deren ›Anfang das Wort war‹.«

Tertullian (155–220), frühchristl. Theologe aus Karthago, hält ein philosophisches Christentum für unmöglich, setzt den Glauben über die Vernunft.

Thales von Milet (um 625–um 547 v. Chr.), gilt als erster Philosoph. Er fragte nach dem allem zugrunde liegenden Prinzip und nannte es Wasser.

Thomas von Aquin (1225–1274), Scholastiker, verband Aristoteles mit der christlichen Offenbarung und wurde zu *dem* Philosophen der katholischen Kirche.

Vanini, Giulio C. (1585–1619), auf dem Scheiterhaufen verbrannter naturalistischer Aristoteliker.

Vico, Giambattista (1668–1744), Geschichts- und Rechtsphilosoph, konzipierte eine ewige Idealgeschichte, wobei er psychische und historische Entwicklung parallelisierte: So wie der Mensch von der reinen Empfindung über die Einbildungskraft zur Vernunft emporsteigt, so haben auch die Völker drei Zeitalter: das der Götter, der Helden und der Rechtsordnung.

Voltaire (1694–1778), franz. Aufklärer und Schriftsteller, kämpfte für weltanschauliche Toleranz.

Weber, Max (1864–1920), Nationalökonom, bekannt vor allem durch seine Forderung der *Wertfreiheit,* d.h. Sachlichkeit jenseits von Konventionen und sozialen Selbstverständlichkeiten für die empirischen Wissenschaften und durch seine Schrift *Die protestantische Ethik und der Geist des Kapitalismus*, in der er eine Affinität des Protestantismus zum Kapitalismus (im Sinne einer innerweltlichen Bewährung des je eigenen Gnadenstandes durch Gelderwerb) konstatiert.

Whitehead, Alfred North (1862–1947), Mathematiker und Metaphysiker, entwickelt in seinem Hauptwerk *Prozess und Realität* eine anti-mechanistische, an biologischen Paradigmen ausgerichtete (schwer verständliche) Kosmologie.

Wittgenstein, Ludwig (1889–1951), widmete sich zunächst einer Idealsprache zur Abbildung der Tatsachenwelt (›Wittgenstein I‹) und dann, mit seiner Idee der Sprachspiele, der Umgangssprache (›Wittgenstein II‹). Zwischendurch hielt er einen Vortrag über Ethik, in dem er erklärte: Ein Buch über Ethik würde mit einem Knall alle anderen (sich auf Tatsachen beziehenden) Bücher vernichten.

Xenophanes (um 565–um 470 v. Chr.), ersetzte die mythologischen Götter durch einen weniger menschenähnlichen einzigen Gott.

Zenon von Elea (490–430 v. Chr.), verteidigte durch seine Paradoxien (z.B. vom fliegenden Pfeil, der zu jedem Zeitpunkt ist, d.h. ruht) die Unmöglichkeit oder Scheinhaftigkeit der Bewegung im Sinne des Parmenides.

Zenon von Kition (335–263 v. Chr.), Begründer der stoischen Philosophie mit dem Ideal der Seelenruhe *(ataraxia).*

Literatur

Abaelard, Peter: Philosophische Schriften. Münster 1919–33

Adorno, Theodor W.: Philosophische Terminologie. Frankfurt/M. 1973

Albertus Magnus: Ausgewählte Texte. Darmstadt 1981

Althusser, Louis: Für Marx. Frankfurt/M. 1968

Arendt, Hannah: Was ist Existenz-Philosophie? Frankfurt/M. 1990

Aristoteles: Werke in deutscher Übersetzung. Berlin 1966 ff

Augustinus, Aurelius: Die Bekenntnisse, Stuttgart 1989

Bachelard, Gaston: Die Bildung des wissenschaftlichen Geistes. Frankfurt/M. 1978

Bacon, Francis: Neu-Atlantis. Stuttgart 1992

Barthes, Roland: Die helle Kammer. Bemerkungen zu Photographie. Frankfurt/M. 1985

Berkeley, George: Eine Abhandlung über die Prinzipien der menschlichen Erkenntnis. Hamburg 1979

Bloch, Ernst: Avicenna und die aristotelische Linke. Frankfurt/M. 1963

Boethius, Severinus: Vom Trost der Philosophie. Zürich 1990

Bredekamp, Horst: Thomas Hobbes. Visuelle Strategien. Berlin 1999

Breuer, Ingeborg/Leusch, Peter/Mersch, Dieter: Welten im Kopf. Profile der Gegenwartsphilosophie. Darmstadt 1996
Bruno, Giordano: Œuvres complètes. Paris 1993 ff
Buchheim, Thomas: Die Vorsokratiker. München 1994
Camus, Albert: Der Mythos von Sisyphos. Hamburg 1992
Carnap, Rudolf: Scheinprobleme in der Philosophie. Leipzig/Berlin 1928
Cavarero, Adriana: Platon zum Trotz. Berlin 1992
Cioran, Émile M.: Lehre vom Zerfall. Heidelberg 1953
Clemens von Alexandrien: Die Teppiche. Basel 1936
Delius, Christoph/Gatzemeier, Martin/Sertcan, Denis/Wünscher, Kathleen: Geschichte der Philosophie von der Antike bis heute. Köln 2000
Demisch, Heinz: Die Sphinx. Stuttgart 1977
Derrida, Jacques: Die Schrift und die Differenz. Frankfurt/M. 1972
Descartes, René: Œuvres. Paris 1897–1912
Dewey, John: Die menschliche Natur. Ihr Wesen und ihr Verhalten. Stuttgart 1931
Diels, Hermann: Die Fragmente der Vorsokratiker. Hamburg 1957
Dilthey, Wilhelm: Gesammelte Schriften. Leipzig, Berlin, Göttingen 1914–77
Diogenes Laertios: Leben und Meinungen berühmter Philosophen. Hamburg 1967
Driesch, Hans: Alltagsrätsel des Seelenlebens. Zürich 1954
dtv-Atlas Philosophie. München 1991
Enzyklopädie der Philosophie. Von der Antike bis zur Gegenwart. Denker und Philosophen, Begriffe und Probleme, Theorien und Schulen. Augsburg 1992
Eribon, Didier: Michel Foucault. Eine Biographie. Frankfurt/M. 1999
Feuerbach, Ludwig: Das Wesen des Christentums. Leipzig 1849 (Reclam 1971)
Feyerabend, Paul Karl: Erkenntnis für freie Menschen. Frankfurt/M. 1979
Fichte. Ausgewählt und vorgestellt von Günter Schulte. Reihe ›Philosophie Jetzt!‹ (Hg. Peter Sloterdijk) München 1996 (dtv 1998)
Flasch, Kurt: Das philosophische Denken im Mittelalter. Stuttgart 1986
Fornet-Betancourt, Raúl (Hg.): Quo vadis, Philosophie? Antworten der Philosophen. Dokumentation einer Weltumfrage. Aachen 1999
Foucault, Michel: Die Ordnung des Diskurses. Frankfurt/M. 1967
Foucault, Michel: Sexualität und Wahrheit. Frankfurt/M. 1977 ff
Frege, Gottlob: Logische Untersuchungen. Göttingen 1966
Freud, Sigmund: Studienausgabe. Frankfurt/M. 1989
Gehlen, Arnold: Gesamtausgabe. Frankfurt/M. 1978–93
Girard, René: Das Heilige und die Gewalt. Zürich 1987
Habermas, Jürgen/Luhmann, Niklas: Theorie der Gesellschaft oder Sozialtechnologie. Frankfurt/M. 1971
Hegel, Georg Wilh. Friedr.: Werke in 20 Bänden. Frankfurt/M. 1969 ff
Hegel. Ausgewählt und vorgestellt von Günter Schulte. Reihe ›Philosophie Jetzt!‹ (Hg. Peter Sloterdijk) München 1996 (dtv 1998)
Heidegger, Martin: Sein und Zeit. Tübingen 1957
Heinsohn, Gunnar/Steiger, Otto: Die Vernichtung der weisen Frauen. Herbstein 1985
Heisenberg, Werner: Physik und Philosophie. Stuttgart 1959
Helferich, Christoph: Geschichte der Philosophie. Von den Anfängen bis zur Gegenwart und Östliches Denken. Stuttgart 1992 (dtv 1998)
Horkheimer, Max/Adorno, Theodor W.: Dialektik der Aufklärung. Frankfurt/M. 1969
Hume, David: Eine Untersuchung über den menschlichen Verstand. Hamburg 1964
Husserl, Edmund: Philosophie als strenge Wissenschaft. Frankfurt/M. 1965
Irigaray, Luce: Ethik der sexuellen Differenz. Frankfurt/M. 1991
Irigaray, Luce: Speculum. Spiegel des anderen Geschlechts. Frankfurt/M. 1980
James, William: Der Pragmatismus. Leipzig 1908
Jaspers, Karl: Psychologie der Weltanschauungen. Berlin 1919
Jaynes, Julian: Der Ursprung des Bewußtseins. Reinbek 1993
Johannes Paul II.: Enzyklika Centesimus Annus. Bonn 1991
Johannes Paul II.: Enzyklika Fides et Ratio. Bonn 1998
Jonas, Hans: Gnosis und spätantiker Geist. Bd. I, Göttingen 1964
Jung, Carl Gustav: Psychologie und Alchemie. Olten 1975
Kant, Immanuel: Gesammelte Schriften (Akademie-Ausgabe). Berlin 1902 ff
Kant. Ausgewählt und vorgestellt von Günter Schulte. Reihe ›Philosophie Jetzt!‹ (Hg. Peter Sloterdijk) München 1996 (dtv 1998)
Kenny, Anthony (Hg.): Illustrierte Geschichte der westlichen Philosophie. Frankfurt/M. 1998
Kepler, Johannes: Harmonices Mundi, Libri V. München/Berlin 1939

Kierkegaard, Soeren A.: Gesammelte Werke in 36 Abteilungen. Düsseldorf/Köln 1950–1969 (als Tb Gütersloh 1979–1986)
Krüger, Gerhard: Die Herkunft des Philosophischen Selbstbewußtseins. Darmstadt 1962
Künzli, Arnold: Die Angst als abendländische Krankheit. Zürich 1948
La Mettrie, Julien Offray: Der Mensch als Maschine. München 1973
Lacan, Jacques: Schriften I. Frankfur/M. 1975
Lem, Stanislav: Über außersinnliche Wahrnehmung. Frankfurt/M. 1987
Lenin, Vladimir I.: Materialismus und Empiriokritizismus. Wien/Berlin 1927
Lévi-Strauss, Claude: Der Weg der Masken. Frankfurt/M. 1977
Lévi-Strauss, Claude: Strukturale Anthropologie. Frankfurt/M. 1967
Lévi-Strauss, Claude: Traurige Tropen. Köln 1960
Luhmann, Niklas: Soziale Systeme. Frankfurt/M. 1984
Lukrez: Von der Natur der Dinge. Stuttgart 1977
Lullus, Raimondus: Die neue Logik. Heidelberg 1985
Lyotard, Jean-François: Das postmoderne Wissen. Graz/Wien 1986
Mach, Ernst: Die Analyse der Empfindungen. Darmstadt 1985
Marcuse, Ludwig: Ein Panorama europäischen Geistes. Zürich 1977
Marx, Karl: Karl Marx/Friedrich Engels, Gesamtausgabe. Berlin 1975 ff
Maturana, Humberto R.: Erkennen: Die Organisation und Verkörperung von Wirklichkeit. Braunschweig 1982
Mayer, Ursula I./Bennent-Vahle, Heidemarie (Hg.): Philosophinnen-Lexikon. Aachen 1994 (Reclam 1997)
Mead, George Herbert: Geist, Identität und Gesellschaft. Frankfurt/M. 1968
Meister Eckhart: Deutsche Predigten und Traktate. München 1963
Merleau-Ponty, Maurice: Phänomenologie der Wahrnehmung. Berlin 1966
Metzler Philosophen Lexikon. Stuttgart 1995
Mill, John Stuart: Gesammelte Werke. Leipzig 1869–80
Nida-Rümelin, Julian (Hg.): Philosophie der Gegenwart in Einzeldarstellungen von Adorno bis v. Wright. Stuttgart 1999
Nietzsche, Friedrich: Sämtliche Werke. Kritische Studienausgabe in 15 Bänden. München 1980
Nikolaus von Kues: Schriften des N. v. K. in deutscher Übersetzung. Leipzig/Heidelberg 1932 ff
Onfray, Michel: Philosophie der Ekstase. Frankfurt/M. 1993
Osborne, Richard/Ralph Edney: Philosophie. Eine Bildergeschichte für Einsteiger. München 1996
Pascal, Blaise: Gedanken. Stuttgart 1997
Peirce, Charles Sanders: Schriften zum Pragmatismus und Pragmatizismus. Frankfurt/M. 1991
Peitgen, Heinz-Otto/Jürgens, Hartmut: Fraktale, gezähmtes Chaos. Siemens-Stiftung 1988
Platon: Sämtliche Werke. Hamburg 1957–59
Popper, Karl Raimund: Die offene Gesellschaft und ihre Feinde. München/Bern 1957/58 (UTB 1992)
Rhine, Joseph Banks: Die Reichweite des menschlichen Geistes. Stuttgart 1950
Roob, Alexander: Alchemie und Mystik. Köln 1996
Rosset, Clément: Das Prinzip Grausamkeit. Berlin 1994
Rosset, Clément: Das Reale. Traktat über die Idiotie. Frankfurt/M. 1988
Roth, Gerhard: Das Gehirn und seine Wirklichkeit. Frankfurt/M. 1997
Rousseau, Jean-Jacques: Werke. München 1978-81
Runes, Dagobert D.: Illustrierte Geschichte der Philosophie. Genf 1962
Russell, Bertrand: Philosophie des Abendlandes. Ihr Zusammenhang mit der politischen und sozialen Entwicklung. Zürich 81999
Safranski, Rüdiger: Ein Meister aus Deutschland. Heidegger und seine Zeit. München 1994
Sartre, Jean-Paul: Gesammelte Werke in Einzelausgaben. Reinbek 1976 ff
Saussure, Ferdinand de: Grundfragen der allgemeinen Sprachwissenschaft. Berlin/Leipzig 1931
Scheler, Max: Gesammelte Werke. Bern/Bonn 1954–98
Schestow, Leo: Athen und Jerusalem. Versuch einer religiösen Philosophie. Graz 1938 und München 1994
Schleiermacher, Friedr. Daniel Ernst: Kritische Gesamtausgabe. Berlin 1980 ff
Schmitz, Hermann: Neue Phänomenologie. Bonn 1980
Schmitz, Hermann: Selbstdarstellung als Philosophie. Metamorphosen der entfremdeten Subjektivität. Bonn 1995
Schmitz, Hermann: System der Philosophie. Band I-V, Bonn 1964–80
Schopenhauer, Arthur: Sämtliche Werke. Leipzig 1937–41
Schulte, Günter: Der blinde Fleck in Luhmanns Systemtheorie. Frankfurt/M. 1993
Schulte, Günter: Die grausame Wahrheit der Bibel. Eine Anthropologie unserer Vernunft und unserer Moral. Frankfurt/M. 1995
Schulte, Günter: Ecce Nietzsche. Eine Werkinterpretation. Frankfurt/M. 1995
Schulte, Günter: Hegel oder

das Bedürfnis nach Philosophie. Hildesheim 1982
Schulte, Günter: Immanuel Kant. Frankfurt/M. 1991
Schulte, Günter: Kennen Sie Marx? Kritik der proletarischen Vernunft. Frankfurt/M. 1992
Schütt, Rolf F.: Martin Heidegger. Versuch einer Psychoanalyse seines ›Seyns‹. Essen 1993
Sloterdijk, Peter: ›Europäische Philosophie und Platons Erbe‹. In: Platon. Ausgewählt und vorgestellt von Rafael Ferber. München 1995
Sloterdijk, Peter: Kritik der zynischen Vernunft. Frankfurt/M. 1983
Sloterdijk, Peter: Spären II, Globen. Frankfurt/M. 1999
Soentgen, Jens: Die verdeckte Wirklichkeit. Einführung in die Neue Phänomenologie von Hermann Schmitz. Bonn 1998
Sommer, Manfred: Evidenz im Augenblick. Frankfurt/M. 1987
Spinoza, Baruch de: Sämtliche Werke. Hamburg 1976 ff
Stirner, Max: Der Einzige und sein Eigentum. Stuttgart 1981
Störig, Hans Joachim: Kleine Weltgeschichte der Philosophie. Frankfurt/M. 1992
Tarnas, Richard: Idee und Leidenschaft. Die Wege des westlichen Denkens. Frankfurt/M. 1997
Tertullian: Ausgewählte Schriften. Kempten/München 1912–15
Thom, Martina: Immanuel Kant. Leipzig o.J.
Wasson, R. Gordon/Albert Hofmann/Carl A. P. Ruck: Der Weg nach Eleusis. Das Geheimnis der Mysterien. Frankfurt/M. 1984
Weber, Max: Gesamtausgabe. Tübingen 1984 ff
Weischedel, Wilhelm: Die philosophische Hintertreppe. Die großen Philosophen in Alltag und Denken. München 1966 (dtv 1998)
Whitehead, Alfred North: Prozeß und Realität. Frankfurt/M. 1979
Wind, Edgar: Heidnische Mysterien in der Renaissance. Frankfurt/M. 1981
Wittgenstein, Ludwig: Schriften. Frankfurt/M. 1960–82
Zanker, Paul: Die Maske des Sokrates: das Bild des Intellektuellen in der antiken Kunst. München 1995

Personenregister

Abaelard, Peter 70
Albert von Bollstädt 71
Alberti, Leon Battista 77
Albertus Magnus 68
Alexander der Große 36, 37, 38
Alkibiades 29
Althusser, Louis 160, 162
Anaxagoras 17, 20, 79
Anaximander 21
Anaximenes 20
Anders, Günther 175
Andronikos 41
Anselm von Canterbury 68, 69
Antisthenes 31, 36
Apel, Karl Otto 121, 171f.
Apollodor 20
Archimedes 85
Arendt, Hannah 139, 141, 142, 143
Aristophanes 29
Aristoteles 10, 12, 20, 21, 37–49, 60, 62, 67, 68, 70, 71, 75, 79, 113, 144
Assheuer, Thomas 147
Augustinus, Aurelius 60, 62, 64, 65, 86, 87
Austin, John Langshaw 159
Averroes 67, 68, 71, 79
Avicenna 11, 66, 67, 68

Bachelard, Gaston 81
Bacon, Francis 83
Bacon, Roger 72
Banks Rhine, Joseph 106
Barthes, Roland 165
Beauvoir, Simone de 146
Bell, Davis 172
Berkeley, George 84, 92, 93
Blake, William 120
Bloch, Ernst 67, 147f.
Boccaccio, Giovanni 30
Bodin, Jean 76
Boethius, Severinus 40, 53
Bonaventura 72
Borgia, Cesare 130
Brunelleschi, Filippo 77
Bruno, Giordano 50, 67, 75, 83
Byron, G. G. L. Lord 108

Camus, Albert 12, 132, 138, 142, 145–146
Cavarero, Adriana 30, 36
Cicero 51
Clemens IV., Papst 72
Clemens von Alexandria 52, 60
Comte, Auguste 116, 117, 118
Cronenberg, David 175
Cyprian 64

Dante 56
Darwin, Charles 46
Demokrit 14, 19, 20, 23, 24
Descartes, René 63, 65, 78, 84–90, 111, 148
Dilthey, Wilhelm 118
Dingler, Hugo 121
Diogenes Laertios 20
Diogenes von Sinope 16, 36, 79
Dostojewskij, Fjodor M. 124
Driesch, Hans 106
Duns Scotus 73

Eckhart, Meister 73
Empedokles 20, 21, 24, 80
Engels, Friedrich 123, 124, 125
Epiktet 51
Epikur 49, 50, 51, 79
Epimenides 28, 112, 154
Ernst, Max 124
Eubulides 42
Euklid 79

Feuerbach, Ludwig 21, 73, 121–126
Feyerabend, Paul Karl 166
Fichte, Johann Gottlieb 65, 106, 108, 109–112
Ficino, Marsilio 16, 75
Foucault, Michel 160, 162–165
Fourier, Charles 122

Personenregister

Frank, Manfred 172
Frege, F. L. Gottlob 40, 43, 153–155, 156
Freud, Sigmund 10, 61, 64 118, 127, 136, 137, 167, 172

Gadamer, Hans-Georg 119
Gehlen, Arnold 121
Gilson, Etienne 61, 62
Goethe, Johann Wolfgang 109, 124
Gorgias 27, 28, 29
Grotius, Hugo 76

Habermas, Jürgen 118, 121, 126, 167f.
Hegel, Georg Wilhelm Friedrich 17, 57, 63, 76, 106, 107, 112–115, 116, 121, 122, 125, 137, 166
Heidegger, Martin 12, 40, 57, 66, 119, 121, 133, 140–145, 166
Heisenberg, Werner 26
Heraklit 17, 20, 21, 24, 79, 80
Herodot 16
Hesiod 30
Hitler, Adolf 138
Hobbes, Thomas 40, 93, 94, 95
Homer 30, 79
Horaz 51
Horkheimer, Max 167, 168
Hugo, Victor 108
Hume, David 84, 94, 95, 98
Husserl, Edmund 66, 141, 148–150, 151, 154
Hypathia von Alexandria 53

Irenäus 64
Irigaray, Luce 144, 123

Jakobson, Roman 165
Jaspers, Karl 139, 140
Johannes Paul II. 60, 61
Johannes Scotus Eriugena 67, 68
Jung, Carl Gustav 80
Justinian 53

Kant, Immanuel 27, 43, 66, 69, 70, 71, 78, 84, 95, 96–105, 109, 116, 121, 126, 136, 140, 149, 154
Kepler, Johannes 80
Kierkegaard, Sören A. 108, 131–135, 138, 139
Kleanthes von Assos 53
Kopernikus, Nikolaus 75, 83
Künzli, Arnold 135
Kurzweil, Ray 175

La Mettrie, Julien O. de 90
Lacan, Jacques 160, 162
Laplace, Pierre Simon Marquis de 102
Leibniz, Gottfried Wilhelm 12, 90, 91, 92, 106, 116
Lem, Stanislaw 107
Lenin, Wladimir I. 138
Lessing, Gotthold Ephraim 60
Lévi-Strauss, Claude 160–162
Locke, John 40, 94, 95
Luhmann, Niklas 28, 91, 168f.
Lukrez 51
Lullus, Raimundus 43
Luther, Martin 61, 62, 134
Lykurg 54
Lyotard, Jean-François 166
Lysippos 55

Mach, Ernst 23
Machiavelli, Niccolò 76
Mackay, John Henry 126
Maimonides, Moses 66, 67
Mann, Thomas 127
Marc Aurel 51
Marcel, Gabriel 139
Marcuse, Ludwig 73
Marx, Karl 118, 121–126, 138, 166
Maturana, Humberto R. 91
Mead, George Herbert 121
Melville, Herman 108
Merleau-Ponty, Maurice 150, 151
Mesmer, Franz Anton 107
Mill, John Stuart 118, 119
Montaigne, Michel de 78, 88

Nero 50
Newton, Isaak 63, 78, 80, 92
Nikolaus von Kues 75, 76
Nietzsche, Friedrich 9, 10, 27, 76, 79, 108, 121, 124, 127, 128–133, 137, 138, 159, 162, 163, 165
Novalis 112

Ockham, Wilhelm von 73, 74

Parmenides 20, 23, 24, 29
Pascal, Blaise 10, 96
Pée, Paul 129, 130
Peirce, Charles Sanders 118, 119, 120, 121
Petrarca, Francesco 75
Petrus Damiani 63, 69
Philon von Alexandria 51, 83
Pico della Mirandola, Giovanni 16, 75
Platon 8, 9, 12, 13, 17, 26, 28, 29, 30, 31, 32–36, 38, 39, 40, 41, 47, 52, 53, 56, 57, 61, 64, 67, 68, 70, 75, 79, 132, 169
Plethon, Georgios Gemistos 83
Plotin 17, 52, 53, 75
Popper, Karl Raimund 32, 33, 118, 169
Porphyrios 53
Protagoras 27, 28, 149
Ptolomäus 79
Pyrrhon von Elis 49, 50
Pythagoras 19, 20, 25, 26, 79

Quine, Willard Van Orman 159

Ravel, Maurice 157
Rosset, Clément 8, 10, 12
Rousseau, Jean-Jacques 95, 108
Russell, Bertrand 9, 25, 28, 44, 72, 108, 153, 154, 156, 158, 162

Sartre, Jean-Paul 124, 138, 140, 142, 145–147, 160, 152, 171
Saussure, Ferdinand de 160
Scheler, Max 121, 150
Schelling, Friedrich Wilhelm Joseph 116, 139
Schestow, Leo 70, 101, 133, 138, 149
Schlegel, Friedrich 110
Schleiermacher, Friedrich Daniel Ernst 118
Schmitt, Carl 126
Schmitz, Hermann 11, 14, 24, 66, 84, 151f., 159
Schopenhauer, Arthur 11, 66, 106, 121, 126–129, 172
Searle, John Roger 159
Seneca, Lucius Annaeus 50, 51
Sennet, Richard 163
Sextus Empiricus 51
Sloterdijk, Peter 170f.
Soentgen, Jens 151

Sokrates 8, 13, 14, 17, 19, 29–31, 47, 79, 86, 169
Spalding, Johannes J. 111
Spinoza, Baruch de 84, 90, 91, 92
Stalin, Josef 138
Stirner, Max 121–126, 124, 125
Straton 67
Swedenborg, Emanuel 98, 102, 103, 106

Tarnas, Richard 108
Tertullian 51, 52, 61, 63, 64, 134
Thales von Milet 9, 19, 20, 21
Theano 25
Theoderich 53
Theophrast 20
Thomas von Aquin 8, 13, 68, 71, 72, 73
Tolstoi, Leo 127, 157

Vanini, Giulio C. 76
Vico, Giambattista 116, 118
Voltaire 98

Wagner, Richard 127, 129
Weber, Max 166
Whitehead, Alfred North 8, 154
Wilde, Oscar 139
Wittgenstein, Ludwig 22, 127, 155–159

Xenophon 27

Zarathustra 79
Zenon von Elea 20, 22, 29
Zenon von Kition 49

Quellennachweis

Gérard Aimé 145 / AISA, Barcelona 66 / AKG, Berlin Frontispiz, 9, 31, 50 u, 78, 82, 122, 123, 136, 146 o, 153, 154, 160, 165, 166 o, 167 u / Archäologisches Nationalmuseum, Paistum 163 u / Bibliothek, Wolfenbüttel 91 / Bibliothèque de Sainte-Geneviève, Paris 44 / Bibliothèque Nationale, Paris 128 o / Blue Planet/Sochurek 174 / British Museum, London 54 / Chester Beatty Library, Dublin 11 / Core Design 175 / Dali Museum, St. Petersburg (USA) 74 / Walter Dräyer, Zürich 109 / Wilhelm Fink Verlag, München 53 / Gianni Giansanti 61 / Giraudon, Paris 14 / Hamburger Kunsthalle, Foto Walford 99 / Historia Photo Bad Sachsa 45 / Hulton Deutsch Collection, London 146 u / Hulton Getty 152 / Alfred Kelsner 131 / Heinrich Kleiber 70 o / Image Select/Ann Ronan Picture Library 118 / Interfoto/Dulfaquar 166 u / Lotte Köhler, New York 142 / Königliche Bibliothek Kopenhagen 133 / Konrad-Adenauer-Stiftung, Bonn 143 / Kunsthistorisches Museum, Wien 40 o / Kunstsammlung Uni Bochum 47 / Leonard von Matt 17 / Metropolitan Museum of Art, New York 13 o / Digne Möller-Marcowicz 144 / Munch Museet, Oslo 137 / Musée Carnavalet, Paris 95 / Musée Comte, Paris 117 o / Musée d'Orsay 134 / Musée de l'Homme, Paris 88 o / Musée du Louvre, Paris 12, 50 o, 69, 84, 88 u / Museo del Prado, Madrid 60, 77 u, 168 o / Museo Nazionale, Neapel 85 / Museum and Art Gallery, Derby 86 / Museum of Anthropology, Vancouver, Foto Johsel Namkung 161 / Museum of Modern Art, New York, given anonymously 62 / Nasjonalgalleriet, Oslo 141 / National Gallery of Victoria, Melbourne 57 / Niedersächsische Landesbibliothek, Hannover 90 / Norman McGrath, New York 167 o / Ny Carlsberg Glyptothek, Kopenhagen 55 / Antonio Quattrone 135 / Rheinisches Bildarchiv, Köln 129 / Rijksmuseum, Amsterdam 24 / Rowohlt Archiv, Foto Antanas Sutkus 171 / Michael Royen 162 / Scala 65, 71 / Schloss Versailles 110 / K. Schne 170 / Schopenhauer-Archiv, Fft/M. 127 7 Scottish National Portrait Gallery, Edinburgh 94 / Margherita Spiluttini, Wien 157 / Staatliche Museen Preußischer Kulturbesitz, Berlin – Antikenmuseum 33, 34 – Kupferstichkabinett 38 – Papyrussammlung 8 / Tate Gallery, London 120 / Thielska Galleriet, Stockholm 128 u / Trinity College, Oxford 156 / Uffizien, Florenz 10 / Urania-Verlag, Leipzig 100 / Van Gogh Museum, Amsterdam 40 u / Vatikanische Museen 79

Abb. S. 26 entnommen aus: Johannes Kepler, Harmonices Mundi, Linz 1619, Kepler-Kommission der Bayrischen Akademie der Wissenschaften, München / Abb. S. 52 entnommen aus: Emil Reicke, Der Gelehrte in der deutschen Vergangenheit, Jena 1924 / Abb. S. 73 entnommen aus: E. Fuchs, Illustrierte Sittengeschichte, Bd. 1, München 1909 / Abb. S. 81 mit frdl. Genehmigung der Bayer-AG / Abb. S. 114 unten entnommen aus: Peitgen/Jürgens: Fraktale. Gezähmtes Chaos. C. Fr. Siemens Stiftung, München 1990